本研究是中国法学会2017年度部级法学研究课题（立项号：CLS［2017］D155）的研究成果。

受中南民族大学中央高校基本科研业务费项目（立项号：CSH18006）的资助，在此深表感谢！

中南民族大学法学文库

供给侧结构性改革背景下就业保险法律问题研究

黎大有 ◎ 著

中国社会科学出版社

图书在版编目(CIP)数据

供给侧结构性改革背景下就业保险法律问题研究 / 黎大有著. —北京：中国社会科学出版社，2018.7

(中南民族大学法学文库)

ISBN 978-7-5203-3676-5

Ⅰ.①供… Ⅱ.①黎… Ⅲ.①失业保险-保险法-研究-中国 Ⅳ.①D922.554

中国版本图书馆 CIP 数据核字(2018)第 270845 号

出 版 人	赵剑英
责任编辑	任 明　刁佳慧
责任校对	王佳玉
责任印制	李寡寡

出　　版	中国社会科学出版社
社　　址	北京鼓楼西大街甲 158 号
邮　　编	100720
网　　址	http://www.csspw.cn
发 行 部	010-84083685
门 市 部	010-84029450
经　　销	新华书店及其他书店

印刷装订	北京君升印刷有限公司
版　　次	2018 年 7 月第 1 版
印　　次	2018 年 7 月第 1 次印刷

开　　本	710×1000　1/16
印　　张	14.5
插　　页	2
字　　数	209 千字
定　　价	75.00 元

凡购买中国社会科学出版社图书，如有质量问题请与本社营销中心联系调换
电话：010-84083683
版权所有　侵权必究

目 录

第一章 导论 … (1)
第一节 研究背景及意义 … (1)
第二节 文献研究综述 … (7)
第三节 主要内容及研究方法 … (19)

第二章 就业保险制度的基础理论 … (22)
第一节 就业保险制度的产生 … (22)
第二节 就业保险制度的理念和价值目标 … (34)
第三节 就业保险保障的风险——就业能力 … (49)
第四节 就业保险的制度功能 … (61)

第三章 我国构建就业保险制度的必要性分析 … (72)
第一节 我国失业保险制度存在的主要问题 … (72)
第二节 我国《就业促进法》存在的问题分析 … (85)
第三节 构建就业保险制度是整合失业保险及就业促进制度的现实路径 … (88)

第四章 就业保险的覆盖范围 … (97)
第一节 确定覆盖范围的原则 … (97)
第二节 就业保险覆盖的具体范围 … (104)
第三节 覆盖范围的实践考察 … (111)

第五章 政府对就业保险的出资义务 … (120)
第一节 承担出资义务的必要性 … (121)

第二节　政府出资范围的确定 ……………………………（129）
　　第三节　政府出资的实践情况 ……………………………（139）

第六章　就业保险的支付制度 ……………………………（148）
　　第一节　支付制度的特征 …………………………………（148）
　　第二节　支付的要件 ………………………………………（154）
　　第三节　支付的种类 ………………………………………（158）

第七章　我国就业保险制度的构建 ………………………（169）
　　第一节　我国就业保险制度的覆盖范围 …………………（169）
　　第二节　我国就业保险制度的资金来源 …………………（187）
　　第三节　我国就业保险制度的支付制度 …………………（202）

结语 ……………………………………………………………（214）

参考文献 ………………………………………………………（216）

后记 ……………………………………………………………（227）

第一章

导　　论

第一节　研究背景及意义

一　研究背景

(一) 供给侧结构性改革的历史契机

我国经济发展正处于转型升级的关键阶段,特别是当下正在进行的供给侧结构性改革,要求削减过剩产能、淘汰落后产能,对各类产业进行全面转型升级、力推创新驱动。这必然造成部分劳动者失业或整体失业风险剧增。特别是当面对产业的转型升级、创新驱动时,部分企业因关、停、并、转被淘汰,部分劳动者因劳动技能过时被淘汰,从而使得"失业保险"的"替代"与"补偿"的后发机制已经不能适应供给侧结构性改革的积极要求。去产能的过程也是产业此消彼长、企业优胜劣汰、人员转岗分流的过程,失业问题、就业能力问题必然集中凸显。供给侧结构性改革的过程中可能产生上千万劳动力的流转,对失业保险、劳动力供求双方造成巨大压力。全国各地都不同形式地突破了现有失业保险制度,扩大了失业保险基金的给付范围,而国家为降低企业负担,却暂时降低了失业保险费率[①]等,这恰好为建立"就业保险"制度提供

---

① 《人力资源社会保障部　财政部关于阶段性降低失业保险费率有关问题的通知》规定:从 2017 年 1 月 1 日起,失业保险总费率为 1.5% 的省(自治区、直辖市),可以将总费率降至 1%,降低费率的期限执行至 2018 年 4 月 30 日;失业保险总费率已降至 1% 的省份仍按照《人力资源社会保障部　财政部关于阶段性降低社会保险费率的通知》执行。

了契机。而科学的制度建立离不开科学理论的指导，本书尝试对就业保险理论进行初步构建，以弥补就业保险理论研究的滞后与不足。

（二）从失业保险到就业保险

就业保险（Employment Insurance）与失业保险（Unemployment Insurance）仅一字之差，虽然联系依然紧密，但是就业保险制度相比失业保险制度而言，确实已经成为一种全新的先进制度，在我国则是一种全新的制度概念。就业问题是 21 世纪世界性的重大课题，就业情况不仅关系到一个国家和地区经济社会的健康发展以及人民群众生活水平的提高，更加直接影响着政权的稳定以及社会秩序的安定。因此，就业问题既是经济问题，更是政治问题，而且在当今全球化的背景下，是一国甚至整个世界经济与政治稳定、健康发展的重要基础。就业是民生之本，也是安国之策。当今世界，无论是发达国家还是发展中国家，无论是市场经济国家还是经济转型国家，都备受失业煎熬。[1]

20 世纪 80 年代以来，中国面对日益严峻的城市失业问题，适时初步地建立了失业保险及相关制度，并于 2008 年 1 月 1 日起施行了《中华人民共和国就业促进法》（以下简称《就业促进法》）。但国情的复杂性、失业问题的严峻性以及现行失业保险制度及就业促进制度自身所存在的先天缺陷，使该法在实施过程中不可避免地暴露了许多亟待解决的问题。若论原因，其立法和实践指导思想不相一致，以至于"头疼医头、脚痛医脚"，在实践过程中难免公平不足、效益不高，这种现状亟待改善。而失业保险制度在很长的一段时间里，曾经被认为是消极治理失业的模式，即使是在发达国家和地区也是一项颇具争议的制度设计。但是推行了近百年的这项争论不休的社会制度，在逐渐摆脱了"失业陷阱"的诟病后，逐步走上了以积极"促进就业"为制度导向的发展新路子。

1988 年国际劳工大会通过了《促进就业和失业保护公约》及《促进就业和失业保护建议书》，发达国家和地区从以前特别强调保障失业

---

[1] 参见王静敏《当代中国失业保险问题研究》，博士学位论文，东北师范大学，2008 年。

者的生活水平，转变为积极倡导将保护失业同促进就业相结合，逐步从"失业保险制度"过渡到"就业保险制度"，其"强调自我保障"的现代理念赋予了这一制度新的活力，其核心追求从"失业保障"转变为"就业能力保障"、从"就业岗位"稳定转变为"就业机会"公平。因而就业保险制度顽强的生命力及其独特的社会价值在当今世界强势崛起，对其进行全面的学术性探讨与研究，具有深远的现实指导意义。

二 研究价值

失业保险制度是社会保险制度体系中的重要制度。随着社会经济的不断发展，失业保险制度逐步被更突出促进就业与预防失业的就业保险制度所替代，积极追求就业能力保障与就业机会公平。在我国，研究就业保险制度的理论与实践价值主要包括以下几点。

第一，在供给侧结构性改革的背景下，就业保险制度的建立是制度供给的改革。供给侧结构性改革是政府在遵循基本市场经济规律的前提下，充分发挥政府调控有形之手的作用：加强政府在就业服务领域的制度创新与制度供给；强调政府在市场配置中的参与及权力；重塑政府自身在就业保险领域中的责任意识；对就业能力不足的劳动者提供就业保险，通过培训对其劳动能力进行提升与再造；对暂时和永久丧失劳动能力的劳动者采取适当的兜底性政策；积极促进提升企业的创新能力，确保供给侧结构性改革的制度性供给；为第一、二、三产业融合发展，城乡一体化发展，新经济、新业态、新产业的发展，提供必要的制度保障。

第二，就业保险的相关理念是完善我国失业保险制度的重要路径。我国失业保险制度在创建之初，就在法规上明确了其具有生活保障和促进就业的双重功能，但在具体实践中，必须构建起促进再就业、预防失业与失业救济"三位一体"的复合功能体系，才能基本满足广大劳动者的客观需求。而现行的失业保险制度的主要目标还是以保障失业者基本生活为主，从而维护社会的稳定，在促进失业者尽快实现再就业及预防失业等方面的积极功能一直没有得到有效发挥。如何完善我国的失业保险制度，并逐步构建我国的就业保险制度，必须从积极促进的角度，从理论和实践的层面进行探讨和落实。

第三，就业保险制度以失业保险制度为基础，整合了部分就业促进制度的功能，承担了部分社会政策职能，打破了部门立法、条块分割的藩篱。我国《就业促进法》规定了政府对全体劳动者有就业促进的义务，而且规定了各级政府必须投入必要的就业专项资金，用于职业介绍、职业培训、公益性岗位、职业技能鉴定、特定就业政策和社会保险等的补贴，小额贷款担保基金和微利项目的小额担保贷款贴息，以及扶持公共就业服务等。但是我国当前失业保险基金仅仅用于资助城镇部分缴纳了保险费的失业劳动者，不可能覆盖大多数劳动者，不可能有足够的资金投入就业促进的领域。[①] 因此，必须厘清失业保险基金与政府投入的界限，并将二者有机结合，有效发挥政府投入与失业保险基金的共同作用，最终实现充分就业及安全就业的目标。

第四，我国当前的失业保险制度在覆盖范围、政府的出资责任、支付制度等方面均存在诸多问题，亟待完善。必须从对就业保险制度基础理论的研究入手，在理论与实践两个层面上探讨我国失业保险制度面临的实际问题，全面构建我国就业保险制度的新路径，以我国供给侧结构性改革为契机，构建我国就业保险制度以提供全新的制度供给。

三 相关概念

（一）就业保险与失业保险

失业保险是指国家通过立法强制实行的，由社会集中建立基金，对因失业而暂时中断生活来源的劳动者提供物质帮助进而保障失业人员的基本生活，并促进其尽快实现再就业的制度。它是社会保障体系的重要组成部分，是社会保险的主要项目之一。部分发达国家和地区的理论与实践都表明，就业保险是建立在失业保险基础之上的，因此就业保险理所应当是社会保障体系中的重要构成部分，是社会保险制度的主要项目之一，这是基本共识，也是二者的最大共同点。就业保险的设立目的已经不仅是保障失业风险而是保障就业能力风险，这也构成了就业保险与

---

① 黎大有、张荣芳：《从失业保险到就业保险——中国失业保险制度改革的新路径》，《中南民族大学学报》（人文社会科学版）2015年第2期。

失业保险的最大差异。在我国当前的语境中,谈就业保险容易与失业保险相混淆,这不仅仅是一个学术研究的滞后问题,更是一个理念认识需要更新的问题。

(二) 就业保险与社会保障

社会保障(Social Security),是指国家和社会依法对其社会成员提供的所有的物质帮助,旨在保障其基本的生活,实现其尊严及个人人格自由发展的权利。社会保障包括社会保险、社会福利①(Social Welfare)、社会救济(Social Assistance)与社会优抚②(Social Allowances)。社会保障是对经济安全的保障。每个社会成员在其生存过程中都会受到不同事件的威胁,比如在失业后其收入可能减少或消失,或者支出会突然扩大。面对这些风险,社会成员一直在探求通过一定的途径解决。比如社会保险制度的建立就是途径之一。因而,就业保险是社会保障的重要组成部分,是劳动者、用人单位、政府共同出力,以达到保障劳动者就业稳定的重大举措。二者的区别主要表现在以下几个方面。

(1) 保障对象不同。就业保险的保障对象主要是有劳动能力和劳动者意愿的劳动者;而社会保障的覆盖对象是全体社会成员。(2) 就业保险有较严格的权利义务对等关系,其对象在享有保险权利之前,一般必须承担缴费义务;而社会保障制度的其他组成部分则没有这种权利义务对应关系。(3) 从资金来源看,就业保险的来源是劳动者、用人单位的

---

① 在西方福利国家,社会福利是一个涵盖面很广的概念,其外延比社会保障要广,通常指国家采取的各种社会政策的总称,即凡是为改善和提高全体社会成员物质、精神生活而采取的措施、提供的设施和服务等都称为社会福利,不仅包括社会保障内容,而且包括公共文化、公民免费教育与设施、家庭救助等。在我国,社会福利被认为是一种社会保障措施,主要是指由国家出资兴办的、旨在为社会大众谋利益的各种福利性事业以及国家为全体社会成员提供的各种福利性补贴。包括一般社会福利、职工福利和特殊社会福利。参见张荣芳编《社会保险法学》,武汉大学出版社2012年版,第3—4页。

② 社会优抚,是国家对为了维护国家安全和社会秩序作出突出贡献和牺牲的人员及其家属给予的一种物质的照顾和帮助,包括我国的社会优抚、伤残抚恤和死亡抚恤。我国的社会优抚制度相当于德国的社会补偿制度,是国家对因特定事件产生的损害而进行的补偿给付,其给付补偿的多少往往不在于实际的损害赔偿,而是强调社会连带理念的象征性精神补偿。参见钟秉正《社会保险法论》,三民书局2005年版,第42页。

缴费及政府出资；而社会保障的各种形式的资金均来源于政府各级财政。（4）从保障水平看，就业保险需要满足劳动者及其家庭的基本社会需要，保障水平高于其他各类社会保障形式，这也符合作为一种保险制度的特质。①

（三）就业保险与社会救济

就业保险既要体现其保险的互济性、社会性、补偿性及强制性，更要凸显其保险性，还要剔除其不应负担的纯粹救济性，如城镇居民最低生活保障、农村最低生活保障。社会救济，也称社会救助，是国家和社会按照法定标准，在公民无法维持最低生活水平时向其提供满足最低生活需要的物质援助的社会保障制度。社会救济的给付方式，除了持续的生活相关的扶助措施之外，还有为因应特殊情形而专门设立的特别扶助制度，如我国城镇最低生活保障以及国家的灾害救济制度。其中长期接受生活救济的相关对象为"低收入户"或称"特困户"，必须对申请者开展全面的家庭收入调查，方能确定其救济资格，只要当事人的平均收入在一定的标准（最低生活保障线）之下就可以申请发放，其给付条件具有无因性、无对价性，无须考察贫困的原因，也不用预先支出。

二者的区别主要表现在以下三点。（1）就业保险是参保人与政府共担风险的形式，相对人必须有预先的保费交付，而这种事先的付出与事后的给付请求权之间有一定程度的"对价性"，体现的是参保人之间的互助；社会救济是政府单方面的福利给付，无须当事人在获得救济之前有相对性的付出，体现的是纳税人对被救济对象的帮助，当然这也可以说是一种自助，毕竟任何社会公民都是某种意义上的纳税人。（2）就业保险待遇的享受前提是参加保险、缴纳保险费；社会救济对象的确定是以"生活需要"为条件，确定帮助对象的方式是一定的收入调查制度。（3）就业保险待遇的标准在一定程度上取决于保险资金筹集水平；社会救济的标准一般以满足基本生活需要为原则，该标准一般低于就业保险待遇水平。②

---

① 张荣芳编：《社会保险法学》，武汉大学出版社2012年版，第3页。
② 参见林嘉《社会保障法的理念、实践与创新》，中国人民大学出版社2002年版，第9—10页。

四 为什么限于基本法律问题？

就业保险制度脱胎于失业保险制度，并整合了政府就业促进的部分职能，但也并不是要完全替代就业促进制度。它在制度理念、价值取向、覆盖范围、政府出资、支付制度等诸多方面，与传统的失业保险制度相比具有较大的差异。特别是虽然部分发达国家和地区建立了较为完备的就业保险制度，但是其模式也不完全一致。有些国家如韩国、加拿大制定了就业保险法的单一模式，日本是雇佣保险法的单一模式，德国是"失业保险+就业促进法"的综合模式，美国则是"社会保障法、联邦保险税法+各州失业保险制度"的分权模式。虽然我国也建立了就业促进及失业保险两个制度，但是就就业保险制度而言，无论是在制度还是理念层面，其在我国都是一个全新的事物；无论是对就业保险制度本身的研究，还是用就业保险制度的理念来完善我国失业保险制度，均是一个全新的尝试。特别是，中西方学者均鲜有对就业保险制度的基础理论进行构建和全面研究，形成了这方面理论研究上的"洼地"。为此，本书重点对基础理论问题进行了探讨，不求面面俱到，但求开启就业保险制度基础研究的先例，研究仅限于基本法律问题或核心问题。

第二节 文献研究综述

一 国外研究现状

（一）研究的基本情况

国外探讨与失业保险相关的早期文献并不太多，直到20世纪初，西方国家的政府和学者才开始关注失业保险相关问题。20世纪60年代以来，西方国家才开始关注就业促进和就业保险问题。而且就业保险制度的理论与实践在西方国家发展不平衡，并且各国关注的重点也不尽一致。

首先，对就业保险制度的基础理论研究不太充分，就业保险制度的理论基础还没有全面构建，对为什么需要从失业保险升级为就业保险没有作充分交代，尤其是就业保险的基础理论部分受社会保险制度理论研究整体滞后的影响，研究更加薄弱。其次，对就业保险的制度功能没有作深入研究；对就业保险的积极促进思想如预防失业、促进就业的价值取向，高于失业保险的失业保障的价值取向，没有作深入探讨；对就业保险与失业保险的本质理念差异没有作全方位研究，容易与各国的就业促进制度相混淆。再次，对就业给付与失业给付的功能差异没有作区别交代及深入探讨，仅从实践角度丰富了失业给付的内涵。[1] 最后，对政府的出资责任没有作深入的理论探讨，仅提到政府的出资责任及一些国家和地区的出资比例。

当然，国外的学者对失业保险及就业促进的研究与实践都不遗余力。一是从国家立法顶层设计的高度，不断构建及逐步完善失业保险制度；二是从理论实证分析的层面，对福利社会以及失业理论进行了构想，在学术界由此展开的学术争论长达一个世纪。但是从经济学理论上青睐和重视失业保险制度，却是从 20 世纪 70 年代才开始的。一些经济学家非常惊奇地注意到：失业保险虽然只占 GDP 很小的份额[2]，但是它会对经济活动中的每一个微观个体产生作用；人们的行为决策会受它每一项内容的变化而发生改变，甚至宏观经济受它影响的程度也是巨大的。围绕着失业保险制度国外开展了大量的理论研究，研究涉及的领域很广泛，包括福利经济学、劳动经济学以及公共经济学等方面。研究的方法也进一步深入，更多的实证计量分析替代了建立理论模型。

有关失业保险制度的研究主要集中在三大方面。

第一，失业保险制度成为个人劳动供给影响研究的起始点，不仅吸引了众多经济学家的目光，而且引发了对这种制度的全面讨论。第二，有关企业劳动需求受失业保险制度影响的研究。一些国家失业保险基金的主要来源是失业保险税，对企业劳动需求受失业保险税收政策影响的

---

[1] 黄婉玲：《加拿大失业保障与就业促进制度之探讨》，《政大劳动学报》2009 年第 1 期。

[2] 根据国际劳工组织 1990—1996 年的统计，失业保险支出在各国 GDP 中所占的比例在 1%—3%。

探讨也是重要内容之一。第三，有关福利制度受失业保险制度影响的研究。①

关于失业保险制度改革方面的研究兴盛于 20 世纪 90 年代，学者们提倡"工作导向型"的激励措施，尤其是经济合作与发展组织曾经提出，那些提供"消极"收入援助的社会政策，比如那些纯粹的现金补贴以及公共救助等方面纯粹的现金待遇，可以用促进就业以及其他事业的方法来替代——由此来践行他们宣称的"积极社会"的理念。② 巴斯范德克劳（Bas van der Klaauw）和简 C. 范乌尔斯（Jan C. van Ours）推荐了荷兰鹿特丹"胡萝卜加大棒"形式的制度，肯定其发挥了激励失业者尽快实现再就业的积极作用，并通过大量的实证研究发现，相比消极的再就业津贴，处罚反而可以使失业者更快地实现再就业。③ 施米德（Schmieder）等人通过对德国 1987—1999 年 40—49 岁失业者的相关数据研究发现，失业保险金发放期限每延长 1 个月，失业持续时间将增加 0.10—0.13 个月。④

（二）就业促进对策研究

在西方发达国家的具体实践中，由于各国国情差异较大，因此，它们在失业保险制度就业促进功能改革中的出发点不尽相同，所采取的措施更是特色鲜明，主要表现在如下方面。

第一，明确促进失业人员尽快实现再就业是失业保险制度的根本出发点。世界"综合性就业政策"的典范和发端见于德国自 1969 年施行的《就业促进法》，韩国 1995 年开办的《就业保险法》，加拿大 1996 年以《就业保险法》取代 1940 年的《失业保险法》。还有日本以 1975

---

① 参见王静敏《当代中国失业保险问题研究》，博士学位论文，东北师范大学，2008 年。

② ［美］尼尔·吉尔伯特等编：《激活失业者——工作导向型政策跨国比较研究》，王金龙等译，中国劳动社会保障出版社 2004 年版，第 78 页。

③ Bas van der Klaauw and Jan C. van Ours, "Carrot and Stick: How Reemployment Bonuses and Benefit Sanctions Affect Job Finding Rates", IZA Discussion Paper, No. 5055, July 2010.

④ J. F. Schmieder, T. von Wachter, and S. Bender, "The Long-Term Effects of UI Extensions on Employment", The American Economic Review, Vol. 102, No. 3, May 2012.

年的《雇佣保险法》取代1947年起实施的《失业保险法》，旨在谋求工人生活安定的同时，使求职活动容易进行，促进其就职并有助于工人职业的稳定，从而预防失业，增加雇佣机会，改善雇佣结构，开发和提高工人的能力，增进工人的福利。① 在英国，用以替代失业保险的是"职者津贴"。1997年其工党政府上台以来，实行所谓的"新政"，倡导"工作福利"，其理念是，实现再就业是解决失业问题的根本出路。②

第二，在制度的顶层设计上促进失业者尽快实现再就业。一是推行差别性保险金给付期，促使失业者能够积极地寻找工作机会。依据失业期的长短，失业时间越短，失业金的给付标准就越高。二是限制性的保险金给付条件得以实行，迫使失业者尽快返回职场。例如美国规定，领取保险金的失业者，必须在预先约定的时间内去当地保险金申领机构，报告寻找工作的具体情况或接受职业指导的安排。③ 加拿大十分重视就业促进资金的投入，将失业基金用于职业培训与职业推介。如在德国的失业保险基金支出中，除60%的部分用于失业金的给付外，剩下40%的部分中的绝大多数被用于职业培训、职业推介的相关补贴以及补助用人单位雇佣等就业促进的工作上。④ 法国为失业者提供再就业服务帮助的职业介绍机构共有700多所，并规定失业保险基金为职业介绍机构提供其中26%的部分作为运行经费。英国对通过参加职业培训并取得相应资格证书的失业者，分别按取得的资格等级增加失业金给付。美国规定对参加职业培训的失业者，依据培训时间的长短，可适当延长失业金的给付期限。⑤

第三，注重加强再就业培训。作为积极劳动政策之一的再就业培训，一直以来都是学者们关注的焦点之一。安妮特·贝格曼等人

---

① 李建民、王正柱：《日本失业保险制度及启示》，《山东劳动保障》2006年第6期。

② 张洒英、杜静：《失业保险制度应强化就业促进功能》，《齐齐哈尔大学学报》（哲学社会科学版）2006年第4期。

③ 马永堂：《比较研究：完善失业保险促进就业功能》，《中国劳动》2006年第1期。

④ 《中国失业问题与财政政策研究》课题组：《中国失业问题与财政政策研究》，《管理世界》2005年第6期。

⑤ 马永堂：《比较研究：完善失业保险促进就业功能》，《中国劳动》2006年第1期。

(Annette Bergemann, Bernd Fitzenberger, Stefan Speckesser) 对德国的再就业培训效果进行了检验，研究表明，培训项目无论是对失业人员的再就业率还是再就业的稳定性都有一定的积极影响，而且失业人员参与培训时间的长短也会使效果有明显的变化。① 桑德拉·卡瓦科等人 (Sandra Cavaco, Denis Fougere, Julien Pouget) 利用法国劳动部的数据研究了再就业培训对失业工人再就业概率的影响，研究表明，在培训项目的中期阶段（工人进入培训项目的第二年或第三年），失业工人再就业的概率就提高了大约 6 个百分点，② 而且基本上都是签订的长期劳动合同，再就业的质量也有所提高。③

第四，注重提供再就业服务。再就业服务包括为失业者提供各类再就业信息和支持等，大量的研究肯定了再就业服务对促进失业人员在就业上的积极作用。努里亚·罗德里格兹-普拉纳斯（Nuria Rodrguez-Planas）利用罗马尼亚的数据对"就业服务"（Employment Services）和"小型商业援助计划"（Small-Business Assistance Program）两个项目进行了比较研究，发现对缺乏工作搜寻渠道的失业者而言，前者的效果更好；而对缺乏工作技能和居住在乡村的失业者而言，小型商业援助计划则更有意义；对于高中及以下学历的失业者，"就业服务"的效果优于"小型商业援助计划"；对更高学历的人群而言，情况则相反。④ 斯蒂芬妮·贝恩克等人（Stefanie Behnck, Markus Frolich, Michael Lechner）在瑞士就业办公室进行了一项"劳动力市场计划"实施情况的实验，这一

---

① Annette Bergemann, Bernd Fitzenberger, and Stefen Speckesser, "Evaluating the Dynamic Employment Effects of Training Programs in East Germany Using Conditional Defference-in-Differences", *Journal of Applied Econometrics*, Vol. 24, No. 5, August 2009.

② Sandra Cavaco, Denis Fougere, and Julien Pouget, "Estimating the Effect of a Retraining Program on the Re-employment Rate of Displaced Workers", *Empirical Economics*, Vol. 44, Iss. 1, February 2013.

③ 聂爱霞：《中国失业保险制度与再就业问题研究》，中国社会科学出版社 2014 年版，第 14—15 页。

④ Nuria Rodriguez-Planas, "What Works Best for Getting the Unemployed Back to Work: Employment Services or Small-Business Assistance Programmes? Evidence from Romania", IZA Discussion Paper, No. 3051, September 2007.

计划旨在预测劳动力市场的情况,并为每位失业者提供最优的个性支持方案。研究者将办公室的工作人员分成两组,一组作为参照组,另一组被建议使用该计划,但他们拥有充分的自由裁量权,结果显示,实验组中的大部分工作人员都选择了忽略该计划。这一实验表明,再就业服务计划不仅要加强针对性,还要注意实施过程中的监督和激励,才能充分发挥其效果。① 科妮·翁施(Conny Wunsch)认为就业支持计划也有可能会降低失业者主动寻找工作的积极性和努力程度,因此,最佳做法是在失业的初期提供支持,且时间不能太长。②

第五,关于从失业保险到就业保险的核心问题——"就业能力"的研究。帕特丽夏·威奈尔特(Patricia Weinert)在《就业能力——从理论到实践》一书中指出,在与失业和边缘化作斗争的过程中,就业能力已经发展成为反失业和边缘化的主要工具。③ 虽然就业能力这个概念并不一定新颖,但其中所包含的意义却是崭新的:促进求职人员提高就业能力,应对目前在经济领域和工作领域发生的变化。按照欧盟委员会的解释,就业能力的目标是:使加入劳动队伍的每个人都具有动态的适应环境的能力,并以劳动力市场为导向采取行动。并且论述了欧洲失业保险计划是否转向就业能力保险模式的问题。其初步提出了就业能力的概念,并开始探讨就业能力保险的问题,初步触摸到了就业保险制度的核心问题。

二 国内研究进展

由于统计数据的不完善以及用传统方法研究失业保险制度上的缺陷,加之我国社会主义事业虽然进入新时代,但是具有供给侧结构性改革及经济转型的特点,因此国内对就业保险制度的全面研究还很少,仅在个别文献中提到了部分国家和地区已经制定了就业保险的相

---

① 聂爱霞:《中国失业保险制度与再就业问题研究》,中国社会科学出版社2014年版,第15页。

② Conny Wunsch, "Optimal Use of Labor Market Policies: The Role of Job Search Assistance", IZA Dsicussion Paper, No. 4773, February 2010.

③ [美]帕特丽夏·威奈尔特等编:《就业能力——从理论到实践》,郭瑞卿译,中国劳动社会保障出版社2004年版。

关法律或规定,①但并没有深入介绍和研究其产生的原因、理论背景及与失业保险制度的差异等。有学者把国外的就业保险制度当作失业保险制度来泛泛介绍,没有看到就业保险制度与失业保险制度的不同。

对失业保险制度开展研究的起步较晚,早期反映失业保险的文献寥寥无几,直到20世纪80年代以后,国内才有学者真正开始对失业保险的相关问题开展研究。特别是对失业保险的研究不仅起步时间晚,而且增势也很小,这说明当前学术界对失业保险方面的学术研究不仅落后而且十分被动,与我国当前迫切需要解决的失业问题极不相称,远远落后于时代发展的需要和当前供给侧结构性改革的社会现实。从内容上看,基本知识类研究(包括政策解答、法规汇编、教材等在内)占了大多数,就是在研究性著作中,真正学术性的文献也不太多。与此相反的是,属于基本知识方面的文献很多。但是从研究的角度来看,关于失业保险问题的研究(无论是抽象理论研究还是具体的对策思考)远远落后于当今现实和形势发展的需要,缺乏真正实证性的分析与研究,所以难以解决实际问题。1986—2006年中国知网上期刊论文中此类研究年均不到40篇,②截至2017年8月,在中国知网的期刊中搜索"供给侧""失业"共有88条记录,搜索"失业保险"共有17271条记录,但是均是从政策性解读的角度阐释政府促进就业的各类举措,理论探讨不深入,更没有提出抓住供给侧结构性改革的历史契机,乘势建立我国"就业保险"制度的设想。

刊载失业保险的杂志中,社会科学类杂志占了大部分。在专业性杂志方面,主要有《中国劳动》《中国社会保障》《中国劳动保障》《保险职业学院学报》《山东劳动保障》《四川劳动保障》等刊物有刊载过相关的研究性文章。从这些论文的内容来看,以探讨失业保险制度(含法律制度、立法)、失业保险基金、失业保险问题、失业保险改革、失业

---

① 有关探讨参见黎大有、张荣芳《从失业保险到就业保险——中国失业保险制度改革的新路径》,《中南民族大学学报》(人文社会科学版)2015年第2期。

② 王静敏:《当代中国失业保险问题研究》,博士学位论文,东北师范大学,2008年。

保险条例、失业保险政策、失业保险工作等为主。有些文章论述的内容有一定的理论深度，结合了我国的社会实际。在对国外失业保险的介绍与研究方面，研究论点主要集中在美国、德国、日本等国家与西欧地区。

特别需要指出的是，在国内对失业保险制度的相关研究中，2000年以来出现的一些硕士、博士学位论文（截至2015年年底，在中国知网上搜索共可得952条记录），大多是从管理学、公共管理学、社会保障学甚至哲学的角度来研究，从法学、制度的角度进行的研究者较少，即使是从法学、制度的角度研究失业保险及相关制度，其研究方法、过程、结果与从其他角度研究的区别不明显，因此从法学的角度进行的研究常常被淹没和忽视，起不到作用、看不到效果。

总之，国内文献主要以介绍西方失业保险制度及相关理论为主，多数的研究论文侧重于介绍失业保险产生的历史背景以及发达国家失业保险制度的核心内容，并且通过实证分析发达国家的成功经验，从失业保险的保障对象、覆盖范围、筹集资金等领域，来探讨我国失业保险应采用的改革路径。近年来，学者们围绕着失业保险制度的改革与完善、失业保险制度的管理与创新、失业保险促进就业、失业保险制度重新定位等问题开展全面研究，形成了一些较为系统的学术成果。从笔者已经阅读过的相关文献来看，这些研究主要从以下角度进行。

一是对国内外失业保险理论和状况的系统介绍和研究。代表性文献有：聂爱霞的《中国失业保险制度与再就业问题研究》（中国社会科学出版社2014年版）；郑秉文、和春雷的《社会保障分析导论》（法律出版社2001年版）；李元春的《国外失业保险的历史与改革路径：政治经济学视角》（中国财政经济出版社2011年版）；吕学静的《各国失业保险与再就业》（经济管理出版社2000年版）；毛健的《失业保险》（中国劳动社会保障出版社2001年版）；杨伟民、罗桂芬的《失业保险》（中国人民大学出版社2000年版）；郑功成的《社会保障概论》（复旦大学出版社2005年版）；刘雄的《失业保险》（中国劳动社会保障出版社2000年版）；孙光德、董克用的《社会保障概论》（中国人民大学出版社2000年版）等。

二是分析和研究了中国失业保险的现实问题，提出了相应的解决方案。代表性文献有：郑功成等的《中国社会保障制度变迁与评估》（中国人民大学出版社 2002 年版）；穆怀中的《社会保障国际比较》（中国劳动社会保障出版社 2002 年版）；纪韶的《中国失业保险问题研究》（辽宁人民出版社 1999 年版）；陈佳贵、王延中的《中国社会保障发展报告》（社会科学文献出版社 2004 年版）；郑秉文等的《社会保障体制改革攻坚》（中国水利水电出版社 2005 年版）；罗桂芬的《转型期的中国失业保险：有效制度的建立与完善》（中国劳动社会保障出版社 2001 年版）；丁煜的《完善我国失业保险制度的政策研究——以促进就业为导向》（《经济理论与经济管理》2008 年第 2 期）；沈水根的《中国城镇职工失业保险问题研究》（中国书籍出版社 2013 年版）。

三是关于失业保险的就业促进功能研究。一些研究论文与硕士学位论文普遍指出，我国失业保险制度过于强调失业人员基本生活的保障功能，就业促进功能没有得到有效发挥。代表性文献有：赵蔚的《失业保险预防失业和促进就业功能问题研究——结合阳泉市实例的分析》（硕士学位论文，山西财经大学，2015 年）；唐克的《中国失业保险促进就业功能研究》（硕士学位论文，吉林大学，2011 年）；徐悦、李志明的《从失业补偿到就业促进：发展型社会政策视角下中国失业保险制度的改革与发展》（《社会保障研究》2011 年第 3 期）；郑大军的《失业保险促进就业功能研究——以沈阳市 TX 区为例》（硕士学位论文，吉林大学，2009 年）；李磊的《失业保险制度与其就业促进功能研究》（硕士学位论文，华中科技大学，2011 年）；葛玉霞的《完善我国失业保险制度的就业促进功能研究》（硕士学位论文，河北大学，2008 年）；郭正华的《我国就业导向型失业保险制度构建研究》（硕士学位论文，江西财经大学，2012 年）等。

具体而言，首先，在制度设计方面，我国的失业保险制度基本完成了一个转变。即从制度象征到制度落实的转变，[①] 下一阶段的核心任务

[①] 参见葛玉霞《完善我国失业保险制度的就业促进功能研究》，硕士学位论文，河北大学，2008 年。

是要将其改造成"就业促进"的制度,强化职业培训以及公共就业服务的功能。① 一是就失业保险制度的覆盖面而言,我国的失业保险仅仅覆盖城镇的相关企事业单位,是严格依据户籍划分为基础,提供就业保障和失业保护仅限于城镇劳动者的一种局部覆盖。② 应当从我国人口、社会结构的实际情况出发,对依身份界限为依据而建立的失业保险制度予以打破,探索建立这样一种失业保险体系,其在制度上不断规范,且城乡有别、保险基金统筹使用、费用负担公平、待遇标准合理,使失业保险的覆盖范围逐步扩大到全国范围内的各类劳动者。③ 二是就失业保险基金的筹集制度而言,所有企业都面临统一的、固定比例的保险费,要求情况千差万别、形态各异的城镇企事业单位都承担相同责任的失业风险的做法,对失业保险基金的征缴大为不利。效益不好、失业风险高的单位,迫切希望能将解雇和失业成本借助失业保险基金转嫁出去。而一些经济效益较好的行业和失业风险较小的单位,因为其一般不会裁员,所以极容易对缴纳失业保险费产生抵触情绪,会想方设法地少缴或不缴保险费,容易造成保险基金收入的流失。④ 三是就失业保险的支付制度而言,保险金的支付方式不科学,对高收入劳动者具有负激励的效应,不利于吸引高收入劳动者参加失业保险。⑤ 因为如果失业保险金的工资替代水平过低,不仅不能基本满足高收入劳动者的日常消费水平,而且对他们再就业的帮助也不大,因为他们找工作的花费也较高,因此,那些高薪阶层的劳动者没有动力参加失业保险。⑥

---

① 郑功成:《关于社会保障体系建设及相关政策发展规划》,《社保财务理论与实践》2005年第1期。

② 袁志刚:《失业经济学》,上海三联书店、上海人民出版社1997年版,第25页。

③ 荆炜:《我国失业保险制度的改革和完善》,《科技资讯》2006年第27期。

④ 曹玉乾:《我国失业保险制度的改革与完善——一种就业促进取向角度的分析》,《学术论坛》2006年第6期。

⑤ 姚先国、翁杰:《工资结构、雇佣关系稳定性和企业的人力资本投资》,《中国石油大学学报》(社会科学版)2005年第6期。

⑥ 参见范旭东《失业理论、失业保险机制设计与中国失业保险制度》,硕士学位论文,武汉大学,2005年。

其次，在制度实施方面，即失业保险管理方面，失业保险制度功能的有效发挥有赖于管理的成效。一方面是对失业保险监督约束机制的完善及强化。我国对失业者的登记及监测等措施不完善。一是大量的实际失业者并未得到及时、准确的登记，造成失业保险的覆盖面进一步缩小。二是一些失业者实现再就业后，登记机构没有及时跟踪监测，①使得我国的隐性就业问题较为严重，许多失业后实现再就业的劳动者，可能仍旧在领取失业金。这不仅造成了基金支付的损失，而且也有失公平，造成失业金没能切实发挥其制度功效，从而频繁出现"有保无险"及"有险无保"的现象。另一方面，失业保险的信息化建设亟待加强。失业保险信息化建设滞后，当前我国有些地区失业保险的相关信息仍然靠原始的手工操作来管理。随着流动劳动者的日益增多，劳动者个人的信息资料会经常变动，就业者容易很快成为失业者，而失业者也容易在较短时期内实现再就业，如不能对失业率及失业人员的信息资料及时追踪、更新，甚至造成资料的缺失或错误判断，极易给失业保险工作带来一系列的后遗症。②

最后，失业保险与就业服务的联动值得注意。从我国的制度设计来看，失业保险被赋予了促进失业者实现再就业的使命，但这并不必然意味着促进失业者尽快实现再就业的花费都由失业保险基金列支，这也不是失业保险基金力所能及的。失业保险制度必须与就业政策积极配合，如失业保险金的领取时间不宜过长，应为短期待遇；失业保险金的领取数额必须与在职人员的工资收入有足够差距。③失业及就业其实是一体两面，全面构建劳动力市场以及建立以市场为导向的就业机制的重要条件是建立失业保险制度；而劳动力市场形成的重要载体是就业服务制度，其通过职业培训、职业指导以及职业推介等形式，促进失业者尽快

---

① 张迺英、杜静：《失业保险制度应强化就业促进功能》，《齐齐哈尔大学学报》（哲学社会科学版）2006年第4期。

② 丁煜、徐辉、王丽娜：《我国失业保险制度创新研究：以促进就业为导向》，载中国社会保障论坛组委会《和谐社会与社会保障》，中国劳动社会保障出版社2006年版，第76页。

③ 章晓懿主编：《社会保障：制度与比较》，上海交通大学出版社2004年版，第157页。

实现再就业。①

三 评述

综观对就业保险的已有研究，一方面，部分西方国家、地区已经开始关注就业能力的问题，并初步提出了就业能力的概念，甚至欧委会还提出了失业保险计划转向就业能力保险模式的问题，即初步提出了从失业保险到就业保险的实践可行性问题，还特别关注了加拿大在1996—1997年从失业保险转向就业保险，但是并没有从理论上进行更进一步分析和深入探讨，即就业保险替代失业保险的必然性和优越性。另一方面，国内的学者也对西方部分国家和地区关于就业保险的实践进行了关注，也翻译了一些西方学者的相关著作或论文，但是对于从失业保险到就业保险的发展趋势没有给予应有的重视，更不用说系统分析背后的理论缘由和结合供给侧结构性改革的历史背景了。对比研究的拿来主义重在实际操作层面，在一定程度上忽视了理论的引进，当然这也与西方学者研究的不足与缺失有关。

因此，可以这么认为，就业保险作为一项全新的制度，在部分西方国家和地区已经有较为丰富的实践经验，一些学者还敏锐地分析了就业能力的概念，甚至就业能力保险的相关问题，为全面研究就业保险制度特别是其基础理论的探讨，提供了一定的基础；而国内学者在完善我国失业保险制度，尤其是探讨失业保险的就业促进功能等问题上，从解决实际问题的角度分析了大量西方国家和地区的先进做法，甚至也提到了就业保险制度的相关建立情况，纵使没有深入探讨背后的原因并进行相关理论构建，但是在供给侧结构性改革的历史契机下，为探讨构建相关理论提供了坚实的基础。

---

① 李德元：《充分发挥失业保险制度促进再就业的功能》，《中国西部科技》2006年第19期。

第三节　主要内容及研究方法

一　主要内容与逻辑思路

全书共分为七章，主要内容如下。

第一章：导论。主要介绍本书的研究背景和研究价值，研究的主要内容、基本界限以及研究方法，并对相关概念进行了区分，梳理了国内外就业保险、失业保险领域的相关研究文献以及部分专家学者的不同观点，为全书的写作进行背景铺垫。

第二章：就业保险制度的基础理论。主要探讨就业保险制度的基础理论，奠定了本书的理论基础，主要讨论就业保险制度产生的背景、原因，并对就业保险基础理论进行了较为系统的构建，分析了就业保险的制度功能。

第三章：我国构建就业保险制度的必要性分析。从分析我国失业保险制度及就业促进制度存在的问题入手，从供给侧结构性改革是契机、保障就业是硬道理、以系统的合力促进就业，以及社会保险人与政府的关系等方面入手，探讨了我国构建就业保险制度是整合失业保险及就业促进制度的现实路径。

第四章：就业保险的覆盖范围。主要探讨就业保险基本法律问题的覆盖范围，从确定覆盖范围的原则、覆盖的具体范围、覆盖范围的实践情况等方面开展探讨，分析了就业保险的"全民性"特质及其覆盖范围大于失业保险的必然趋势及原因。

第五章：政府对就业保险的出资义务。主要探讨就业保险基本法律问题中政府的出资义务，重点论述了政府出资的理论与现实依据，这是就业保险基金筹集制度的核心特色，也是建立就业保险制度的标志，探讨了政府对就业保险的出资义务与责任。

第六章：就业保险的支付制度。主要探讨就业保险基本法律问题中的支付制度，重点探讨了与传统失业保险支付制度的差异及原因，论述了就业保险支付制度的特征、支付的要件及支付的种类。

第七章：我国就业保险制度的构建。从就业保险制度的基本法律问题出发，特别是从我国失业保险制度及就业促进制度现有制度资源出发，探讨了如何构建我国就业保险基本制度及具体措施建议。

二 研究方法及创新

（一）本书的研究方法

1. 文献分析法

主要是收集整理与本研究相关的文献资料，包括统计资料、国内外相关论文及书籍等，探究就业保险制度的意义、发展背景、类型与功能等。

2. 规范研究与实证研究相结合法

经济理论产生的基础是实证研究，而以一定的价值判断为准则的是规范研究，其从实证理论中抽象概括出一定的规律。本书在对发达国家的失业与失业保险进行实证分析的基础上，准确把握世界当前失业保险以及经济发展关系中存在的一般规律，并结合我国的特殊背景，在对我国目前发展状况研究总结的基础上，提出了构建我国的就业保险制度的路径。

3. 多学科视野相结合法

就业保险是一个复杂多维度的概念，它涉及经济、政治、社会、法律等多个领域，本书在研究过程中，充分运用各学科知识，力求从多元视角实现对研究主体的相对全面的阐释与分析。

4. 对比分析法

对比分析法有助于对事物正确和全面的认识。本书运用纵向比较法、横向比较法、理论与实际比较法对中国失业保险问题进行对比分析，力求在对比研究中对失业保险问题有更全面的了解，找出规律性的结论，由表及里、取长补短、吸收借鉴，为构建我国就业保险制度提供科学的决策依据。

（二）本书的创新

创新是学术著作的价值体现和灵魂所系。本书在以下方面进行创新。

1. 视角的创新

首次全面引进、探讨就业保险制度，提出了就业保险以化解"就业能力"风险为目标，以提供"就业能力"保险为理论基础，以"就业机会及社会公平"为制度追求，全面建构了就业保险制度的基础理论，并以此为指导全面探讨了就业保险的几个基本问题，并且突出了法学的研究视角，尝试改变过去对就业保险研究的从法学角度研究与其他角度研究的趋同性问题。

2. 制度的创新

尝试以构建我国就业保险制度为探索，将就业促进制度与失业保险的就业促进功能相结合，打破过去这两个领域研究"两张皮"的狭隘思维，从政府应承担的具体职责入手，明确政府的出资及相关责任，突出就业保险的制度功能，尝试将二者结合，建立具有可操作性的推进机制。

3. 机制的创新

提出我国就业保险可以更加重视制度的发展性功能，并探讨了其与社会救济等的关系，通过对相关制度进行改革和调整，构建起以"就业能力"保险为抓手，以"就业机会及社会公平"为追求的就业促进、失业预防与失业救济"三位一体"复合功能体系，实现从单一的失业保险制度到综合性就业保障机制的转变。[①]

[①] 徐悦、李志明：《从失业补偿到就业促进：发展型社会政策视角下中国失业保险制度的改革与发展》，《社会保障研究》2011年第3期。

第二章

就业保险制度的基础理论

第一节 就业保险制度的产生

一 就业保险制度产生的背景

"福利的道德危机"是失业保险制度的先天缺陷。失业保险制度只能阻止不穷的人变穷,却不能将穷人从贫困中解脱出来,片面的社会保险制度容易患上"富贵病"。在西方发达国家,优厚的失业保险待遇以及一系列慷慨的救济金等诸多福利措施,反而助长了失业者对保险及福利待遇的依赖性,使得他们积极寻求再就业的动力减弱。很多人依赖较高的失业补贴过日子,不再努力寻找新工作,更不愿意接受较低工资的岗位。

20世纪80年代的英国、意大利、加拿大以及一些其他欧洲国家,平均失业率大都上升到10%以上。由此可以普遍地发现一个极为明显的循环怪圈:失业补贴越是优惠,越会导致失业率升高,而且平均失业时间会越长。因为,失业补贴越是优惠,企业负担就会越重,生产成本必然上升,企业就会降低用工人数,失业率就会上升,失业时间也会延长。如20世纪七八十年代的西欧诸国,就因为失业保险的金额逐年上升,造成劳动成本不断上升,而后者又导致失业的进一步增加,失业保险金的支出负担又因失业人数的增加而加剧,失业与失业保险处于恶性循环的怪圈之中。[①] 包括美国在内的有关研究表明,失业保险制度在保

---

① 聂爱霞:《中国失业保险制度与再就业问题研究》,中国社会科学出版社2014年版,第51页。

障失业者经济利益的同时，也在一定程度上创造着新的失业。所谓的"福利的道德危机"①，就是人们不再因失业而感到焦虑、害怕，反而对失业感到向往。这些问题是西方发达国家共同面临的难题，因此，迫使它们及其政府必须反思失业保险的立法宗旨及目的。学界除了从经济周期波动等方面寻找原因外，还开始怀疑导致失业率居高不下的重要因素，是不是过于慷慨的失业保险制度造成的，从而开始重新审视失业保险制度的作用。②

具体而言，就业保险制度产生的背景一方面是失业保险在西方发达国家实践中的"富贵病"，另一方面是失业率居高不下。从表面看，似乎是"富贵病"造成的失业率居高不下，但是更深层的原因却是随着经济社会的发展及科技革命的快速、深入推进，当然也包括席卷全球的供给侧结构性改革，劳动者"职业技能"的更新速度赶不上经济及科技发展的速度，能力不足的问题逐步凸显，这正是我国供给侧结构性改革战略所要解决的重要问题。能力不足或者说能力不均衡发展，就会难以把握就业机会，造成就业机会越发不公平。

关于能力不足及就业机会不公的问题，不是传统失业保险强调失业保障所能解决的新的供给侧问题，需要在以失业保障为核心的失业保险进行改造的基础上，进行理念与制度重建，需要把对"就业能力"的保障及提供公平的就业机会作为追求的目标。而传统失业保险制度是典型的消极治理失业的模式，消极保障失业有余，积极促进就业不足，预防失业尚未启动，与就业促进等相关制度没有无缝对接，不利于政府稳定和扩大就业的积极追求，不利于政府编制一个完密的就业安全网。特别是难以做到对就业能力的维持及对就业机会公平的追求，传统的失业保险制度不可能解决供给侧结构性改革要求的制度供给。

从 20 世纪 80 年代以来，欧洲就开始改革劳动力市场，将保险待遇的给付与积极搜寻工作、再就业职业培训相结合，积极的劳动力市场政

---

① 王玉花：《加拿大的就业保险制度》，《山东经济》2006 年第 2 期。
② 聂爱霞：《中国失业保险制度与再就业问题研究》，中国社会科学出版社 2014 年版，第 2 页。

策开始出现，也就是将失业保险与促进就业结合在一起，通过对失业保险的给付附加积极的条件，让失业者尽快重新返回职场，使失业保险在保障失业者生活的同时，积极发挥其就业促进功能。①而构建这样一种既脱胎换骨于失业保险制度，又具有全新社会法理念的，体现积极的政府干预思想，全新的积极追求就业机会公平，以"就业能力保险"为抓手的"就业保险制度"呼之欲出。

很多国家和地区都在改良失业保险制度，在制度设计上强调促进失业者重新就业，为建立就业保险制度开展了有益的探索。一是推行差别性保险金给付，促使失业者能够积极地寻找工作。失业时间越短，失业金的给付标准就越高。二是推行限制性的保险金给付条件，迫使失业者尽快实现再就业。在美国，领取保险金的失业者，必须在约定的时间内去当地保险金申领机构，报告寻找工作或接受职业指导的具体情况。②还规定对参加培训的失业者，依据培训时间的长短，可延长失业金的给付期限。③加拿大特别重视对就业促进资金的安排，将失业基金用于职业培训与职业推介。德国的失业基金支出中，除60%用于失业金的支付外，剩下40%主要用在职业培训、推介等补贴以及补助企业雇佣等就业促进的工作上。④在法国为失业者提供再就业服务帮助的职业介绍机构共有700多所，并规定失业保险基金提供职业介绍机构26%的运行经费。英国要求通过培训取得相应资格证书的失业者，按其取得的资格等级增加失业金给付。三是高度重视对失业者的培训和相关就业服务。美国依据经济社会发展的客观需要及就业发展趋势，对职业培训的专业及课程设置、教学活动等各类工作进行科学安排。⑤在法国的再就业培训领域，国家不仅给失业者提供就业指导与职业咨询服务，而且在培训开

---

① 聂爱霞：《中国失业保险制度与再就业问题研究》，中国社会科学出版社2014年版，第2页。
② 马永堂：《比较研究：完善失业保险促进就业功能》，《中国劳动》2006年第1期。
③ 同上。
④ 《中国失业问题与财政政策研究》课题组：《中国失业问题与财政政策研究》，《管理世界》2005年第6期。
⑤ 马永堂：《比较研究：完善失业保险促进就业功能》，《中国劳动》2006年第1期。

始之前，还对其开展职业能力及技能评估。在捷克，还设立专门的职业指导工作室，为失业者提供职业生涯规划咨询；定期举办各类职业指导活动，通过播放各职业的介绍视频及专家当场讲解，使求职者全面了解各职业的情况。①

二　就业保险制度产生的原因

就业保险制度是一种社会保险制度。从制度功能的角度看，对其影响最大的一是失业保险制度，二是就业促进制度。从核心理念的角度看，对其影响最大的是"积极促进"②替代"消极给付"③，"就业能力"保险替代"失业"保险，即从消极的失业给付到积极的就业促进措施，达到帮助失业者重回职场，并追求就业机会公平和社会公平的目标。其次是越来越强的预防失业思想，是指失业保险的最重要预防措施是职业培训、咨询与介绍，与其在失业后提供失业给付（失业保险）及其他积极的就业促进措施，如能在劳动者失业之前提供各种辅助，包括进修培训、继续训练及职业咨询，其效果可能更为有效，所支出的费用也可能较为节省。④

不难看出，就业保险制度最大的特点是整合失业给付与就业促进制度的部分功能，并赋予预防失业功能，极大地改变了消极的失业保险制度与失业给付，化保险制度的被动为积极促进，凸显出政府的积极干预与主动的责任，以"就业能力保险"为手段，积极追求就业机会公平和

---

① 参见葛玉霞《完善我国失业保险制度的就业促进功能研究》，硕士学位论文，河北大学，2008年。

② 积极就业政策提供的待遇包括：就业咨询和劳动中介服务、劳动能力培养与更新措施、失业者的再就业帮助（对雇主或雇员的激励措施）。这些待遇主要针对个人失业现象，但与致力于解决普遍失业现象的政策（结构性、地区性、总体性经济政策）有互补性。See OECD, *OECD Employment Outlook* 1998, p. 53。

③ 消极就业政策提供的待遇（通常是失业保险）包括：失业时的收入替代待遇、短期就业时的收入补贴待遇，等等。参见［德］汉斯·察赫《福利社会的欧洲设计：察赫社会法文集》，刘冬梅、杨一帆译，北京大学出版社2014年版，第365页。

④ 杨通轩：《"就业安全法"理论与实务》，五南图书出版股份有限公司2012年版，第69页。

社会公平，强调了政府的义务，以弥补保险制度自身的天然缺陷。就业保险制度更像"新瓶装旧酒"，但是这个"旧酒"更像"鸡尾酒"，这种整合不是简单的加减法，而是形成合力——既发挥保险的独特作用，又充分发挥政府出资及调控和管理的不可替代的主动性作用。这也是就业保险制度的魅力所在，其成为失业保险制度的升级版，绝对不是偶然的冲动，而是必然的发展趋势。具体原因如下。

第一，失业保险重在保障失业，促进就业的程度不够。失业保险的根本目的是在保障投保者失业风险的基础上促进其再就业。但是现实中失业保险常被诟病为"养懒汉"，仅能为投保者在一定程度上解决生活的后顾之忧，并不能提升失业者的再就业热情。一是有些国家的失业保险至今仍然实行传统的生活保障模式（如北欧的一些高福利国家），只将失业保险作为社会福利的一项重要内容，没有将其与促进就业结合起来，使部分失业者不是积极地克服再就业中的转行转业的困难，而是被动地等待再就业的机会。二是一些发达国家的失业保障水平有逐年上升的趋势，保障条件越来越高、越来越优越，其结果不但会导致国家的财政负担越来越重，同时还可能导致部分失业者再就业的积极性下降，引发道德风险，从而违背了失业保险制度的初衷。[①] 三是失业保险缴费不断提高会使企业负担增加，生产成本上升，从而降低企业的用工人数，甚至有些企业会出现逃费现象，这不但会使失业率上升，而且会使失业保险金遭受损失，也许会失业保障有余，但是就业促进经费肯定不足。

第二，失业保险制度与就业促进制度无法很好地并行运作。一般来讲，各国的失业保险制度都赋予了其就业促进职能，但在现实操作中，各国往往将大量的人力、物力用于失业登记、认定、失业保险金的发放等失业给付领域，对促进就业、职业培训、就业服务等方面投入不够。而事实上劳动者面临的就业与失业，承上是就业促进，启下是失业保险与社会救济，而且劳动者的整个就业过程还处于就业促进制度的关注之

[①] 聂爱霞：《中国失业保险制度与再就业问题研究》，中国社会科学出版社2014年版，第51页。

下。失业保险制度在当前以就业促进为导向的社会背景下，显然难以与相关制度进行无缝对接。

其难点主要体现在，一是失业基金的构成与运用的障碍。投保者的保险对象是工资损失，且以工资为基础缴纳失业保险费，并没有明确规定政府的出资比例、额度，因而失业保险基金不能过多运用于就业促进的领域，不能过多承担社会政策功能及社会改革的成本；而就业保险制度则明确规定了政府的出资义务，甚至规定了出资的比例、额度，根本目的是保障、稳定与促进就业，并促进就业机会公平，追求社会公平。二是在失业保险制度下，已缴纳规定期限保费的非自愿失业者，可以直接申请失业救济金，并不完全以积极寻找工作或参加职业培训为前提，一般对提前就业也无奖励，不利于促进失业者积极寻找工作、实现再就业；而就业保险制度则明确规定，以失业者进行积极求职或职业培训为发放救济金或培训津贴的前提，有利于促进再就业。可见，就业保险制度实现了与就业促进制度的无缝对接。即劳动者未就业前政府有义务提供就业机会，促进劳动者实现有价值的就业；劳动者就业之后劳动者、用人单位与政府共同保障劳动者稳定就业岗位；劳动者失业之后政府与就业保险经办机构对其进行职业培训与工作推介，使其维持和提升就业能力，共同促进其再就业。

第三，经济发展转型升级面临供给侧的考问。经济发展必须遵守客观经济规律，自2008年发端于美国的经济危机以来，整个国际社会的经济发展都面临经济发展的结构性调整。有脱实向虚发展趋势的美国及西欧部分发达国家，推出再次工业化、实业化战略，甚至不惜挑起国际贸易争端，更有甚者美国2018年伊始就向以中国为首的部分国家发起了贸易战。[1] 其实这就是一种经济发展转型带来的供给侧结构性改革，表现在国际关系中为贸易调整甚至贸易战；表现在社会领域就是创造新的就业岗位，提升实体经济的国际竞争力；表现在制度领域就是制度供

---

[1] 具体内容可参见《美打响对华贸易战第一枪？境外媒体：中美仍有回旋余地》，2018年1月24日，中国经济网，http://www.ce.cn/xwzx/gnsz/gdxw/201801/24/t20180124_27889301.shtml。

给改革，建立更为完善的就业促进制度，提升有效就业，并把失业率降到最低。因此，供给侧的变化是世界性的，既有经济转型发展的直接和基础原因，又有国际政治、国际关系的调整原因，当然还有就业制度的供给侧结构性改革的原因。世界经济发展格局的变化，必然会引起世界政治格局的变化，就业保险的制度供给侧的变化既适应了这一趋势，也将在这一趋势中发挥重要作用。

三 就业保险制度的建立情况与过程

（一）建立的概况

从制度发展的脉络来看，就业保险制度自失业保险制度发展而来，是社会保险制度的重要组成部分。失业保险制度产生于20世纪初，在其发展初期，强调以提供基本生活保障为主。20世纪70年代以来，西方发达国家充分就业的时代已经一去不复返。特别是到了20世纪80年代，由于石油危机爆发，通货膨胀愈发严重，国际竞争日趋激烈，一些国家的失业率大幅飙升，形成了自20世纪30年代以来最为严重的失业局面。为缓解失业压力，很多国家对失业保险及公共就业服务等相关制度进行了大幅度改革。例如，英国、加拿大和日本等国将失业保险改为求职津贴和就业保险（日本为雇佣保险），并将失业金的给付与就业促进相结合，打破制度藩篱、实行统一管理。从表面上看，就业保险与失业保险只是一字之差，但是其内涵与价值取向已经有天壤之别。就业保险制度的根本目的是保障、稳定与促进就业，积极追求就业机会及社会公平，与失业保险制度单纯强调失业给付、生活保障具有明显的区别，从而把劳动者的注意力从"怎样才能有资格得到救济"转到"怎样才能获得更多的工作、保持就业能力并有更光明的前途"上。[1]

部分发达国家与地区已经建立了较为完备的就业保险制度，它们都认为，失业保险应配合充分就业政策，不仅是补偿经济损失，而且应运用失业基金以协助就业服务、职业训练以及预防失业等措施。世界"综

---

[1] 李元春：《国外失业保险的历史与改革路径：政治经济学视角》，中国财政经济出版社2011年版，第161页。

合性就业政策"的典范和发端是德国自1969年施行的《就业促进法》，其将职业训练、职业介绍及失业保险规定于该法中，更名后的就业服务处将失业保险的日常管理工作与就业促进工作相结合，形成了以培训和雇用补贴为特点的就业促进服务，但四大服务部门（就业安置和促进、职业指导、失业金发放、服务管理）仍是各自为政。德国的失业保险是与积极的就业促进措施紧密结合在一起的。积极就业促进措施实施的根本目的是把失业保险收益的领取人变为求职者；其次是应激励用人单位采取雇用工作的措施，如雇用补贴；再次是要资助"社会需要但无人做的"岗位；最后还要把失业预防纳入就业促进措施中。[①]

美国在1933年决定实施"新政"，大规模干预经济社会活动成为政府的重要职责，并且《社会保障法案》于1935年正式颁布，成为美国社会保障制度全面建立的标志性事件。该法案规定，如果各州颁布失业保险法，并且遵守联邦法其他方面的一些规定，允许已按5.4%税率缴纳州失业保险税的雇主享受5.4%的税率抵扣；各州失业保险基金只能用来支付失业保险收益。20世纪90年代，美国失业保险制度改革开始转向就业保险制度的建设，强调失业保险的积极促进功能，其在减少失业和提供就业服务方面应当发挥积极作用。一是降低失业保险的成本；二是对失业人员进行失业概况分析，把参与再就业活动作为领取津贴的条件之一；三是实施就业补贴政策；四是重新构建劳动力市场发展计划。以往，失业保险、公共就业服务和职业培训计划通常因为资金来源的不同而提供不同方式的服务，根据《劳动力投资法案》的规定，这些服务全部由一个机构即一站式中心提供。

日本于1947年年施行的《失业保险法》被1975年起施行的《雇佣保险法》取代，旨在保障劳动者生活稳定的同时，使求职活动简便易行，促进劳动者就业并有助于其岗位的稳定，施行预防失业政策，对就业状态进行调整，增加工作机会，改善雇用的结构，开发和提高劳动者

[①] 李元春：《国外失业保险的历史与改革路径：政治经济学视角》，中国财政经济出版社2011年版，第151页。

的职业能力，增进劳动者的福利。①对雇用保险"三个事业"的资金补助重点进行调整，由以前的主要支持雇用稳定事业，向主要支持企业对其劳动者进行"人力资本"投资的方向转变，即对劳动者的"就业能力"提供保障，以促进劳动者在经济衰退和产业结构的调整中，在不失业的情况下顺利实现转岗和流动。政策的重点之所以发生转向，是因为雇用稳定事业受到了多方面的批评，如在产业结构调整期间（包括供给侧结构性改革），它可能资助了属于夕阳产业的企业，因此不利于产业结构的快速调整和供给侧结构性改革。

韩国于1995年施行《就业保险法》，其第一条规定：就业保险制度的目的是当劳动者失去工作时，通过给予他们必要的援助以预防失业、促进就业、发展及改善劳动者的工作能力、加强全国的职业辅导及就业选配服务的效用，以及稳定劳动者的生活，并鼓励他们积极实现再就业，为国家的经济社会发展贡献自己的力量。韩国的这一制度融合了被动及积极的劳工政策措施。该制度并非只集中于给予失业者现金援助，而是设有多种计划，尤其是通过维持和改善劳动者的"就业能力"（工作能力），促进工人有稳定的就业情况，使工人具有更加光明的就业前景。

加拿大于1940年开始施行的《失业保险法》，被1996年颁布的《就业保险法》所取代。《就业保险法》由两部分组成：一是对失业保险制度进行了一系列的改革，如对制度结构及收益规则进行了全方位的修改；二是为提高劳动力市场的灵活性和效率，配套的积极劳动力市场的相关政策得到了引进。为了避免地方政府照搬、照抄联邦或省级机构的措施，使规划内容更加适合当地实际，联邦政府与各省达成《劳动力市场发展协议》。"就业能力"方面的保障职责由省级政府或由两级政府共同担负，或交由省级政府担负。为了试行各种积极劳动力市场计划，一部分资金来源于政府拨款和捐资，以及联邦政府贷款和贷款担保；另一部分资金来源于《就业保险法》实施后，因申请失业保险收益的人数减少而盈余的就业保险基金。

自1987年以来，英国、爱尔兰的国民保险，将失业给付机构与就

---

① 李建民、王正柱：《日本失业保险制度及启示》，《山东劳动保障》2006年第6期。

业给付机构进行了整合。英国在 1995 年对 1975 年通过的《失业保险法》进行了重大的修订，并于 1996 年施行了《求职者法令》，以"求职者津贴"的形式代替失业津贴，协助失业者寻找工作，尽快实现重新就业，向失业者提供各种服务。1997 年英国工党政府推行"新政"，倡导"工作福利"，认为实现再就业是解决失业问题的根本出路。[1] "工作福利"包含三个关键的要素：强制性的岗位搜寻需要；以直接的方式或各种规划的方式，激活失业者进入劳动力市场或参加各项工作有关的活动；为"工作付报酬"计划。我国台湾地区于 1999 年施行的"劳工保险失业给付实施办法"被 2003 年施行的就业保险相关规定所取代，新规定的目的是提升劳工就业技能，促进就业，保障劳工职业训练及失业一定期间的基本生活。提升劳动者"就业技能"（就业能力）成为制度的追求。

（二）发展趋势

发达国家和地区建立的就业保险制度的模式虽然不完全一致，各有特色，但是其背后核心的指导思想及基本做法日趋一致。第一，为克服就业保险"福利化"倾向，摆脱"养懒汉"的制度陷阱，特别是对于长期失业者，通过减少失业津贴的领取周期，严格要求津贴领取条件，促使失业者参加职业培训、职业推介并尽快重返职场，避免失业者对失业津贴的过分依赖。第二，把"失业津贴"改为"求职津贴"或"培训津贴"，将"失业福利"转为"工作福利"，特别是对于青年失业者，引导劳动者从如何获取失业福利到积极追求实现再就业，提振劳动者的"就业意愿"与提升劳动者的"就业能力"。第三，把对劳动者职业技能、就业能力的常态化提升作为制度追求，特别是对于高龄就业不稳定的劳动者和就业弱势群体，更加重视失业预防，稳定劳动者的就业能力和用人单位的就业岗位（能力维持与岗位维持并重），成为失业预防的重要手段。第四，以追求社会公平为目标，不断扩大覆盖范围。扩大的途径一是政府财政为弱势劳动者，如临时、季节、自营职业、刑满释

---

[1] 张迺英、杜静：《失业保险制度应强化就业促进功能团》，《齐齐哈尔大学学报》（哲学社会科学版）2006 年第 4 期。

放、高龄、长期失业、残疾等就业能力不强、就业岗位不稳定的劳动者兜底，替其参保并缴纳保费；二是将失业风险较低但仍有就业能力风险的体制内劳动者，如公务员、职业军人、公立教师等，纳入就业保险，扩大财源提高保险的能力。

四 就业保险制度模式的多样化

（一）就业保险的制度模式

发达国家和地区构建"就业保险"新制度已经成为一种不可阻挡的历史发展趋势。需要指出的是，建立就业保险制度的最典型标志是制定就业保险法，但是制定就业保险法不完全等于建设就业保险制度本身，仅是一个表现形式。而且其称谓还可以是"雇佣保险法"（如日本），仅是建立就业保险制度的一个标志性成果。而且，也并不是制定了就业保险法的国家和地区，其就业保险制度就比尚未制定的国家和地区更加完善。就业保险是一个制度体系，还需有在背后支撑这个制度的理论体系，两者缺一不可。就业保险的制度模式更是多样化的，除了就业保险法典型模式外（如日本、韩国、加拿大等）；还有"失业保险法+就业促进法"模式（如德国）；还有"求职者津贴+社会救济"模式（如英国）；还有美国的分权（"社会保障法、联邦保险税法+各州失业保险制度"）模式等。就业保险的制度模式，受各地就业政策及经济社会发展的状况影响较深，因此各地的侧重点与具体措施均有差异，虽然发展趋势日趋一致，但是发展模式依然遵从各地的本土资源以及制度供给侧的提供模式差异。

（二）建立就业保险制度的基本标志

如上段所述的四种模式，是属于就业保险制度的外在表现形式，在这些形式的背后更重要的是就业保险制度的实质要件、理念支撑，即凭什么判断一个国家或地区到底是否在实质上建立了就业保险制度呢？从发展过程与发展趋势上分析，建立就业保险制度的基本标志主要有二。第一，为劳动者提供"就业能力"（亦可称为"工作能力"或"职业能力"）保障，无论是从立法层面还是从实际操作层面，必须得到体现，如韩国《就业保险法》第 1 条①、我国台湾地区的就业保险规定②，均有明确体现。发展和提升劳动者的就业能力，积极促进就业，为劳动者提供相关保险是共同追求。第二，以追求就业机会与社会公平为目标，积极扩大保险的覆盖范围，尤其是对就业能力和投保能力有困难的弱势劳动者，政府提供兜底资助，将其纳入保险，即基于为就业能力提供保障为目标，政府积极地提供出资义务，为就业保险提供担保和兜底。这两个标志必须同时满足、缺一不可，是从实质上建立了就业保险制度的最大公约数。即为劳动者化解"就业能力风险"，而提供"就业能力保险"是基础；政府为追求就业机会与社会公平，不断扩大就业保险的覆盖范围，为其提供积极的担保和兜底义务是最重要的举措。

从供给侧的角度看，讨论"就业能力"，目的是影响劳动力市场的"供方"，即劳动者以及他们的工作能力和工作表现；"需方"则由企业的需求构成，这些需求由增长动态决定。过去，大多数政府总是依靠逐步增加（产品或工作的）需求来重新创造发展所需要的条件。不需要讨论这种途径是否明智，只根据劳动者的资格、劳动者的数目或者他们对工资的要求，就可以得出这样的结论：应该优先考虑劳动力的提供，而不是对劳动力的需求。③ 如果政府把就业能力提升的"供给"责任直接推给劳动者承担，也就把适应市场变化的责任推给了个人，这种模式显然属于传统失业保险制度下的被动思维，不符合就业保险制度要求的政府承担积极责任的主动思维。可见，在供给侧结构性改革的背景下，政府承担为维持、提升劳动者就业能力，以及稳定就业岗位的积极责任，是建立就业保险制度的基本标志。

---

① 韩国《就业保险法》第 1 条规定：就业保险制度的目的是当雇员失去工作时，通过给予它们必需的援助以预防失业、促进就业、发展及改善工人的工作能力、加强全国的职业辅导及就业选配服务的效用，以及稳定工人的生计，并鼓励他们积极求职，从而为国家的经济及社会发展贡献一己之力。

② 我国台湾地区就业保险相关规定指出，提升劳工就业技能、促进就业、保障劳工职业训练及失业一定期间的基本生活是其目的。

③ 参见［美］帕特丽夏·威奈尔特（Patricia Weinert）等编《就业能力——从理论到实践》，郭瑞卿译，中国劳动社会保障出版社 2004 年版，第 3 页。

（三）我国的基本现状

之所以说我国还未建立起完善的就业保险制度，不是因为我国没有制定形式上的就业保险法，而是因为我国现行的失业保险制度无论是在指导思想还是在具体实践方面，远远不符合就业保险制度的形式要件，更加不符合就业保险制度的实质要件（制度理念），即不符合上段所述的评判标准。从形式上看，欲实质建立我国的就业保险制度，可以参考德国的"失业保险法+就业促进法"模式，更为接近我国的法律制度现状（我国已有《社会保险法》《失业保险条例》和《就业促进法》）。同时，因我国现行的失业保险制度的建立过程及情况，明显具有制度转轨的痕迹和中国特色，因此，与其说我国建立的是失业保险，还不如说是"政府"保险。因为保险的管理与运行、费用的征收与监督都集中于政府一身，收保费较为积极，失业给付较为保守，保险的覆盖范围非常小且扩大的难度非常大。但是若说其是政府保险又名不副实，各级政府的出资义务在立法规定上不够明确，立法的宣誓意味浓厚，从而难以落到实处，而在具体实践中又缺乏创造性做法，政府还远没有承担起担保和兜底责任，尤其是直接出资义务。

因此，结合我国供给侧结构性改革的国家战略，探讨就业保险制度的理论与实践，要求政府按照劳动力市场"供方"即劳动者不断提升他们的就业能力承担积极的责任，并为稳定"需方"即用人单位的就业岗位承担积极的责任，而不是把就业能力的责任完全推给劳动者个人承担。从建立就业保险制度的路径角度看，切实践行供给侧结构性改革，对我国具有较大的现实指导意义。

第二节 就业保险制度的理念和价值目标

就业保险制度作为一种典型的社会保险制度，其理论基础具有与其他保险制度的共同性，当然也有其自身的特殊性。传统的失业保险制度更强调从个人安全转到社会安全，而就业保险制度不仅重视社会安全，更重视体现积极就业促进功能，提升失业者的就业能力，追求就业机会及社会公平。

一 就业保险制度的理念

（一）就业保险的理念渊源——社会保险的理念

探讨就业保险的理念自然绕不开其社会保险属性。社会保险制度的理念主要包括三项："利己思想""社会连带思想"及"国家干预思想"。[①] 利己思想主要为个人主义思想下的产物，也就是在面临日常生活的突发状况时，个人为了谋求己身的经济安全，而借由"保险"的方式来解决此需求。简单的保险机制是由被保险人预先缴交若干保费，而在事故发生之后可以取得约定的金钱补偿，其由来则是源自"商业保险"的风险分摊机制。这种商业保险的发展可以上溯到资本主义的航海时代。保险是当时的商人为了因应贸易不可预测的风险和伤害，用以弥补财货损失的手段。但是发展到后来，任何人或财务的拥有者，都可以应用保险来补偿天灾人祸所带来的人身或财产损失。

社会保险的第二项背景则是基于"社会连带责任"而生的思想责任，尤其是受到19世纪社会主义的影响。社会连带理念强调一种"我为人人，人人为我"或"同舟共济"的精神，企图团结社会中例如劳动者等经济弱势团体。推行就业保险的目的也是通过保险的相关机制，让劳动者可以尽到社会共同体成员的义务，劳动者本身也可以取得来自社会整体提供的就业保护。

至于社会保险的第三项背景则是基于国家干预背景而生的，当资本主义发展进入垄断阶段，市场经济失灵现象时有发生，国家对市场经济的干预变得不可或缺，在就业领域也不例外。"社会连带思想"不能完美地解决"养懒汉"即"保险失灵"的问题，特别是消极的失业保险不利于实现充分就业与就业安全，国家对于保险的积极干预变得极为急迫，就业促进、失业预防等积极职能成为就业保险制度的必备品。

然而，社会连带责任的产生并不像利己思想一样是与生俱来的观念，而且也有别于个人因为宗教信仰而产生的道德性的慈善与救济行为。对此，社会福利学者张世雄教授认为："社会福利的核心问题是社

---

① 参见钟秉正《"社会保险法"论》，三民书局2005年版，第113页。

会需要的存在,以及如何来满足的问题。"①在工业革命之后并且资本主义兴盛的19世纪,当时所产生的贫穷、失业疾病或工伤等普遍现象已经是一种"社会问题",必须要通过社会团结的方式来解决。当然,这种社会团结的避险模式原本就难以使个人自动自发地配合,通常必须通过团体或国家的力量"外塑"而成。另外,任何强制性的措施也应当受规范者"被动地"接受,才有可能顺利推展。所以,个人唯有在风险升高到无法再由一己承担的时候,才有可能接受保险的观念。由此可以得出就业保险具有的双重性格,也就是"社会性"与"保险性"。所谓的社会性是通过公共政策的推行,来谋求社会多数人的保障。其中含有"劫富济贫"的理念,也就是希望就业保险能产生"所得重新分配"的效果。反之,保险性乃是结合多数可能遭遇相同风险的经济单位,以公平合理的方式聚集保险基金。而当某一个体发生危险事故而有所损失时,即由该基金进行补偿。因此,保险是可将个体风险分散至全体的经济方式,而就业保险则是以此为手段来达成解决就业问题、达到社会安全的目的。而国家干预思想的实现,也绝对不是"免费的午餐",国家运用保险制度达到更高层次的社会目的,则必须付出相应的代价,即各级政府必须负担相应的出资责任,以实现国家积极干预的职能。

至于"福利社会"思想,则与社会法密切相连,社会法是其福利社会目的决定的法律。②欧洲"福利社会"思想的两个起源,一个可称为"贫民问题",这种起源继承了接纳与排斥的严酷二分法。有职业或财产的人,由于家庭、职业关系、宗教团体等被接纳进一个职业或财产共同体中,才有生存的可能;其他人则被排斥,一贫如洗,沦为受救济者、流浪汉或罪犯。在近代,出于各种原因,这种接纳与排斥的二分法越来越令人无法忍受。而十八九世纪以来,政体与国家也越来越具备解决这个问题的能力。济贫立法逐渐从压制转为救助。另一个起源是"劳工问题"。十八九世纪的工人(20世纪的工人也常如此)生存在接纳与排斥

---

① 参见张世雄《社会福利的理念与社会安全制度》,唐山出版社1996年版,第5页。
② [德]汉斯·察赫:《福利社会的欧洲设计:察赫社会法文集》,刘冬梅、杨一帆译,北京大学出版社2014年版,第97页。

的边缘地带。他们虽然有工作，可是工作既没保障，报酬又不充分，劳动条件常有损健康。"福利社会问题"在这里表现为某个特殊群体在社会中的地位问题，即"阶级"问题。"劳工问题"不过是一系列问题的前身。一旦关于接纳所有国民的法律为社会所认可，这些问题就会成为社会内部问题。"福利社会问题"的历史因此就是一个好—坏—比例的无止境增生史。[1]

因此，总结"福利社会"的重要目标，可以得出以下要求：（1）全体成员有人类尊严的基本生存保障；（2）消除不平等；（3）针对生活变数的保障；（4）全体成员生活物品的增加和普遍参与。[2] 社会法发生、发展自一个基本的构想，即每个成年人都应有通过（从属性的或自主的）劳动获得自己与家人（配偶和子女）生存资料的机会。这个规则的要素包含：（1）劳动能力带来收入；（2）收入足以满足挣钱的人及其扶养单元的需要。有劳动带来收入、收入满足扶养单元需要这个基本规则的执行过程中存在着风险（如在有危险的劳动中，在家庭义务未能完成的情况下即疾病治疗时），规则的实现因此遭到限制，出现了社会福利赤字（失业、伤残、养家者的死亡及"无力支付"医疗费用等）。风险与赤字是福利社会制度所面临的挑战和干预的对象。整个社会保险制度属于福利社会的范畴，公民的生老病死都应置于社会法的关照之下，从而必然要建立预防制度、补偿制度、救助制度、促进制度等。[3] 就业保险制度作为预防制度、补偿制度、促进制度的综合体更无例外，基于"福利社会"的思想，没有买就业保险的劳动者在失业后，或者买了保险的劳动者在领取保险金到期后，政府仍然有义务提供失业救济。

经济安全（Economic Security）是社会保险的目标。社会保险中所

---

[1] [德] 汉斯·察赫：《福利社会的欧洲设计：察赫社会法文集》，刘冬梅、杨一帆译，北京大学出版社2014年版，第98页。

[2] Hans F. Zacher, *Sozialpolitik und Verfassung im ersten Jahrzehnt der Bundesrepublik Deutschland*, Berlin: Schweitzer, 1980.

[3] 参见 [德] 汉斯·察赫《福利社会的欧洲设计：察赫社会法文集》，刘冬梅、杨一帆译，北京大学出版社2014年版，第107—111页。

谓的风险必须有"不确定性"。换言之，风险的发生必须是偶然的，而且事件之所以发生并非个人主观上所能左右的。同时，保险相关事故发生的"或然率"应是一般性的，其所产生的"危险性"则具有一般性。但也由于风险有其一般性，而且危险也有一致性，以致可以有"风险管理"的概念产生。因此，个人可以通过一定的机制集中以及共同分担该项风险，而"保险"就是常见的风险管理机制。[①] 在此必须强调的是，我们借由保险所欲管理的风险必须是一种经济上的或者是可以转换成经济上的损失，故保险也就是"经济风险的管理"。对此，柯木兴教授认为："所谓经济安全，对个人而言，不管现在或将来均较能确定满足其基本的需要与欲望的心理的状态与安宁的感觉。这一基本的需要与欲望就是个人对食、衣、住、医疗与其他必需品的需要。"[②] 并且，柯教授将经济不安全的本质归纳为"所得的损失""额外的费用""所得的不足"以及"所得的不确定"四个方面。而社会保险就是要因应各种事故所造成的经济不安全。

  从现代人所面临的风险来看，其种类又可以大约分成个人、团体与社会风险三类。第一类的"个人风险"可能发生在其身体或财富等方面，相关经济安全的风险管理通常是通过个人理财以及商业保险来进行。第二类的"团体风险"则是指家庭、社团、工会等成员所要共同面对的问题，风险管理可以借由商业保险或团体保险来因应。而最后的"社会风险"则是人们普遍不得不面对的风险，人们在经济生活上所面临的巨大风险，由于其风险规模已经超过了大多数的个人或团体所能承担的极限，只能通过社会保险制度予以解决。同时，政府通过的与社会保险相关的法律法规，在内容上也必须是经济方面的问题，尤其是以财产上的损失填补为规范目的。例如医疗保险的实施并不能积极管理被保险人的身心健康，但是却可以在其健康受损而就医时，负担其医疗费用。而养老保险的内容也不在于管理"年老"事故，因为老化乃是必然

[①] 我国台湾地区"社会法"与社会政策学会主编：《"社会法"》，元照出版公司2015年版，第114页。

[②] 钟秉正：《"社会保险法"论》，三民书局2005年版，第116页。

的现象而非不确定的风险,所以退休金主要是因应被保险人年老退休之后的经济安全所需。言外之意,则是社会保险虽然有利于促进社会安全、社会稳定乃至政治稳定,但是其表现形式必须是与经济安全紧密相关,否则就有违社会保险的初衷。

(二) 就业保险的缘起——失业保险的特殊性

1. 失业保险的由来

"失业问题"从中世纪一直到工业社会时期,主要被归因为个人人格缺陷所致,因此国家并不积极介入。到 20 世纪初,才由当时的英国政府首度承认失业为社会风险的形态,而将"失业"定义为一种持续性的或暂时性的"工作失能"[1]。失业还可以分为"自愿性的"与"非自愿性的"失业两类,其产生原因主要是社会与经济结构的失调,而当事人则因为失业而丧失其现有的工作收入。[2] 在工业化的社会中,大多数人皆依赖工作所得来维持生计,所以一旦因为景气变动、结构性与技术性变化、季节因素以及劳动市场上的摩擦等所导致的"失业现象",首先即造成当事人经济上的不安全。[3] 至于政府因应失业问题的手段大致可分成"失业保险"与"失业救助"两项,例如德国《社会法法典》第三篇"劳动促进"的规范内容就包含"工作机会的改进"与"失业的防止"两大任务。前者主要是以提供当事人工作介绍、职业训练与就业促进等方式来达成,后者则是通过失业保险的建立,以及其所提供的各项现金给付来防止永久性的失业。其中的失业保险制度就是劳动者将平时所得的一部分作为预防之用,而且结合面临相同风险的其他多数人,以保险给付来替代因失业所生的收入损失,用以维持本人与家庭在被保险人觅职期间内的生计费用。就失业劳动者而言,接受失业给付是项权利,以配合无法延缓的花费,并维护其尊严,促使劳动者在失业期间有缓冲时间,来寻找符合其工作技术与经验的职业,而避免低于他的

---

[1] 工作失能泛指年老、所得不能、职业不能、意外伤害以及疾病等社会风险。

[2] 我国台湾地区"社会法"与社会政策学会主编:《"社会法"》,元照出版公司 2015 年版,第 123 页。

[3] 学者将失业形态划分为:循环性失业、技术性失业、结构性失业、摩擦性失业与季节性失业等。

技术与能力的工作。①

2. 失业保险作为社会保险的独特性

失业保险是整个社会安全制度中的一环，它是一种"在职"的社会保险制度，保障在职劳动者遭遇非自愿性失业导致所得损失或中断时，通过强制保险方式提供一定期间的最低所得保障，同时也是政府为了维护劳动市场的稳定与保障失业者的经济生活所设立的社会保险制度。

与其他社会保险相比，失业保险具有独特性。首先是"失业风险"性质的特殊性。许多社会保险的保障对象都是以暂时或永久丧失劳动能力为主，如年老、死亡、伤病、残废等；提供失业保险的前提却是失去工作机会，是对具备劳动能力但没有实现就业的劳动者提供的经济保障。而因丧失劳动能力失去劳动机会的情况，恰属非失业保险保障的范围。至于失业保险所保障失业风险的形成原因，与其他社会保险亦有所不同。其他社会保险项目中危险事故的形成，均属自然原因，主要是身体健康的损害和工作中疏忽大意或无法预料的外界自然力的打击所致；而失业现象，却是一种由于社会、经济方面的原因所致的危险事故。例如人口、劳动力市场与经济成长的失调，产业结构的调整以及就业政策的变化等，都可能是失业的原因。其次，失业保险的目的具有多元性。失业保险以外的其他社会保险项目，多半是通过给予被保险人提供保险金，以保障这些暂时或永久丧失劳动力的劳动者的基本生活需求或医疗照顾。而失业保险制度固然也免不了经济上的暂时性辅助，但更重要的是，失业保险还负有通过相关配套措施，如职业训练、就业服务等就业政策来协助失业者重新就业的任务。最后，失业保险启动的前提不限于保险事故的发生。失业保险的保险事故一般是指劳动者发生失业事故，就像其他社会保险发生疾病、伤残、死亡、退休等保险事故。这些事故是其他社会保险启动的前提，即可以称之为被动的社会保险制度，因其启动是因保险事故的发生而被动地应对。但是失业保险的启动不限于劳动者失业后被动应对，启动可以是经济不景气、劳动者面临失业的风险、用人单位面临经营困难等，失业保险可以提前介入、主动应对失业

---

① 钟秉正：《"社会保险法"论》，三民书局2005年版，第178—179页。

风险，是失业保险的积极促进功能。另外，失业保险制度的政策目标不仅限于经济安全。失业保险的政策目标有二：一是要达成充分就业（Full Employment）；第二是达成经济安全（Economic Security）。前者是基于工作权所设定的目标，后者是为生活保障，而这两个政策息息相关，互为表里。经济安全是基础，充分就业是追求，前者是社会保险制度的共性，后者是失业保险制度特殊性的基础。

（三）从失业保险到就业保险的理念基础——从生存权到就业权

经济安全是社会保险的目标追求，而失业保险作为特殊的"在职"保险制度，还具有其独特的目标追求，即对"充分就业"的追求，也就是常说的失业保险制度的就业促进功能。失业保险就业促进功能的扩张是建立就业保险制度的基础与前奏，失业保险以失业给付为手段，以保障失业者在失业期间的经济损失为基础，并通过职业介绍、职业培训等手段使其尽快返回职场，重新获得经济收入，从而追求充分就业的目标。而就业保险不仅追求经济安全，而且追求就业岗位的稳定，特别是通过为劳动者"就业能力"提供保险，注重追求就业机会及社会的公平。从追求经济安全、就业稳定，到追求就业机会及社会的公平，这是保险理念的重大转变，是对失业保险理念的重大发展。

失业保险基本解决了劳动者因暂时失业而丧失经济收入的后顾之忧，失业保障属于生存权的范畴。而保障劳动者的"就业权"是实现生存权最重要的途径，有的学者称为"工作权"，其不仅包括了就业能力的培养、维持及更新，更包括了就业机会的公平获得，属于就业保险制度的核心理念。就概念的范围来说，生存权的范围大于就业权。

1. 失业保险的理念基础——生存权

何谓生存权（Right to Life）？对其进行定义的难度其实非常大，有自然概念中的生存权、社会体系中的生存权、享有生活的生存权、社会问题的生存权等。生存权的形成在不同的历史阶段具有不同的意义，并非一成不变。从原始时代的人的生存完全依赖自己来维护的"丛林法则"，到文明国家刚出现后的"国家无责任时期"，发展到"国家施恩惠时期"，再到近代自由资本主义的"国家有限义务时期"，到现代社会国家将"生存权确定为基本权利的时期"，生存权被提高到维护国家稳定及社会和谐的高度。一般可将生存权定义为"要求确保生存或生活上必要诸条件的权利"。奥地利社会法律学者安东尼（Anton Menger）的生存权理论认为，社会中的成员都有权利要求分割现存的社会资源，借以获得维持生存所必要的物质与劳动地位（着力空间），并进一步认为，此一权利优于任何其他个人为满足不切实际的欲望所实施的其他作为。基于此，可架构出如下的生存权的法律概念，亦即"社会中的每一构成员，为追求自我生存，得要求分配现有的社会资源及数量；而其分配有财物的分配与劳动地位的分配二种必要性。如此得以要求给予的地位，即是生存权的权利本质"。①

就生存权的权利内容而言，把生存权与自由权相比较，更易理解和得其精髓。自由权，实际是一种在授权个人自治的领域必须得到过国家的保障，并使其自治权不受国家公权力侵害的权利，是要求国家公权力在全体国民的自由领域中"不作为"的权利。与此形成鲜明对照的是，生存权的目的，在于保障全体公民能过像人那样的生活，以在实际社会生活中确保人的尊严；其主要是保护帮助生活贫困者和社会经济上的弱者，是要求国家有所"作为"的权利。以生存权为首的各种社会权的权利主体，是指生活中的贫困者和失业者等，是存在于现实中的个别的、具体的人，即带有具体性、个别性这样属性的"个人"。②

2. 失业保险的理念基础——就业权

就业权（Right to Employment）也被有的学者称为"工作权"（就业权在国际人权法中的对应术语是"工作权"），工作权是对生存权的具体化。就工作权的形成过程而言，劳动生产关系正可反映出各个时代的社会构造。在近代社会产生以前，劳动生产关系的成立是基于身份的支配与服从关系（如奴隶劳动关系、家长权威制的家族式农业产生关系等），个人毫无自由选择的余地。发展到近代资产阶级革命确立的"法的人格""财产私有""契约自由"等秩序后，身份支配关系被打破了，但是此时个人的自由工作权主要依靠个人的努力及主动争取，失业责任

---

① 许庆雄：《社会权论》，众文图书股份有限公司1991年版，第29页。
② ［日］大须贺明：《生存权论》，林浩译，法律出版社2001年版，第19—20页。

自负，毫无保障。在现代工作权时代，其概念发生了分野，即资本主义的"限定性工作权"及社会主义消灭私有制的工作权，但是它们具有共同追求，那就是通过社会保险或国家救助的模式，"使有工作意愿及能力，但是无法获得适当的工作机会时，可要求国家提供工作机会，若无法达成时，国家需支付失业者必要的生活费用"①。工作权的权利主体应为"有工作意愿及能力，但处于失业状态的国民"②。从国家保障的角度看，工作权需要建立劳动基准、职业介绍、职业培训、失业预防、失业保险、就业促进等制度。工作权作为基本的生存权，《人权宣言》的第23条③有规定。其第24条④全面规定了人人享有工作并且不受就业歧视的权利，以及享受社会保险的权利。此条规定是就业权的自然延伸，对就业及失业保障的规定，是为了让人们有工作、有尊严地生活。

3. 从生存权、就业权到就业保险

生存权的内涵，包括生命的尊重、生活的延续及尊严。生存权的保障不应仅限于满足生存的最低需求，也应对抗社会风险而提供所得替代或所得维持，满足适当生存的需要。前者经由社会扶助与社会救济（助）加以具体体现，后者则是经由社会保险加以具体体现。⑤ 其中，失业给付与生命的延续相关。为了呈现具有人性尊严的生命的尊重及生活的延续，有关就业保险制度规定的各种给付，包括失业给付、提早就业奖励津贴、职业训练生活津贴等均在其列。因此，社会发展成果由全

---

① 许庆雄：《社会权论》，众文图书股份有限公司1991年版，第206—207页。

② 同上书，第204页。

③ 《世界人权宣言》第23条规定：（一）人人有权工作、自由选择职业、享受公正和合适的工作条件并享受免于失业的保障。（二）人人有同工同酬的权利，不受任何歧视。（三）每一个工作的人，有权享受公正和合适的报酬，保证使他本人和家属有一个符合人的生活条件，必要时并辅以其他方式的社会保障。（四）人人有为维护其利益而组织和参加工会的权利。

④ 《世界人权宣言》第25条规定：人人有权享受为维持他本人和家属的健康和福利所需的生活水准，包括食物、衣着、住房、医疗和必要的社会服务；在遭到失业、疾病、残废、守寡、衰老或在其他不能控制的情况下丧失谋生能力时，有权享受保障。

⑤ 林炫秋：《社会保险权利之"宪法"保障——以"司法院"大法官解释为中心》，《台湾中正大学法学集刊》2008年第24期。

体公民共享、建立人类命运共同体，最直接有效的方式是实现充分就业，人人享受自己的劳动成果。既然一切以基本生存为前提，而基本生存的满足就是从事有价值的劳动，获取相应的生活条件，国家显然具有以公权力来保障公民就业权的义务。只有当就业权内化为公民权的基本内容，阶级差异和社会不平等才能通过公民权的主张得到实质性的改善，在此基础上建立起来的就业保险制度，成为福利国家社会民主主义的基础。[①] 就业权作为公民的生存权，各个国家对其都非常重视，这事关国家和政权的稳定，事关社会的长治久安。当今各国政府拼经济的实质就是拼就业、拼民生，就业及其就业保险在当今主要国家受到特别的重视，绝对不是仅仅为了落实《人权宣言》，更重要的是为了政权的巩固与稳固，为了实现社会的安全和谐稳定。

二 就业保险制度的价值目标——从经济安全到社会公平

（一）"就业保险"与"失业保险"的价值目标差异

就业保险制度的价值目标是追求社会公平，不同于传统失业保险的目标局限于经济安全。就业保险制度追求的社会公平，既包括失业保险的经济安全，也包括就业机会的公平，其重点是积极追求劳动者就业机会的公平。失业保险的"保险"性质比较明显，以投保工资为依据提供失业津贴、培训津贴或求职津贴，特别讲究负担的对等性。而就业保险则比较注重保障"就业能力"（职业技能）的社会需求问题，所以有些时候必须放弃个人公平性的理念，甚至对制度效率的要求也有所降低，而更加注重追求社会的公平性，力求为劳动者提供一个更加充满就业机会的公平社会。

以当年欧共体委员会的观点为例。其认为，原有的失业保险制度已经过时，近年来各成员国对失业保险制度的改革并不符合劳动力市场的现状。一方面，委员会认为，原有的失业保险制度只是给暂时失业的人提供补偿性收入，提供"失业风险"保险，直到他们找到新的工作，这

[①] 参见金荣《中国失业保险基金结余问题研究——基于实证数据的分析》，硕士学位论文，西南交通大学，2011年。

一新的工作所需要的技能与原有的具有相同性或相似性。而今天，在给定劳动力市场发展的前提下，不仅需要为失业者提供经济援助，而且更加需要让失业者掌握新的职业技能，需要提供"就业能力"保险，给失业者提供再就业的能力基础。另一方面，一些国家所进行的主要致力于削减失业保险收益、收紧资格条件的失业保险改革，导致了失业者权利的减少，而且也没有为他们提供重新进入劳动力市场的一系列公共服务。不仅如此，这些改革还使失业者长期脱离劳动力市场，导致职业者"职业技能"及"就业信心"的丧失和社会对他们的排斥，且导致就业机会的逐步乃至彻底丧失。[①] 可见，"失业风险"的核心是失去就业岗位导致的"经济损失"风险即"经济安全"问题。"就业能力"风险的核心是因"就业能力"不足、减弱或丧失"职业能力"而导致"失去就业机会"的风险，即"社会公平"问题；"失业风险"补救手段的核心是后发的"补偿"和"替代"，"就业能力风险"补救手段的核心是主动的"提升"和"再造"，从而有获得就业岗位的机会，属于劳动能力供给侧的范畴。可以说，按照指导方针建立"就业能力保险制度"已成为欧洲就业协作策略的一个组成部分，它意味着失业保险与协作就业策略的一体化（即失业保险是在协作就业策略框架下进行的），标志着以失业保险促进就业向"就业能力保险"的转变。"就业能力保险"在欧洲的理论与实践为最终建立就业保险制度、追求就业机会公平及社会公平打下了坚实的基础。

在建立追求社会公平为价值目标的就业保险制度的过程中，发达国家和地区，都以明确或含蓄的方式，关注着失业人员就业能力的提高。相关国家政府都在"激活""就业能力""使收益给付更具有工作导向性"这些口号或术语下，开始了对失业保险的改革，也形成了一些各具特色的失业保险向就业保险转变的模式，如北欧的"人员激励"模式，英国的"工作福利"模式、法国的"社会团结"模式等。[②] 尽管各国的

---

① 参见李元春《国外失业保险的历史与改革路径：政治经济学视角》，中国财政经济出版社2011年版，第104—106页。

② 李元春：《国外失业保险的历史与改革路径：政治经济学视角》，中国财政经济出版社2011年版，第109页。

改革模式和改革措施存在差异，但改革的共同趋势是：一方面，在减少失业者获得"非商品化"的失业保险收益的权利的同时，增加其"商品化"的权利，即获得"就业能力"提高的权利；另一方面，为了推进加强能力的措施，革新公共就业服务机构，提高公共就业服务的效率。确保个人能接受各种强制性的"激活"措施（如教育与职业培训对职业技能进行"提升"和"再造"），或者说确保个人配合改革，把参与劳动力市场的"激活"活动作为享受失业保险的资格条件之一。激活措施"旨在提高劳动者的就业资格"，因此激活措施不再仅仅是鼓励人们参与劳动力市场活动，而是通过培训或其他同类措施，提高失业者重返职场实现再就业的能力，创造获得工作的公平机会。特别是，激活是属于"预防"措施而不是补救措施，即政府必须提供保障措施，以避免失业者成为事实上的长期失业者。因此，激活劳动者措施不仅包括职业指导和求职帮助，还包括重新接受常规教育或成人培训，甚至补贴就业、就业计划以及为劳动者提供创业帮助，都被看作可以提高就业能力的激活措施。

从法律层面看，为达到激活劳动者能力的目的，许多国家都对失业保险的权利和义务作了重新修订，失业者不仅有获得失业补贴的权利，还有接受激活、提升、再造职业能力的权利。与此同时，失业者不仅要承担寻找工作的义务，还要承担提高自身就业能力的义务。对于青年劳动者而言，对义务的强调甚于对权利的强调；对于中年劳动者而言，权利和义务的关系比较平衡。在法律的执行层面，许多国家的做法是：失业者要与公共就业服务机构签订合同，合同将对失业者的权利和义务以及公共就业机构的义务进行详尽的规定。[①] 合同既是失业保险转变为就业能力保险的法律工具，也是实施个人就业能力激活、提升、再造以实现再就业行动的具体方案。

（二）"就业保险制度"价值目标的实现——就业权的宪法保障

就业保险通过对就业能力的开发提供保险，使劳动者不间断地具备

---

① 李元春：《国外失业保险的历史与改革路径：政治经济学视角》，中国财政经济出版社2011年版，第110页。

就业的能力，并通过就业岗位稳定等各种措施，使劳动者具有符合其知识技能的就业机会，积极追求就业机会公平及社会公平。就业权作为一种社会权利，需要得到全方位的有力保障，离不开宪法使其上升为基本权利予以保障。明确地给就业权（劳动权）的社会权性质下定义的，是门格尔·安东的著作《十足的劳动收入权的历史探讨》（1868年）。这项权利作为宪法保障，首先是在1919年的《魏玛宪法》第163条第2款中被确定下来；到了后来，与此性质不同的社会主义的就业权（劳动权），也在1936年的《苏维埃社会主义共和国联盟宪法》第118条之中得到了保障。①《公民权与社会阶级》一书由英国经济学家马歇尔所著，书中对公民权进行了划分：公民权包括民事民权、政治与社会权利三项。民事民权包括人身、财产、言论等权利；政治权利则是对政治的参与权利，其核心是公民具有普遍的选举权；社会权利则是公民享有的教育、医疗、养老等权利。公民通过从事劳动、工作就业，获得基本的生存保障，属于民事民权；但这些生存保障如因失业而无法满足，则需要获取物质帮助维持基本生活，并能够实现再就业的权利，这是政治权利的延伸；为了对政治权利及民事权利进行更好的维护，以获得生存的长久维持，参加社会活动成为公民所必须，进而参加对社会事务的管理，这是社会权利的延伸。②

就业权作为基本人权，是各国宪法重点保障的权利之一。就业保险权利不应该仅是单纯的基本国策中的"宪法委托"，或是"制度保障"，而应该具有宪法所保障基本权利的机会。③ 德国现行的基本法第12条规范有"工作自由权"。而依照该国宪法教义学的理论，其保障内涵为个人（含私法人）选择与执行职业的自由。换言之，现今社会上受企业聘用工作以维持其个人与家庭生活基础的劳动者、独自创业的自由职业者

---

① 参见［日］大须贺明《生存权论》，林浩译，法律出版社2001年版，第265—266页。

② 参见金荣《中国失业保险基金结余问题研究——基于实证数据的分析》，硕士学位论文，西南交通大学，2011年。

③ 林炫秋：《社会保险权利之"宪法"保障——以"司法院"大法官解释为中心》，《台湾中正大学法学集刊》2008年第24期。

以及公司行号等，都应当成为此一基本权利的保障对象。关于工作权的限制问题，该国联邦宪法法院曾发展出著名的"三阶理论"。依照工作权受限制的程度而区分成"职业执行规则""职业选择的主观许可要件""职业选择的客观许可要件"三种类型，从而要求立法者必须因应不同的侵害程度提出相对的合宪理由。由于后来宪法实务上面临的限制条件与上述三阶段分法不尽相符，在合宪检验时多仅就限制措施的强度来判断，而且是以"法律保留原则"与"比例原则"作为辅助判断工具。① 对于政府扩大社会保险覆盖范围的措施而言，倘若超越了满足被强制加保对象的"客观保障需求"的目的，而仅仅是为了扩大保险的财源，则可能有违背宪法的嫌疑。

我国台湾地区有保障"工作权"的规范，其所保障的是群众"选择工作"的自由权，而不是请求当局"提供工作"的社会基本权。其工作权是在保障群众有权选择想要从事的职业，当局不仅不得强迫个人工作，也不可以将就业的客观条件作过于严苛的限制，以至于实际剥夺群众参加工作的自由。② 我国《宪法》第 42、45 条③亦有较为具体的规定。各国宪法对就业权的保障与其经济社会发展水平密切相关，与其历史传统、政治架构、社会治理能力密切相关，因此对就业权的重视程度、重视水平与重视领域略有差异，但是对就业的保护则不遗余力。就是奉行不成文法的英美法系国家，对就业公平与反对就业歧视及就业保险的法律规定都极为完善。

---

① 钟秉正：《"社会保险法"论》，三民书局 2005 年版，第 70 页。
② 同上书，第 71 页。
③ 我国《宪法》第 42 条规定：中华人民共和国公民有劳动的权利和义务。国家通过各种途径，创造劳动就业条件，加强劳动保护，改善劳动条件，并在发展生产的基础上，提高劳动报酬和福利待遇。劳动是一切有劳动能力的公民的光荣职责。国有企业和城乡集体经济组织的劳动者都应当以国家主人翁的态度对待自己的劳动。国家提倡社会主义劳动竞赛，奖励劳动模范和先进工作者。国家提倡公民从事义务劳动。国家对就业前的公民进行必要的劳动就业训练。第 45 条规定：中华人民共和国公民在年老、疾病或者丧失劳动能力的情况下，有从国家和社会获得物质帮助的权利。国家发展为公民享受这些权利所需要的社会保险、社会救济和医疗卫生事业。

失业保险制度以追求经济安全为价值目标,其核心理念仍然遵循社会保险的基本要求,就业保险制度在理念构建上,尝试以生存权为总纲,以保障就业权(工作权)为手段,以宪法的基本权利为保障,以就业能力保险为具体抓手,积极追求以就业机会的稳定与公平为核心的社会公平,从而产生了自己独特的理论基础。此理论基础既属于宏观的社会保险制度的基础范畴,又批判和发展了社会保险制度的理念,承担了超出社会保险制度的"特定政策"目标,即政府干预社会的特定责任,是一种全新的社会保险理念。

第三节 就业保险保障的风险——就业能力

一 风险——从失业到就业能力

(一)就业保险保障的是"就业能力"风险

随着世界经济社会的快速发展,特别是新科技革命的日新月异,不仅作为一个国家、一个地区其核心竞争力集中体现在"科技创新能力"方面,而且作为一个劳动者其核心生存能力也日益体现在以"劳动创新技能"为载体的"就业能力"方面。失业保险主要保障的是"失业风险",即劳动者失业后的经济损失,通过失业给付保障劳动者失去收入的经济安全。20世纪80年代以来,发达国家和地区开始关注失业保险的就业促进功能,逐渐发现失业保障不能是失业保险的全部功能,在保障失业者生活的基础上,促进其尽快实现再就业才是追求的更高目标,也是完善失业保险制度自身建设的客观需要。促进失业者再就业的手段亦日益多元化,失业者获得失业保险金的门槛也越来越高,目的是让职业培训、职业推介、职业规划及培训津贴逐步替代失业保险金,以积极促进的手段让失业者加强或重获"就业技能"、提振就业信心,从而重拾就业岗位。失业保险的积极促进功能,与政府的就业促进政策目标不断重合,从而也提出了政府作为保险外的第三人对失业保险基金的担保与出资义务。

失业保险的就业促进功能与政府的就业促进政策目标交叉，在理论与实践中，政府逐渐发现失业者失去工作的最表层表现是失去经济收入，中层表现是失去工作机会，最核心层的表现则是"就业能力"的减弱乃至失去。"就业能力"及信心的不足、减弱才是劳动者及社会的最大风险。可以说，从传统失业保险到失业保险就业促进功能的提出，再到与政府就业促进政策目标的交叉，为建立就业保险制度打下了坚实的理论与实践基础。从"失业保障"到"就业能力保障"仅一步之遥，但是对于社会保险制度的理论及实践而言，则是一个重大的发展与变革——第一次把"经济安全"与"能力安全"进行了整合，把社会保险职能与政府的政策目标执行进行了整合。就业保险制度的保险对象是劳动者的"就业能力"，保障的风险是"就业能力"风险（其风险包括能力不足、减弱及丧失职业能力的风险），提供的保险是"就业能力保险"，前述的整合为这些做好了理论与实践铺垫。但是要全方位构建就业保险制度的基础理论还需要对相关理论及概念进行全面探讨与界定。

（二）"就业能力"是什么

1. 就业能力的渊源

虽然"就业能力"（Employment Ability）这一词语还未曾在词典或法律书籍中出现，但是从20世纪90年代初期开始，就已经成为一种趋向。首次使用这个说法的时间可以追溯到20世纪初，医生、统计学家、社会工作者、劳动力市场参与者，以及人力资源管理者阐述就业能力时，赋予这个概念几种不同的含义。[①] 而首先使用"就业能力"这种说法的时间可以追溯到20世纪初期，这一术语曾经引发激烈争论，其中多数人强调劳动者的就业能力和进取精神具有的重要作用。"就业能力"可以理解为"获得工作和保持工作的能力"，但这不是理论性的定义，难以被纳入解释性范围，也不能被纳入明确单一和稳定的标准范围。或者说，"就业能力"是一个政策方向的术语，它涉及个人行动以及与工作和就业途径相关的制度。对"就业能力"进行探讨的意义在于，它指

---

① ［美］帕特丽夏·威奈尔特（Patricia Weinert）等编：《就业能力——从理论到实践》，郭瑞卿译，中国劳动社会保障出版社2004年版，第41页。

导了各国调整被动的劳动力市场政策（指失业保险政策），发展了所谓的"积极措施"（指积极劳动力市场政策），以提高个人的就业能力。欧盟于1997年11月在卢森堡召开了欧洲就业问题特别首脑会议。会上将就业能力定义为"人们被雇佣的能力"：不仅与劳动者胜任工作的职业技能有关，而且与对劳动者的激励机制以及为劳动者提供的就业机会有关。以就业能力为重点，实质上意味着要发展所谓的"积极"措施，也就是说，不仅要制定增加收入的措施，而且要设计具有预防效果的特别措施。

对"就业能力"的理论讨论经历了三个阶段，对就业能力概念提供的解释一共有七种，每一种解释都包含对就业能力的定义、相关统计结果以及实践效果。[1]

第一阶段：20世纪初至20世纪50年代。

这一阶段只有一种解释，这种解释用简单的两分法描述就业能力：可以就业的（身体健康、可以立即在劳动力市场找工作）、无法就业的（身体不健康或无法立即在劳动力市场找工作）。这种就业能力两分法的措辞在美国的统计研究中成为通用表达方式，统计标准集中在三个方面：年龄在15—64岁之间、无身体或精神障碍、没有家庭的约束（如照看孩子）。[2] 这样一来就在实践层面上，把失业的人划分为两种情况：没有就业能力的人得到社会救助，有就业能力的人被分配给适当的工作。[3] 这种解释有利于政府对失业群体的管理，但由于没有考虑到劳动力市场的情况，也无法据此制定详细的重新就业政策，因此在1929年大危机结束时，这一解释就不再使用了。

第二阶段：20世纪50年代至20世纪80年代。

这一阶段有三种解释，其中两种解释主要产生于美国，明显具有个体化局限。第一种解释称为医疗就业能力，如视力、运动能力；第二种

---

[1] [美] 帕特丽夏·威奈尔特（Patricia Weinert）等编：《就业能力——从理论到实践》，郭瑞卿译，中国劳动社会保障出版社2004年版，第4—8页。

[2] 参见李元春《国外失业保险的历史与改革路径：政治经济学视角》，中国财政经济出版社2011年版，第104—105页。

[3] 同上书，第105页。

解释称为社会教育能力，如职业资格水平、有无驾驶证、有无适当的穿着打扮。这一解释主要被社会工作者使用，目的是选择一些付诸行动的项目，如获取职业资格的培训、指导如何穿着打扮。第三种解释主要集中于影响失业群体命运的集体方面的特征，被称为流动就业能力，这一能力取决于宏观经济背景，即经济扩张时将改善这一能力，经济萎缩时将弱化这一能力。① 在20世纪80年代，这三种解释遇到了危机，前两个在美国受到了严厉的批评，因为根据一个人的就业能力测试的得分情况与观察到的个人就业命运并不相关。尽管后一个没有受到严厉批评，但它只能记录经济增长率放慢时集体就业能力的下降，而不能提出具有方向性的重新整合政策，因而也被放弃了。

第三阶段：20世纪80年代至20世纪90年代。

这一阶段提出了三个有关就业能力概念的新解释。第一个以三个特别的概率解释就业能力：获得一份或几份工作的概率、以工时表示工作持续时间的概率以及以工时计算的薪酬概率。如果获知了这三种概率，就可以得到一项综合指标，表明个体或群体在劳动力市场被雇佣的概率。但由于这一解释没有提到一项给付的培训计划或重新就业计划于劳动力市场结构之间的因果关系，因此，只用来对某个项目进行追溯式评估。第二种解释是主动就业能力，它强调在一个给定的背景下，一个给定的个人积累的人力和社会资本。② 这一解释的核心内容是最有就业能力的人应是最有可能以自己的知识和社会网络创造机会的人。因此，在政策上，主张促进终身学习，增加劳动力市场的有关信息及劳动力市场的灵活性。最后一种解释是"互动就业能力"，这一解释引入了个人和社会人力资本指标、与产业相关的劳动力市场指标、地区及国家劳动力市场指标。这一概念在荷兰得到了最有意义的应用。在那里，就业能力取决于个人能力与所给定部门的劳动力市场的动向特征之间的互动，这意味着劳动力市场政策调整的方向是实施预防政策，同时增加所有利益

---

① ［美］帕特丽夏·威奈尔特（Patricia Weinert）等编：《就业能力——从理论到实践》，郭瑞卿译，中国劳动社会保障出版社2004年版，第6页。

② 同上书，第7页。

相关者，包括个人、公共就业服务、企业、社会网络的多方协商合作。① 最后一个有关"就业能力"的解释已被人们普遍接受，这一解释考虑了个人和集体的互动，考虑了个人就业能力的潜力与特定的环境的关系，而且它具有动态性，克服了静态的不足与局限性。

2. 就业能力的两个主角：用人单位和劳动者（雇主和工人）

事实上，就业能力作为同失业斗争的工具，其发展进程始于寻找工作期间（对于首次求职者和失业劳动者来讲）；作为一种预防措施，可以在工作期间启动（在就业阶段、履行工作合同期间或在面临解雇威胁的情况下）。用人单位在保证员工保持工作或找到工作的同时，怎样才能具备必要的能力来永久保持竞争力呢？用人单位和劳动者处于同一境况，被就业能力捆绑在一起。② 在构建能力的过程中，用人单位和员工各自的责任是这样分配的：员工承担获得和保持能力的责任，用人单位负责培养员工的能力并使其生效。用人单位的任务是发现和管理这些技能，并且通过与员工合作来维持每个人自身的竞争力资本。正是由于能力概念集中体现了用人单位和劳动者的客观利益，才促进了用人单位的行动，从而在实际上发展了员工的就业能力。然而，因为就业能力超出了一个用人单位的范围，影响到劳动者的求职能力，因此也超出了用人单位的直接责任范围。也就是说，就长远而言，就业能力不取决于用人单位，而是取决于劳动力市场状况。在充分就业期间，大多数劳动者能够就业。③ 因此，就业能力是两队人玩的游戏，因为利害关系是双重的：一方面拓展技能、促进能力提高，支持企业改革和企业行动；另一方面给员工提供措施、不断适应劳动力市场变化，允许他们在企业内外保持职业生涯的连续性。

3. 能力与就业能力是两个相关概念

能力与就业能力两者既相似又不同，两者都致力于在提高用人单位

---

① 李元春：《国外失业保险的历史与改革路径：政治经济学视角》，中国财政经济出版社2011年版，第106页。

② ［美］帕特丽夏·威奈尔特（Patricia Weinert）等编：《就业能力——从理论到实践》，郭瑞卿译，中国劳动社会保障出版社2004年版，第42页。

③ 同上书，第48页。

的绩效的同时为劳动者提供机会，保持和增加他们的知识资本，避免被劳动力市场拒之门外。然而，虽然劳动者的能力在用人单位劳动中得以形成并得到确认，而且不能够直接转换或完全转换到不同的环境中，但是从长远的观点来看，发展就业能力的方向是创造有利条件，实现可能的职业转换或者使被解雇的员工得到另一家单位的雇用。能力确认在企业内部首先予以实施，而就业能力的认定与劳动力市场的联系更加密切。因此，就业能力标准是多样的、可调节的，因为就业能力标准不仅由个人特质决定（年龄、性别、性格、可用性等），而且由社会经济状况决定（增长率、失业率、行业危机或局部危机等）。[1] 就业能力政策的目标是调整个人能力以适应劳动力市场变化，以便使劳动者在紧要关头能够以最合适的方式作出反应。其观点依据是：企业内部的工作关系是暂时性的，员工应该做好准备，有可能必须面对再培训或者再就业。对于用人单位来讲，提高就业能力不仅仅是纯粹的慈善事业，更表达了理解共同利益的愿望。它使用人单位致力于员工能力的发展，为将来做好准备；并帮助员工拓宽知识和技能，满足了他们的愿望。就业或再就业所需要的能力是员工在单位内外的整个职业生涯期间获得的。国家和某些社会机构，如保险公司等都参与行动，采取财政措施，支持这项能力的发展，并起到调节劳动力市场的作用。[2]

综上，我们认为"就业能力"具有如下特征：第一是追求就业的能力，与用人单位紧密相连，不是创业的能力，[3] 即希望用自己的能力从事从属性的工作；第二是一种积极的能力，即这种能力能够通过某种方式表现出来，如通过身体行动、言语行动或思维行动等进行展现，而不仅仅存在于内心"深藏不露"；第三是这种能力能被社会所认可，并用工资作为等价可以购买的能力（劳动力），即为一种或一类有效的能力，不是一种歪门邪道的能力；第四是能实现有价值的就业，不是家庭劳动

---

[1] ［美］帕特丽夏·威奈尔特（Patricia Weinert）等编：《就业能力——从理论到实践》，郭瑞卿译，中国劳动社会保障出版社2004年版，第67页。

[2] 同上书，第68页。

[3] 创业能力也可以有广义的就业能力之意，此处取狭义的就业能力之意。

行为、志愿劳动行为等；第五是这种能力具有迁移性，既可以通过培训、学习提升，又可以教会他人（特别需要指出的是，就业能力的获得不是一劳永逸的，就业能力具有社会的递减效应，并且就业能力的潜力与被认可与特定的社会环境相关，[①] 因此才有就业保险的现实需求）；第六是过去这种能力的获得主要靠劳动者自身努力获得，在就业保险制度语境下，政府对劳动者获得、维持、提升就业能力具有积极的帮助义务，有时甚至是政府负主要责任，比如关照长期失业者、残疾人等社会弱势群体，当然用人单位也有重要的协助义务。

（三）"就业能力保险"的提出

"就业能力保险"（Employment Ability Insurance）的概念，是1997年在欧洲共同体的层面上出现的，而且是在构建欧洲社会模式的这一历史时刻出现的。1997年3月，欧共体委员会联络会议就欧洲社会保障的未来展开了一次讨论。这一讨论主要是针对以往把社会保障与就业相互对立起来的观点（在1995年以前，经济学家、社会政策学家以及一些国际组织一直将社会保障作为经济负担来处理，因此，提出了削减失业补贴的方法，以此作为提高"外部弹性"的措施）。委员会建议，从现在开始，就业和社会保障不再分开讨论，不再使用指责社会保障对就业产生负面影响的批评方式，而是转向更加积极的方式，根据"欧共体就业市场"状况，重新定位社会保障，把维持高度就业和社会保障作为欧共体的基本目标。为了提高就业效果，改善并改革社会保障制度很有必要。将"失业保险"转变为"就业能力保险"是委员会在该次会议上提出的建议之一。

委员会的观点基于两个方面的思考：原来的失业保险制度已经过时，某些成员国的改革和劳动力市场状况之间缺乏统一。一方面，委员会认为失业保险制度原来只是为了给那些暂时失业的人员提供替代收入，直到他们找到需要相同技能或相似技能的工作。而现在如果考虑到劳动力市场的发展，那么失业者不仅需要经济援助，而且迫切需要掌握

[①] ［美］帕特丽夏·威奈尔特（Patricia Weinert）等编：《就业能力——从理论到实践》，郭瑞卿译，中国劳动社会保障出版社2004年版，第8页。

新的技能。另一方面，委员会也明确指责了某些成员国以经济压力为由进行的失业保险改革。这些改革原本是要加强失业补贴以保险为基础的特色，但却导致了失业者权利的减少，而且也没有为他们提供再进入劳动力市场的援助。相反，这些改革却引起了失业者职业技能的丧失和社会对他们的排斥。[1] 因此，委员会进一步提议修改社会保障体制，在以防止贫困和防止社会排斥为目的的社会保障体制框架中，优先实行可以积极促进劳动者获取技能和资格的政策，这些技能和资格可能有助于他们进入或重新进入劳动力市场。

1997年3月，欧共体委员会联络会议确认就业和社会保障之间具有明显联系，社会保障的改革应该在积极促进就业的框架下进行。为实现这个目的，委员会确定了一项重要的目标，即将失业保险转变为就业能力的保险。就业能力保险这一概念的使用意味着在政策上应优先考虑"就业能力"的建设，这是保证"就业机会"公平的前提。欧洲理事会于1997年6月通过了《阿姆斯特丹条约》，第一次将就业能力的思考写入了"就业"的章节，明确指出欧洲的共同任务之一是"就业政策"，同时在欧盟协定中引入了新的就业名称。根据就业协作策略，欧委会有责任培养合格的、经过培训且有适应能力的劳动力，并有责任保证劳动市场能对经济性质的变化作出快速反应，强调的重点是工人的就业能力。

欧盟于1997年11月在卢森堡召开了"欧洲就业问题特别首脑会议"。在就业特别峰会召开的前几天，卢森堡组织了一次总统级会议，讨论了就业和社会保障的关系问题。在这次讨论中，社会保障与就业的相互联系、相互促进的关系成为共识。卢森堡工作峰会讨论了欧洲的就业战略，就业能力被认为是欧洲策略的"第一支柱"。因此，卢森堡会议进一步制定了指导方针，以使就业能力的目标得到发展。如今四个指导方针成为成员国制定国家就业行动计划必须要考虑的因素。这四项指导方针是：（1）成员国必须激励失业的青年和成人（指导方针一和

---

[1] ［美］帕特丽夏·威奈尔特（Patricia Weinert）等编：《就业能力——从理论到实践》，郭瑞卿译，中国劳动社会保障出版社2004年版，第71—72页。

二);(2)成员国必须变消极措施为积极措施(指导方针三);(3)成员国必须重新注重失业补贴和税收制度(指导方针四);(4)成员国必须制定长远的积极年龄措施。在指导方针三中,详细规定了数量指标,也就是积极措施(培训或其他类似措施)的受益人数至少增加20%。指导方针四规定,成员国不仅必须改革事业补贴制度,可以减少享受失业补贴的权利,也可以实行更严厉的制裁,以鼓励失业人员接受工作,而且改革必须超越失业补贴制度,即改革不仅要涉及失业人口,而且要涉及非经济活动人口。①

二 就业能力风险的基础——失业风险

(一)适格的失业者

就失业而言,有广义和狭义之分。广义的失业是指劳动者和生产资料相分离的一种客观状态,在这种分离状态下,劳动者的主观能动性和潜能无法发挥。狭义的失业则通常指具有劳动能力的处在法定劳动年龄阶段并有就业愿望的劳动者,失去或没有得到有报酬的工作岗位的社会现象。② 失业者肯定没有工作,但是也并不是所有没有工作的人员就必然是失业者,还存在一个失业者适格的问题。1998年国际劳工组织通过的《促进就业和失业保险公约》中,对失业所下的注解为:能够工作、可以工作,并且确实在寻找工作,而不能得到适当职业,致使没有工资收入的人。所谓能够找到工作,是指具有就业能力而言;而患重病或四肢残缺的人,抑或年老体弱力衰者,为就业能力的丧失,其因丧失就业能力而失去工作机会。虽然没有工作,也不能称之为失业,这是其他社会保险制度应该关注的对象。此外,须确实在寻找工作(即有工作意愿),若一个人虽有就业能力而无工作意愿,每天游手好闲不务正业,自己不愿意就业,也不算是失业。③ 因此,界定失业者的条件通常为:

---

① [美]帕特丽夏·威奈尔特(Patricia Weinert)等编:《就业能力——从理论到实践》,郭瑞卿译,中国劳动社会保障出版社2004年版,第76页。

② 郑功成主编:《社会保障概论》,复旦大学出版社2005年版,第343页。

③ 谢淑慧、黄美玲编:《社会保险》,华立图书股份有限公司2014年版,第131页。

无工作而随时可以工作（即有就业能力）且正在寻找工作者。失业的另外一个特征是，劳动者自己无过错而失去就业机会，如果是劳动者违反劳动纪律或法律导致失去就业机会，抑或主动辞职失去就业机会，均不是就业保险制度下的适格失业者。

（二）适格的风险

失业风险是一种未来的不确定的风险，因劳动者有失去工作岗位的风险，而导致收入损失的风险，是传统失业保险的风险基础。如果劳动者的工作是"铁饭碗"，没有失去工作的风险，一般就不会被包含在保险范围内。而就业能力风险的范围则比失业风险的范围大很多，没有失业风险并不代表没有就业能力风险（如公务员、职业军人等，只是其就业能力风险在体制内予以化解而已），失业风险大也不代表就业能力风险大（不用太多劳动技能的工作，如清洁工、楼栋管理员、门卫、抄表工等，从事这类工作的劳动者失业风险大，但是其从事劳动密集型工作的就业能力却具有较强持续性），但失业风险仍然是就业能力风险的基础。

失业风险根据不同的标准，可以划分为不同的类型。依据造成失业风险的客观原因的不同，非自愿失业可分为以下五种形态。第一，摩擦性失业（Frictional Unemployment）。又称为移动性失业，一般是由于劳动者缺乏就业资讯，而延长了寻找工作的时间。换言之，即求职者与提供工作的企业单位间存在着时间差而形成的失业。例如某一劳动者原来工作不做了，而要找寻另一个工作，一时找不到合适的，而造成失业。摩擦性失业风险的产生显然不是就业能力风险问题，而是就业信息不对称，即就业服务不到位的问题，属于政府就业促进所要改进的服务问题。第二，季节性失业（Seasonal Unemployment）。季节性失业的发生是经济活动受到气候条件、社会风俗或购买习惯等变动所引起的。例如建筑业在雨季、农业在产品不收成的季节，则有季节性失业的现象。从国家宏观的角度看，季节性失业风险不是就业能力风险问题，但是就单个具体的劳动者而言，仍然属于就业能力不足的问题，即对特定岗位的依赖性过高，导致就业范围过窄，属于需要切实提高就业能力的对象。第三，技术性失业（Technological Unemployment）。因使用新的机器设备和材料，采用新生产技术或管理方式，导致社会局部生产劳动过剩而形成的失业。第四，结构性失业（Structural Unemployment）。因经济结构改变且劳动力结构不能与之相适应而导致的失业。技术性失业近似结构性失业。技术性及结构性失业风险，属于经济社会发展进步的正常风险，与供给侧相关，是社会进步、生产力提高的必然代价，但是相对于具体劳动者来说则是"灭顶之灾"，属于就业能力风险的重点领域，是就业能力保险需要特别保障的风险。第五，循环性失业（Cyclical Unemployment）指已成为周期性失业或景气性失业，由于经济循环中景气变动的过程所造成的失业。例如在不景气时期，普遍发生的解聘员工现象所造成的失业。循环性失业风险是经济规律发生作用的客观后果，经济发展的周期性对劳动者的就业稳定造成极大的威胁，涉及社会的长治久安，既有劳动者就业能力的风险问题，也有政府宏观政策调整的问题，是就业保险、政府和社会应该共同关注的对象。[①]

三 风险的具体化——就业能力风险的确定

如前文所述，失业风险是就业能力风险的基础，或者说是就业能力风险的重要来源之一。但是就业能力风险如何确定，什么才是具体的能力风险，必须予以明确。因"能力"是一个定性而不是一个定量的概念，因而天然具有不确定性：能力本身没有完全客观的评价标准（导致考核难）及能力展现的时空限制性（导致发现难）。能力是一个综合的评价体系，人不是一架机器，其能力绝对不局限于一门技术，但用人单位在招人时，往往在意的是劳动者某种技能的水平即就业能力；但是用人单位在实际用人的过程中，则希望劳动者是全能型的人才。而综合能力的展示更需要较大的时空条件基础，能力的不确定性在限定的条件下越发突出。

（一）适格的就业能力风险

想要对就业能力风险进行定量分析，就必须构建对能力考查的参照因素。参照因素一：劳动者现有的或曾经从事的职业。这只是粗略的参

[①] 谢淑慧、黄美玲编：《社会保险》，华立图书股份有限公司2014年版，第132页。

照，因为职业内部的差异性很大。如教师，有大学、中学、小学、幼儿园等教师之分；如公务员，有中央机关、地方机关、政务官、事务官等之分；如驾驶员，有飞机、火车、汽车、工程车、特种车、农耕拖拉机等驾驶员之分。如果仅以职业作为划分，必然误差很大，职业只能作为重要的参考因素，而不能是主要因素。参照因素二：劳动者现在的或曾经从事的职业岗位，这是较为精确的参照。职业代表大的行业分类，而岗位与具体待遇更为接近。如教师，大学教师分为教授、副教授、讲师等职称，中小学教师分为高级、中级、初级教师等职称，教师队伍中还有行政服务人员依职务或行政级别被区分。必须指出，在不同的地方，相同的职业岗位在工资待遇上也会因各地经济发展水平不同而具有较大差异，因此对岗位的考察必须考虑特定的时空因素。参照因素三：劳动者的加保工资，从定量上分析，这是最为精准的参照。但是这也是最能导致谬误的参照，因为不同的职业、岗位都有产生相同工资的可能性。但是从传统失业保险的理论出发，只要能够弥补劳动者的工资损失，都是有效就业。而就业保险则提倡"有价值"就业，即追求"人职匹配"，就业能力与工作岗位相对应，既不至于因就业能力不够而失业，也不至于因就业能力不匹配而浪费人力资源。

  因此，应当综合考查三种类型的参考因素，不应过于重视其中一种因素而忽略其他两种因素。对于从事初级工作、劳动密集型工作的劳动者而言，依照加保工资而不是岗位探讨就业风险更为实际。比如在工厂的流水线上从事简单的手工作业的劳动者，其从事的属于技术含量低的劳动密集型岗位，不管其从事的具体工作是流水作业的填料、缝线还是打包等，不管其从事的是看护公共建筑物、打扫城市街道还是清理公共交通工具等，其区别很小，工资也几乎相同。除非这类劳动者的劳动技能有大幅度的提高，参加技术含量较高的职业或劳动岗位，否则其所谓的就业风险基本等同于失业风险。当然政府对这类劳动者如我国农村的外出务工者，也负有为劳动力有序转移提供培训的责任，属于政府就业促进的职责范围。而对创业或自雇就业的劳动者而言，其风险已经超出了就业风险的范畴，属于体制外的风险，但是无论是就业保险基金提供资金资助，还是政府提供税收及相关优惠，都属于就业促进的范围，不属于就业能力风险的范畴。

（二）就业能力风险是具体的

就业保险的能力风险，绝对不是泛泛地谈风险，而是因人而异、精准施策，确保岗位的同质性，确保工资的对等性，从而追求就业机会公平乃至社会公平。特别是，如青年失业者，其就业能力风险点主要在于就业经验不足，对职业不了解，因此化解其风险的主要方式除了加强职业培训以外，更多的应该是进行职业推介和职业介绍，重点在于积累工作经验机会的提供。如对长期失业者而言，其就业能力风险点主要在于就业信心不足，长期脱离社会会形成惰性和对福利的过分依赖，因此化解其风险的主要方式除了提升其职业技能以外，更多的应该是给他们提供再次进入职场的"尝试机会"，提振其就业信心。如对年老失业者而言，其就业能力风险点主要在于因就业能力的弱化，基本失去就业的机会，因此应该通过资助部分工资的方式或其他优惠措施，促进用人单位雇用年老失业者的积极性。

我们也必须看到，随着经济社会的飞速发展，一些职业、一些岗位将逐步消失，另外一些职业、一些岗位也将逐步出现，这就是就业能力风险不确定性的最大根源所在。面对这种发展常态和供给侧的变化，就业保险所要做的是保证劳动者的学习能力与学习机会，对他们的能力不断激活，以保证就业能力具有不断更新的基础，同时通过不断提供学习、培训的机会，使劳动者获得持久就业能力的信心，尤其是使劳动者不丧失追求就业的能力与信心，这是劳动者摆脱就业能力风险的"最大公约数"。具体职业、具体岗位要求的不断变化提高，是就业能力的具体风险，是劳动者提高就业能力的参照对象。

第四节　就业保险的制度功能

就业保险制度作为社会保险制度之一，其保险性与社会性必然合一，其落脚点是通过就业能力保险促进与稳定就业，以至于达到就业安定、就业机会及社会公平的目的。如果忽略其保险功能就容易将其与社会救济混淆，如果忽略其社会性就容易将其与完全的政府行为相等同。

就业保险制度作为一种从失业保险制度发展而来的新生制度，必然会深深打上失业保险的烙印，因此失业保障功能仍是其基础，失业预防功能与就业促进功能是其两翼。在其基础功能的基础上，其不断展现积极促进就业机会公平、政府干预的特点，这也就构成了就业与失业两个保险制度的最大区别。

一　就业保险制度与就业促进制度的互补性

（一）就业保险与就业促进制度是交叉关系

就业促进制度是政府关于就业促进的全面规定，作为各级政府的行政职能而出现，其经济来源全由政府公共预算负担。它同用人单位与劳动者是行政管理者与行政相对人的关系：从微观层面看，用人单位与劳动者不需要负担任何费用；但从宏观层面看，政府预算一般来自纳税人，用人单位与劳动者是间接的出资者（纳税），不过这与就业保险的投保人直接缴费或纳税具有显著的差异和本质的不同。

就业促进制度与就业保险制度的交叉部分，即为就业保险的就业给付制度[①]（见图 2-1），与失业保险的失业给付制度在内涵上具有本质的区别。第一，就业给付的出资主体还包括政府，政府对就业给付具有出资义务，是政府通过就业保险制度完成部分就业促进职责的必要对价，是政府赋予社会保险制度的积极职能之一。第二，就业给付的对象不仅限于劳动者，还包括用人单位及相关服务主体（如职业培训及职业介绍组织），这是就业给付与失业给付的重要区别，失业给付的对象一般仅限于被保险人。第三，就业给付体现了政府积极干预的思想，其措施更为积极，为了预防失业、稳定就业，追求就业机会及社会公平，其促进就业、预防失业措施更为主动甚至超前，而不是消极等待发生保险事故（劳动者失业）时才被动出手。当社会经济发展出现困难时，就业给付可以资助企业稳定就业、减少裁员，就业给付可以资助失业者自主创业等。第四，就业给付始终围绕投保人开展

---

① 加拿大的就业保险给付内容，主要分为失业给付与就业给付及就业服务两大类。参见黄婉玲《加拿大失业保障与就业促进制度之探讨》，《政大劳动学报》2009 年第 1 期。

工作，其对象不会超出投保人的范围而扩大到全体公民，这是就业给付与政府就业促进制度的最大区别——就业促进制度关心的是整个社会的就业安全与稳定，与行政相对人是否参加就业保险没有直接联系。

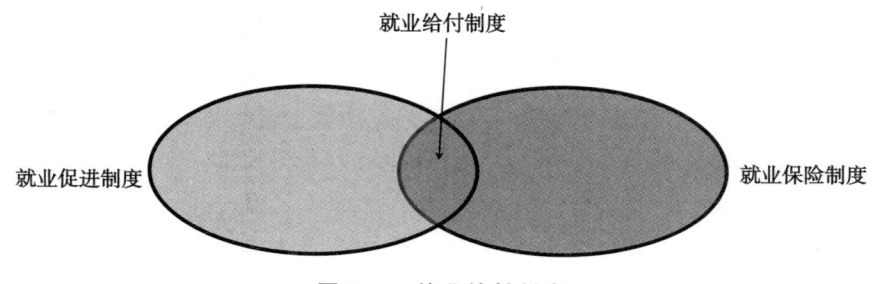

图 2-1　就业给付制度

(二) 就业促进制度为什么会选择就业保险制度

前文提到就业促进是政府自身的政策职能，其自身的职能承担有财政的资金保障，有政府部门（如劳动人社及相关部门）的职权及队伍的保障。选择作为社会保险制度的就业保险，必定有其内在逻辑及实践需求。

一是如前段所述，二者是交叉关系，不是替代关系，具有制度上的认同与互补性，即不是相互吞并的关系，具有制度上的可持续性。如果用社会保险制度完全替代政府的促进职能，不符合保险的基本属性；如果用就业促进制度替代社会保险制度，则把社会保险办成了政府保险，如同救济。二是就业保险制度具有就业促进的积极职能。[①] 这与就业促进制度的职责具有共通性，如果就业促进制度向就业保险制度让渡部分职权，就使得政府提供部分财政资助具有了可能性与必要性，并且相比就业促进制度而言，政府提供的这部分财政资助更具有效率性与精准性。效率性与精准性主要体现在：首先是就业保险制度所掌握的劳动者就业状况、就业能力信息更

---

① 传统的失业保险制度也规定应具有就业促进的职能。如我国《失业保险条例》第 1 条规定：为了保障失业人员失业期间的基本生活，促进其再就业，制定本条例。

为具体、直观,直接与用人单位及劳动者个人打交道,更容易掌握劳动者的最新动态;其次是就业保险制度的就业促进措施具有较强的针对性,直接指向劳动者、用人单位及相关服务单位的具体行为,具有较强操作性以提高效率;最后是就业促进制度的宏观政策性特点突出,而就业保险制度则是具体的制度措施特点突出,用就业保险的微观做法替代就业促进制度的宏观政策,显然更加容易精准识别、精准施策。三是二者具有相近的理论支撑。首先,二者具有共同的价值目标追求——就业机会公平、社会公平。当然就业促进制度还有促进社会和谐稳定的追求,但是就业机会公平、社会公平是社会和谐稳定的前提,或说必要条件。其次,实现充分就业与就业稳定必须要有就业能力的保持、更新与稳定,为就业能力提供保险、化解能力风险是就业保险存在的目的。最后,政府是实施就业促进制度的行政主体,政府也为就业保险提供制度担保,政府是两种制度得以顺利推行的共同保障。

二 失业保障功能——就业保险的基础功能

失业保障功能,又称失业给付(Unemployment Benefit)功能,这是就业保险作为一种社会保险制度的最明显特征,丢掉这个功能,容易失去社会保险的方向。失业保障的实现方式不断发展变化,但是其基础地位始终要坚持。失业给付也不是完全无条件的,需要满足一定的条件才能进行失业给付。英国、日本及加拿大等分别将失业保险更换成求职津贴、雇用保险及就业保险,把失业津贴的给付同就业安置相结合,整合机构进行统一管理。[①]

失业给付的一般条件包括以下几点。

第一,于劳动年龄的劳动者,非主动失业或主动失业达到一定的期限。如日本有例外规定:劳动者主动辞职的,申请失业救济需3个月的等待期,但如有正当理由而辞职,则可不受3个月的限制。如英、法、澳、美等国要求失业者在领取失业金之前,必须去职介所进行登记,而

---

① 马永堂:《从保障生活到促进就业——国外失业保险制度改革综述》,《中国劳动保障》2007年第1期。

且需要提供离任单位的联系方式,用以证明不是主动辞职,并且愿意接受职业推介所提供的工作机会。①

第二,缴费达一定期限,同时失业给付也有最长时间限制和数额的最高限制。要求必要的缴费工作年限,这与保险的特征相符,体现权利与义务对等的原则。日本于2007年对参保时间的限制实现了统一,要求短期就业劳动者在失业前需加保12个月,如果是因单位破产的失业者,则只需要加保6个月即可。我国台湾地区规定领取失业给付前必须投保满1年以上。②领取失业给付亦有最长期限。如美国多数州的失业保险金持续期为26周,特殊情况可获得不超过20周的追加失业保险金。德国领取失业保险金的时间取决于被保险人受雇用的时间长短,57岁以上的老年失业者最长可领取失业保险金32个月,但从2006年2月调整为不满55岁的失业者最长12个月,55岁以上的失业者最长18个月。日本享受失业保险金的最长时限是330天。失业给付数额也有限制。德、日、美三国的失业金给付数量,与失业者投保的工资水平相挂钩,因投保工资不同,失业金的发放数量就不等。这可以使失业者在领取失业金期间收入比原来有所降低,但不至于使失业前后的经济收入反差太大,同时为了防止不同人领取的失业金过分悬殊,它们均规定了领取失业金的最低和最高限额,美国在不同的州限额差别很大。③

第三,有就业意愿并积极寻找工作或参加职业培训的主动作为。我国台湾地区规定:如欲领取失业给付,失业者在办理失业再认定时,必须提供求职记录至少2次,才能继续请领,未限期补正求职记录的,停

---

① 参见王静敏《当代中国失业保险问题研究》,博士学位论文,东北师范大学,2008年。
② 我国台湾地区就业保险相关的规定如下:被保险人于非自愿离职办理退保当日前3年内,保险年资合计满1年以上,具有工作能力及继续工作意愿,向公立就业服务机构办理求职登记,自求职登记之日起14日内仍无法推介就业或安排职业训练,称为"失业给付"条件。
③ 参见杨文俊《美德日社会保险制度比较研究》,博士学位论文,吉林大学,2007年。

止发给失业金，用以督促失业者尽快实现再就业。① 如果失业者没有寻找工作的积极举动，可能会受到相应的惩罚，暂时或永久性地被取消失业给付，是主要的惩罚方式。在丹麦，1994年，失业者如果拒绝接受工作和积极劳动力市场政策提供的就业帮助，第一次和第二次拒绝将取消1—3周的失业保险金，拒绝达3次以上的，则可能不得享受失业保险金。1994年以后，改变为失业者如果第二次拒绝提供的工作机会或拒绝积极劳动力市场政策提供的帮助，即停止享受失业保险金。在英国，失业者拒绝积极劳动力市场政策提供就业帮助的，要扣发2周的失业保险金，1996年后该期限延长1倍变为4周。② 对于鼓励失业人员参加职业培训，发达国家均极为重视，如英国对参加培训取得相应资格证书的失业者，其失业保险可按资格等级增加给付；美国规定失业者如参加职业培训，可延长其失业金给付的期限；意大利、德国为参训的失业者提供生活补助，保险经办机构承担部分培训费用，包括注册费、书费、交通费等；澳大利亚和西班牙等国家规定，按要求参加培训的失业者，可以享受工伤、疾病、失业和养老等保险待遇。③

失业给付支出的一般范围包括以下几种。④ 第一，失业保险金。失业保险金是失业保险基金的主要项目，《关于促进就业和失业保护的公约》（ILO）第14条规定，在完全失业的情况下，津贴应以定期支付的形式发放，其计算方法应能向受益人提供部分过渡性的工资补偿，同时避免对创造就业机会形成阻碍。我国《社会保险法》第47条规定了失业金的标准：不得低于最低生活保障的标准。一般来说，其具体数额的多少与失业人员的缴费年限和缴费数额及失业劳动者需要供养的家属人

---

① 参见郭振昌《台湾社会安全体系与劳动就业促进"法制"之连结关系——以就业保险"法制"为例》，载我国台湾地区"劳动法"学会《劳动市场变迁与社会安全制度——两岸"劳动法"与"社会法"的比较》，新学林出版有限公司2013年版。

② [美] 罗兰德·斯哥：《地球村的社会保障——全球化和社会保障面临的挑战》，转引自王静敏《当代中国失业保险问题研究》，博士学位论文，东北师范大学，2008年。

③ 马永堂：《从保障生活到促进就业——国外失业保险制度改革综述》，《中国劳动保障》2007年第1期。

④ 以下内容参见张荣芳编《社会保险法学》，武汉大学出版社2012年版，第163—164页。

数等因素挂钩。第二，领取失业保险金期间应当缴纳的基本医疗保险费。失业保险人员在失业期间依然面临着疾病的风险，政府有义务为失业劳动者提供相应的医疗保障。《关于促进就业和失业保护的公约》第23条第1款规定，凡立法规定应提供医疗照顾并使其直接或间接地以职业活动为条件的会员国，应按照规定条件尽力保证为领取失业津贴的人员及其供养的家属提供医疗照顾。第三，领取失业金期间死亡的丧葬补助金和其供养对象的抚恤金。我国《社会保险法》第49条①是有我国特色的一项规定，给予了死亡失业人员家属选择权。一般来说，家属会对自己能领取的补助金进行选择，选择数额高的补助金。我国之所以有此种规定，主要是因为我国的社会保险制度覆盖范围还不够宽，全面参加各类保险的劳动者还不够整齐，给予家属选择权其实是从我国国情出发的一种安排，并非画蛇添足。发达国家和地区的失业（就业）保险制度中没有此类安排。第四，领取失业保险金期间接受职业培训、职业介绍的补贴。职业介绍及培训有利于促进失业者实现再就业，现代失业保险在保障失业人员基本生活费的基础上，兼顾重视促进失业人员的再就业。《关于促进就业和失业保护的公约》第二部分专门对生产性就业进行了规定，强调各国应采取措施通过就业服务设施、职业培训和职业指导等一切手段促进生产性的和自由选择的就业。

三 失业预防功能——"就业机会"稳定功能

失业预防功能是就业保险制度的重要特征，是促进就业机会及社会公平最有效的手段之一。

首先，从劳动者的角度出发，失业预防功能是指就业保险的重要预防措施，是通过职业介绍、咨询及培训，与其在失业后提供失业给付及其他积极的就业促进措施，不如在劳动者失业之前提供各种帮助，包括

---

① 我国《社会保险法》第49条规定：失业人员在领取失业保险金期间死亡的，参照当地对在职职工死亡的规定，向其遗属发给一次性丧葬补助金和抚恤金，所需资金从失业保险基金中支付。个人死亡同时符合领取基本养老保险丧葬补助金、工伤保险丧葬补助金和失业保险丧葬补助金条件的，其遗属只能选择领取其中一项。

在职进修培训及继续培训,其效果可能更为有效,所支出的费用也可能更为节省,其对就业机会的保障亦更为直接。① 具体操作上,发达国家和地区大都采取在职培训和职业规划咨询等措施,通过保险基金或公共预算的资助,为在职劳动者免费"充电",进行技能培训与更新,让劳动者能赶上时代进步与发展;同时为劳动者的未来发展提供适当的职业咨询,确立或重塑发展方向与目标,以免面对经济社会的快速发展不知所措。提高劳动者的各种素质与技能,保证其就业能力是预防失业的根本途径。

其次,从用人单位的角度出发,在用人单位的企业经营面临无可避免的事故(天灾人祸、输出入管制)、经济原因(金融风暴、经济萧条)及组织改造时,大多已符合我国《劳动合同法》第 41 条的裁减人员条件,甚至满足可以大量裁减人员的条件。此时如果用人单位行使大量裁减权,在法律上应无疑义,而且经过仔细计算,成本也可以控制在一定的范围内;但是,这会使劳动者失去就业机会,并可能引发社会问题及政治问题。所以除了劳动法规定的手段之外,长久以来,发达国家和地区多有以保险基金补助的方式,鼓励用人单位以缩短工作时间的方式,避免解雇劳动者。其目的无非是在避免用人单位采取裁员行动造成劳动者的失业,用人单位也可以维持熟练的劳动力。②

为此,一是采取鼓励措施,如德国,对开工不足的企业,对因特殊行业的原因导致季节性停工的劳动者发放一定的补贴。对雇用就业困难失业者的单位,可以按劳动者工资的 50% 发放时间为 12 个月的补贴等。③ 二是采取抑制措施,在这方面美国实施的"经验税率"制度,即"浮动失业保险税率"与德国实施的"社会福利计划"具有典型的代表性意义。④ "经验税率"制度是以用人单位的解雇情况为依据,而精准确定其应该缴纳的失业保险税率。失业保险税率为用人单位应税工资总

---

① 杨通轩:《"就业安全法"理论与实务》,五南图书出版股份有限公司 2012 年版,第 69 页。

② 同上书,第 176—177 页。

③ 参见杨文俊《美德日社会保险制度比较研究》,博士学位论文,吉林大学,2007 年。

④ 参见马永堂《比较研究:完善失业保险促进就业功能》,《中国劳动》2006 年第 1 期。

额的 5.4%，其主要为限制用人单位的解雇行为和鼓励用人单位尽量保留劳动者。美国的大多数州都实行了按员工就业稳定的具体情况，而确定用人单位应当缴纳的失业保险税率的办法；另有少数州则根据用人单位解雇的具体人数来确定其应缴税率的办法。也就是说，用人单位解雇的劳动者越多，其缴纳的保险费率就越高，最高可达劳动者工资总额的10.5%。"社会福利计划"是指，用人单位在经济不景气时，如要大批解雇单位员工，必须向所在地的劳动局报批，同时向被解雇者发放补偿金的制度。如果企业克服困难不大批解雇劳动者，劳动局将提供转岗培训经费，为这些面临失业的员工提供职业培训，从而使就业机会不至于轻易流失。

可见，预防失业的实质就是防患于未然，在劳动者失业遭遇降临之前，对劳动者"充电"进行资助，提升劳动者的综合素质，保证劳动者的就业能力不减弱；对用人单位则采取激励及抑制双重措施，以稳定就业机会，达到尽量减少失业或不失业的目标。

四 就业促进功能——"就业能力"保障功能

就业促进是就业保险制度的一项重要职能，是就业给付（Employment Benefit）的核心部分，是"就业能力保险"的生动体现，是追求就业机会及社会公平的主要手段，是与失业保险制度的最大区别。在发达国家和地区，就业促进的方法和手段很多，主要包括以下三种。

第一，奖励式促进。奖励式促进对于失业人员而言，是提早就业奖助津贴制度，即失业人员于失业给付领取期限届满前找到工作，并继续缴纳就业保险费达到一定期限的，就业保险基金经办机构将未领取失业保险金的一定比例，一次性发给被保险人的奖励制度。如我国台湾地区有相关规定：符合失业给付请领条件，于失业给付请领期限届满前受雇工作，并参加本保险三个月以上者，得向保险人申请，按其尚未请领之失业给付金额之 50%，一次发给提早就业奖助津贴。奖励式促进对于用人单位而言，如遇开工不足的用人单位，对因特殊行业的原因导致季节性停工的劳动者给予一定的补贴。对录用就业困难失业者的单位，可以按劳动者工资的50%发放时间为12个月的补贴；2005年就有6.1万人获得此项待遇，其中2.4万人超过50岁；如用人单位重新招录了55岁以上的失业者，则免除用人单位本应缴纳的失业保险费。① 德国自2002年底起，单位每雇用一个失业者并与其签订12个月以上的合同，即可从德国复兴开发银行获得10万欧元优惠贷款的机会。日本也制定了优惠的税收政策，对濒临破产企业的重建提供支援。1993年，日本还设立了"短缩劳动时间特别奖励金"，从1991年到2006年，年平均工作时间由2008小时缩短至1842小时。②

第二，职业培训式促进。职业培训主要包括职前培训、在职培训、失业培训。一般来说，职前培训或职业技能培训是政府的责任，其经费来源主要由税收负担，通过公共预算解决；在职培训（前文在失业预防功能部分已有论述）属于预防失业的重要手段，其经费可以由就业保险基金支付也可由政府资助，或者二者共同负担；失业培训则是劳动者失业后保险人要求的培训，这种要求已经逐步向强制性转变，我国目前的法律规定仅为提倡性要求，还未上升到强制性要求，而发达国家和地区已经将此类培训逐步转为强制性，并且作为领取失业给付或培训津贴的前提条件。如我国台湾地区就规定了失业给付的请领条件：一是必须是被保险人非自愿离职；二是在退保当日前的三年之内，缴纳保险费合计必须满一年以上；三是客观上有工作的身心能力以及继续寻找工作的意愿；四是向公立的就业服务机构进行了求职登记，并且超过14日，服务机构仍无法介绍就业或安排职业训练。这是明显的"职业培训优先"的规定，是确保劳动者维持就业能力的制度安排，无法安排职业培训才发放失业给付，如果能安排职业培训就发放职业培训生活津贴。③ 当前严格失业给付条件是发展趋势，为节省保险基金的支付成本和管理费用，一般都规定有领取失业金的等待期限，其基本目的是为减少短期申

---

① 参见郭振昌《台湾就业保险"法制"实施与讨论》，《月旦法学杂志》2008年第3期。
② 参见杨文俊《美德日社会保险制度比较研究》，博士学位论文，吉林大学，2007年。
③ 我国台湾地区就业保险相关规定指出，职业训练生活津贴的"请领条件"为被保险人非自愿离职，向公立就业服务机构办理求职登记，经公立就业服务机构安排参加全日制职业训练。

领行为，同时特别强调失业人员参加职业培训的义务和政府安排职业培训的责任，是为就业能力提供保险的应有之义。

第三，创业式促进。失业人员创业的根本目标是自谋职业，脱离失业的环境。创业不仅能解决自身的就业问题，而且还可能给其他人提供新的就业机会，是各国都很推崇的做法，政府对此一般也会有一定的投入。法国规定，如果失业者自营就业，在一段时期内有权获得政府提供的补助。如失业者创办微型企业，首先除获得免费咨询及技术支持外，还可以有失业基金作为担保，让银行提供优惠贷款。其次是以创业补助替代失业金。西班牙规定，对从事任何自谋职业或参加生产合作社的失业者，可以一次性领取全部失业金作为创业本金。最后是对失业者社会保障权利的保留或恢复。法国规定，在开业的头几个月时间内创业者继续享受包括失业金权利在内的各项社会保障；英国亦有类似规定。[1] 对于创业式促进，政府的做法可以有小额担保贷款、减免税收或行政性收费减免。在所鼓励的创业方面，给予贷款额度的限制，自然以小资本企业为限。按照我国台湾地区就业保险失业者创业协助办法的规定，创业协助经费由就业保险基金支付，而非税捐。[2]

---

[1] 参见马永堂《比较研究：完善失业保险促进就业功能》，《中国劳动》2006年第1期。
[2] 杨通轩：《"就业安全法"理论与实务》，五南图书出版股在限份公司2012年版，第25页。

第三章

我国构建就业保险制度的必要性分析

发达国家和地区大都已经从实质上推行了就业保险制度，如前文所述，其制度模式具有多样性，一些国家和地区为此还制定了专门的就业保险法（日本称为"雇佣保险法"），积累了较为丰富的理论与实践经验，无论从理论的角度还是从实际操作的角度都证实了建立就业保险制度的必要性、可行性。诚然如此，是否就构成了我国必须建立就业保险制度的充分必要条件呢？显然不能，为此，本节主要从我国失业保险、就业促进两个制度本身存在的结构性问题出发，结合我国供给侧结构性改革的经济发展背景，分析出完善我国失业保险、就业保险制度的重要出路：就是从实质上建立就业保险制度，而不是把"失业保险法"更名为"就业保险法"。

第一节 我国失业保险制度存在的主要问题

一 存在制度设计上的先天缺陷

对我国失业保险制度的沿革进行历史考察，可以发现我国建立失业保险制度大概经历了四个阶段。一是消灭失业阶段。中华人民共和国成立之后，我国政府不仅面临着恢复经济的艰巨任务，还要着手解决严重的失业问题。但是中国的城市失业人口达 400 万，相当于 1949 年年底在职职工人数的一半，同时城市新增失业人口也达 100 万。[1]为此，政府

---

[1] 聂爱霞：《中国失业保险制度与再就业问题研究》，中国社会科学出版社 2014 年版，第 68 页。

于 1950 年 6 月 7 日起实施《关于救济失业工人的指示》。同时劳动部颁布了《救济失业工人暂时办法》，对如何救济失业工人进行了一系列规定，确定了以工代赈为主，推行生产自救、专业培训、帮助回乡生产及发放救济金等办法，标志着中华人民共和国失业保障制度的开始。20 世纪 50 年代初期各地还实行过失业工人救济制度。但随着经济建设的逐步展开、失业救济制度的实施，社会主义制度的全面建立，1958 年后由于认为社会主义制度下没有失业现象，失业保障制度即告废止。社会主义失业问题一度用体制的办法得到了有效的解决。[①] 尽管如此，20 世纪 50 年代的失业保障制度还是为中国失业保险制度的建立奠定了基础。

二是失业救济阶段。改革开放以来，我国开始经济体制领域的全面改革，但直至 20 世纪 90 年代以前我国失业保险制度建立滞后。我国虽于 1986 年颁行了《国营企业职工待业保险暂行规定》（以下简称《暂行规定》），并且被普遍认为是我国建立失业保险制度的雏形，但是由于我国当时还没有施行社会主义市场经济体制，它只是作为推进国营企业改革的配套措施之一，失业救济的色彩十分明显。特别是当时并没有广泛应用"失业"的概念，而是用"待岗"或"待业"来替代，"失业"一词直至 1994 年才被官方正式采纳。

20 世纪 80 年代中期，我国经济体制迈入以城市为重点的全面改革时期，改革的重中之重是对国有企业的改革。转变成为自负盈亏的相对独立的实体是国有企业的改革方向，按市场经济的运行规律进行重组或关闭。一种全新的劳动合同制用工模式应运而生，相应地，从企业中释放出来的失业者需要相应的失业救助措施。《暂行规定》为我国初创期的失业保险制度勾勒出了基本框架：首先是制度的覆盖范围得以确定，其次是资金的筹集和管理模式得以规定，最后是保险基金的组织管理模式得以构建。覆盖范围适应于以下四种人：宣告破产的企业的职工；濒临破产的企业法定整顿期间被精减的职工；企业终止、解除劳动合同的工人；企业辞退的职工。保险基金的来源有：用人单位按照全部劳动者

[①] 张荣芳编：《社会保险法学》，武汉大学出版社 2012 年版，第 156 页。

标准工资总额的 1% 缴纳保费；利息收入；财政补助。劳动者在此规定中没有缴费义务。当时的失业保险制度失业救济的色彩十分明显，当然其局限性也就很快暴露出来了。① 《暂行规定》出台的直接目的是，针对部分国营企业经营发生严重困难，宣告破产或濒临破产，造成大量国企职工下岗待业、生活没有保障的情况，在一定程度上缓解国营企业改革面临的困难。与此同时，在 1986 年第六届全国人大常委会第十八次会议还通过了《中华人民共和国企业破产法（试行）》[以下简称《企业破产法（试行）》]，其中规定国家通过各种途径妥善安排破产企业职工重新就业，并保证他们重新就业前的基本生活需要，这必然产生破产企业职工可能面临失业的问题。

三是失业保险制度开启阶段。我国政府于 1993 年 5 月颁行了《国有企业职工待业保险规定》（以下简称《保险规定》），废止了《暂行规定》。从题目上看，1993 年的规定改变了 1986 年《暂行规定》中有关"国营企业"的提法，改用"国有企业"一词，这反映了企业改革的深化、政企分离的发展趋势，但仍沿用"待业"一词。1993 年 11 月，党的十四届三中全会通过的《中共中央关于建立社会主义市场经济体制若干问题的决定》中提出了"失业保险制度"。1994 年颁布的《劳动法》在"社会保险与社会福利"部分也明确提到了失业保险。此后，"失业"一词才正式成为中国党政机关的规范用语。② 与《暂行规定》相比，《保险规定》主要有如下变化。一是覆盖面扩大了，保险的覆盖范围由"四种人"扩大到"七类九种人"。由此，符合失业保险的劳动者显著增加，至 1995 年底，全国加保人数达到 8238 万人，占国企劳动者总数的 72.78%。③ 二是缴费基数提高了，由标准工资总额调整为工资总额，从而增加了保险基金的收入。三是对保险待遇的参照系及水平

---

① 参见孙萍《我国失业保险制度的法律问题研究》，硕士学位论文，吉林大学，2010 年。

② 聂爱霞：《中国失业保险制度与再就业问题研究》，中国社会科学出版社 2014 年版，第 70 页。

③ 郑功成等：《中国社会保障制度变迁与评估》，中国人民大学出版社 2002 年版，第 165 页。

进行了调整,由按劳动者标准工资的50%—70%调整为按当地社会救济金的120%—150%发放救济金,由当地省级政府确定具体数额。四是强调保险必须与再就业、就业服务等工作相结合,同时授权省级政府批准保险基金的部分用途,如为促进再就业和解决失业者生活困难的支付费用。五是将基金统筹由省级调整为市、县级统筹,并要求在省级政府建立调剂金。[①]《保险规定》的出台是为了配合国有企业改革,直接目的是配合国有企业劳动人事制度改革。所有国有企业职工都必须签订有固定期限的劳动合同,对于普通职工而言,合同期满就可能意味着下岗失业,《保险规定》在一定程度上缓解了失业人员的后顾之忧。此后,1998年中央发布了《关于切实做好国有企业下岗职工基本生活保障和再就业工作的通知》,其最大的特点是基金筹集模式由企业单方负担改为企业和职工双方负担,同时还要求争取在5年内,初步建立适应社会主义市场经济体制要求的社会保障体系和就业制度。

四是现代失业保险制度的建立阶段。称得上现代意义的失业保险制度,应当算是从我国政府于1999年颁行《失业保险条例》起开始的,这是我国失业保险制度发展史上的一个里程碑,之后各省级政府也陆续制定了相关的地方性规定。与1993年的《保险规定》相比,《失业保险条例》有以下几个方面的突破和变化。第一,制度正式命名为"失业保险",相应地,将"待业救济金"正式改为"失业保险金"。"待业"与"失业"之争虽然早在1994年就已结束,但国家第一次以法规的形式正式表述是在《失业保险条例》中得到体现,这表明我国已经承认失业是社会主义市场经济中的客观经济现象。第二,失业保险制度的覆盖范围扩大至城镇各类企事业单位。失业保险制度的覆盖范围的扩大,一方面使城镇各类企事业单位的全体劳动者都能享有平等参保的权利,另一方面也为各类企事业单位改革用人制度提供了良好的外部条件。第三,调整失业保险的缴费率,确立单位与个人保费分担的机制。一方面将单位承担的失业保险费率由1%提高到2%;另一方面,个人由原来的

[①] 参见孙萍《我国失业保险制度的法律问题研究》,硕士学位论文,吉林大学,2010年。

不缴费改为按本人工资的1%缴纳失业保险费。个人参与缴费的规定，强化了个人责任，体现了权利与义务相对等的社会保险原则。第四，提高了失业保险基金的统筹层次。《失业保险条例》规定，失业保险基金实行全市统筹，这一规定将原来大部分地区实行的县级统筹提高到地市级统筹，有利于在更大范围内调剂使用失业保险基金。第五，将失业保险金的给付标准与最低工资和城镇居民最低生活保障线挂钩。《失业保险条例》规定失业保险金水平应低于当地最低工资、高于当地城镇居民最低生活保障线，具体给付标准由各地政府根据当地实际情况确定。第六，对失业保险金的给付期限作出明确规定。《失业保险条例》规定，根据失业者失业前单位连续缴费和个人累计缴费时间长短，划分为三个给付期：累计缴费时间1—5年，失业后可领取最长期限为12个月的失业保险金；累计缴费时间5—10年，最长期限为18个月；累计缴费时间10年以上，最长期限为24个月。[①]

  2000年10月26日，当时的劳动和社会保障部颁布了《失业保险金申领发放办法》，明确规定了失业保险金的申领条件、发放标准、领取期限和失业保险关系转迁等问题，进一步完善了失业保险制度。2011年7月1日施行的《社会保险法》的第五章规定了失业保险制度，可以说是建立我国现代失业保险制度的标志性成果。在这前后，我国2010年发布了《国务院关于试行社会保险基金预算的意见》，2011年发布了《财政部、人力资源和社会保障部关于进一步加强就业专项资金管理有关问题的通知》，2012年发布了《关于东部7省（市）扩大失业保险基金支出范围试点有关问题的通知》等，我国失业保险制度在不断完善中。之所以说《失业保险条例》是我国现代保险制度的开端，主要是因为其保险的覆盖范围，基金的筹集、管理，失业给付条件等诸多方面均初步与现代保险制度接轨。

  从我国失业保险制度的四段发展历程可以得看出，第一，中华人民共和国消灭所谓的失业现象，是制度性消灭，是意识形态的消灭，并不

---

① 参见聂爱霞《中国失业保险制度与再就业问题研究》，中国社会科学出版社2014年版，第71—72页。

是失业现象真的消亡。我国在那时候不使用"失业"一词，认为社会主义国家必须使人人有工作，不会也不允许出现失业，但实际上失业现象在当时是客观存在的，只不过是隐蔽起来了或者是通过其他的形式表现出来。例如：隐性失业，指劳动力能够得到报酬，但是劳动力没有被充分利用或者完全没有被利用；还有在"文化大革命"中大批知识青年从城市上山下乡到农村、山区，然后这批知识青年在农村、山区的生活和工作都出现严重困难，于是就组织"聊补"，由知识青年的家长单位予以经济上的补助，实际上相当一部分知识青年陷于失业和半失业状态，所以需要经济上的补助。①

第二，改革开放以来，待业、待岗、失业现象的出现，不是偶然的，是市场竞争带来的必然后果，其出现是一种客观必然，与意识形态无关。

第三，我国认识到有失业现象是为了应对国有（国营）企业改革，并且开始不主张使用"失业"一词，从而把失业保险办成失业救济；后来发现失业救济这个"包袱"太大，在开始建设社会主义市场经济以后，顺应历史潮流把失业救济转制成失业保险。虽然在形式上进步了，但是实质上政府是为了用制度来化解大量国企职工下岗失业的现状，用市场经济制度的手来斩断政府的直接责任，有推卸责任的嫌疑。所以导致《失业保险条例》出台之前，我国的失业保险制度只关注国有企业改革，就是《失业保险条例》出台之后的 10 年内，其覆盖范围也始终很低。以 2014 年为例，全国有 17043 万人参加失业保险，比 2013 年年末增加 626 万人，约占城镇就业总人口的 43.36%（2014 年城镇就业总人口为 39310 万人）。其中，仅 4071 万农村外出务工者参加了失业保险，比 2013 年末增加 331 万人，占 27395 万农村外出务工者的 14.86%。②这意味着我国绝大多数的城镇劳动者不在失业保险的关注和保护之下。③

---

① 翟志俊：《中国失业保险历史回顾及其思考》，上海社会科学院出版社 2009 年版，第 16 页。
② 以上数据来源于国家统计局网站。
③ 参见金荣《中国失业保险基金结余问题研究——基于实证数据的分析》，硕士学位论文，西南交通大学，2011 年。

第四，我国的失业保险制度是为解决国企改革的问题而发端，为进一步解决国企改革产生的失业问题而加强。从不使用"失业"一词到广泛使用是为适应建设社会主义市场经济的新形势和以应对下岗、待业进而失业而初步构建的现代失业保险制度，并对失业人员领取失业金的条件进行了严格限制，更不用说主要用于就业促进与失业预防等领域了，从而导致失业保险基金在账面上的大量结余。

至2014年年末，年滚结余达4451亿元，① 2014年全国社会保险基金预算收入37667亿元，比上年增长9.1%。其中，保险费收入28088亿元；财政补贴收入8212亿元；失业保险基金预算收入1230亿元，比上年增长2.6%。失业保险基金预算收入中，保险费收入1159亿元；财政补贴收入0.6亿元，② 对失业保险的财政补贴与对社会保险的8212亿元补贴相比，几乎可以忽略不计，可见政府资金缺位的现实延续至今。可以说，我国失业保险制度的建立过程"先天不足"（覆盖范围过窄）、"后天缺钙"（政府出资的缺位），导致我国的失业保险制度极不完善，发展步履维艰。相比发达国家失业保险制度从自愿保险到强制保险，从行业保险到国民保险，从失业保险到就业保险的发展历程，我国失业保险具有先天设计上的制度缺陷。

二 侵蚀公平

我国失业保险因为先天缺陷明显，后天发展又较为保守，逐渐成为我国社会保险制度领域最为薄弱的环节，歧视和侵蚀公平的情况至今未彻底改变，尚处于初创的探索阶段，与以社会公平为目标追求的就业保险制度相去甚远。其存在着保险的覆盖范围过窄、保险基金的征收难度

---

① 人力资源和社会保障部：《2014年度人力资源和社会保障事业发展统计公报》，2015年5月，中华人民共和国人力资源和社会保障部官网，http://www.mohrss.gov.cn/SYrlzyhshbzb/dongtaixinwen/buneiyaowen/201505/t20150528_162040.htm。

② 何敏：《财政部：2014年社保基金预算收入比上年增长9.1%》，2014年4月，中国新闻网，http://www.chinanews.com/gn/2014/04-15/6066433.shtml。

大、保险基金的管理及使用不科学等大量问题,面对当前的"三重压力"①,现行的失业保险制度在实践中困难重重。

一是劳动者地位不平等。我国劳动者大体可以分为国家财政供养的公职和事业单位职工、国有企业职工、其他企业职工、农民工及农村劳动者(农民)等。国家财政供养的人员福利待遇好,一般没有严重的失业风险,参加包括失业保险在内的各类社保积极性不高,所以导致2014年7月1日起施行的《事业单位人事管理条例》的第七章"工资福利与社会保险"这一核心内容,虽经多年探讨仍无法全面落地生根,抵触情绪、质疑声音较大。我国失业保险制度从一开始就只针对国有企业,所以失业保险制度在国有企业基本实现了全覆盖,算是执行最好的一个群体,享受保险给付受益最大的也是这个群体。其他企业职工及农民工方面,据国家统计局2015年1月20日发布的信息:2014年全国农民工总量27395万人,受雇就业的农民工所占比重为83%,自营就业者比重为17%。② 自营就业者一般没有参加失业保险,也不知道去哪里及如何加保,受雇就业者参加失业保险的比例也仅为14.86%。农村劳动者,即在家从事农牧业的劳动者,因为没有受雇单位,都没有参加失业保险。由此可见,我国失业保险制度并没有实现人人平等,要实现劳动者地位在实质上平等,还任重而道远。

二是覆盖范围过窄且难以扩大。我国《社会保险法》第44条③的规定没有限制"职工"单位的性质,凡属于劳动法意义上的"用人单位"的"职工"都应当参加失业保险。《失业保险条例》第2条④亦有相关

---

① 三重压力是指:新生劳动力数量庞大、城镇下岗与失业问题依然严重、农村剩余劳动力转移迅速增加。

② 国家统计局:《2014年全国农民工监测调查报告》,2015年4月,中华人民共和国国家统计局官网,http://www.stats.gov.cn/tjsj/zxfb/201504/t20150429_797821.html。

③ 我国《社会保险法》第44条规定:职工应当参加失业保险,由用人单位和职工按照国家规定共同缴纳失业保险费。

④ 我国《失业保险条例》第2条规定:城镇企业事业单位、城镇企业事业单位职工依照本条例的规定,缴纳失业保险费……本条所称城镇企业,是指国有企业、城镇集体企业、外商投资企业、城镇私营企业以及其他城镇企业。

规定。从法律规定的角度看,《社会保险法》比《失业保险条例》规定的覆盖范围要大得多。但由于国情的复杂性和历史遗留问题的障碍,在制度的实践过程中,参加失业保险的劳动者仍大多在国企和部分事业单位,其他经济成分单位的劳动者,特别是私营企业的职工和农民工、个体工商户、自营职业者等,大都没有加入到失业保险中来。[①] 2014 年年末,城乡就业人员达到 77253 万人,由于我国的城乡二元体制,全国参加失业保险的却仅为 17043 万人,这就意味着约有 77.94% 的就业人员(主要是农民与一般城镇就业人员)未被失业保险制度所覆盖,而这些未参加失业保险的群体绝大多数是真正失业风险大、就业能力弱的人群。且 2014 年年末全国领取失业保险金人数仅为 207 万人,登记失业率稳定在 4.1%,参加失业保险的劳动者,基本是正规就业劳动者,那些真正失业风险较大、就业能力较弱的人群,如短期就业、灵活就业者,反倒游离在失业保险之外,失业保险的基本职能没有得到有效发挥。[②]

三是地区、行业间差异较大。由于我国地区间的经济社会发展差异巨大,全国范围内的失业保险事业发展极不均衡。再加上在我国现行体制下,失业保险还处在地市级甚至县级统筹的阶段,统筹的层次太低,且保险基金只能在统筹层次内调配。而各统筹地区保险基金的能力差别很大,这直接影响了不同地区的失业者能够获得的保障水平,尤其是经济欠发达地区的失业者,能分配到的保险资源有限。在经济欠发达的老工业基地,如中西部和东北的一些省区,保险基金积累很有限,但失业者的规模巨大,只能为这些地区的失业者提供较低的保险待遇。另外,失业者能否获得保险给付取决于缴费情况,尤其取决于用人单位的缴费情况。企业尤其是部分国有企业,因亏损、濒临倒闭或经营状况很差,面临严重的财务危机,没有足够的财力为劳动者足额缴纳保费,导致从这些企业失业的人员丧失了获得保险金及相关服务的资格。这样的结果

[①] 参见金荣《中国失业保险基金结余问题研究——基于实证数据的分析》,硕士学位论文,西南交通大学,2011 年。

[②] 参见孙萍《我国失业保险制度的法律问题研究》,硕士学位论文,吉林大学,2010 年。

隐含着一条悖论：本来经营困难企业的职工是失业保险的重点保护对象，但却因企业效益太差而无法跨越进入失业保险的"门槛"，导致最需要保障的对象被排斥在失业保险"安全网"之外。①

四是一刀切的缴费率，对用人单位不公平。从费率的设计上看，我国目前的失业保险实行统一费率制，忽略了行业间、企业间、劳动者之间的差异。从社会公平的视角看，统一的一刀切的费率制对用人单位不公平，应当实行行业差别费率和浮动费率制，使保险费的收缴更具合理性，也有助于提高用人单位的缴费积极性，使裁员较多的用人单位负担较高的费率，裁员较少或不裁员的用人单位适用较低的费率，通过经济激励用人单位稳定就业岗位、减少裁员。②广东省新修订了《广东省失业保险条例》，并于2014年7月1日起施行，其中第9条规定：省政府根据国家规定，可以结合本省经济发展形势、基金数额、失业者数量等情况，合理调整保险费率；统筹地区政府可以实行浮动费率，对就业稳定的单位适当下调费率。这是地方性法规首次对失业保险费率的浮动作了原则规定。③

三 有失效率

有失效率性主要是指我国当前失业保险基金的征缴与支出。一方面因偷逃失业保险费的现象严重，造成收缴难、资金缺口的后果；另一方面因失业保险基金出现大量结余④，造成"有钱难花"的假象。出现这种矛盾局面主要有两个方面原因。

一是征收方式不合理，缺乏应有的激励机制，征缴工作阻力极大。

---

① 参见王静敏《当代中国失业保险问题研究》，博士学位论文，东北师范大学，2008年。

② 参见孙萍《我国失业保险制度的法律问题研究》，硕士学位论文，吉林大学，2010年。

③ 广东省的保险浮动费率规定的政策来源是人力资源和社会保障部于2012年7月21日发布的《关于东部7省（市）扩大失业保险基金支出范围试点有关问题的通知》。

④ 至2014年末，年滚结余达4451亿元。参见人力资源和社会保障部《2014年度人力资源和社会保障事业发展统计公报》，2015年5月28日发布。

从企业的情况看，拖欠保费既有亏损的企业，也有效益良好的企业。效益好、就业稳定的企业认为失业保险是典型的"劫富济贫"，是为别人"做贡献"；效益差、就业不稳定的企业需要保险却又面临缴费难的问题。大多数民营企业规模较小，劳动者流动性大，降低运营成本的意识强烈，其将失业保险视作额外负担。

另外，一些民营企业用工制度不规范，甚至未与劳动者签订劳动合同，更不用说加入失业保险了。从劳动者的情况来看，许多劳动者明知权益受到侵害，但因工作岗位得之不易，权衡利弊只能迁就企业。尤其是失业保险待遇与低保待遇相差无几，参保的优越性无法体现。《失业保险条例》只在原则上规定保险待遇应高于低保待遇，但究竟高多少没作具体规定。再者，失业保险没有建立个人账户，甚至连个人缴费的记录都没有，造成义务和权利失衡，许多用人单位和劳动者由此认为参保只有付出没有回报，不愿意参加失业保险。

二是我国目前统筹单位过多、统筹层次过低。绝大多数的省、市、区都是以县、市为单位进行统筹，一些省份统筹单位超过 100 个，全国的统筹单位超过 2000 个。统筹层次太低，基金使用和管理权限过于分散，基金的大数统筹与调剂使用无从谈起，导致地区间的差异巨大，基金难以得到充分、合理、公平的利用。[①]

四 就业促进功能"开工"不足

我国《失业保险条例》第 1 条规定：为了保障失业者的基本生活，促进其再就业，从而制定本规定。但是无论从应然还是实然的角度观察，我国的失业保险制度仅部分实现了失业给付功能，在一定程度上缓解了失业人员的生活压力，但是促进就业功能明显缺位。失业保险基金支出包括发放的保险金、职业培训及职业介绍补贴、医疗及丧葬补助金、抚恤金，调剂用于促进再就业、农民合同制劳动者一次性生活补助以及

---

① 参见孙萍《我国失业保险制度的法律问题研究》，硕士学位论文，吉林大学，2010 年。

其他支出。其中，失业保险金的支出比例最高。①

一是我国失业保险基金累计结余逐年高速增长，而基金支出增长却较为缓慢，甚至逆增长的情况明显，这折射出我国基金的使用结构极为不合理。在支出机构中，失业保险金支出占据的比重最大，而就业促进方面的支出却很少，这是直接导致我国失业保险基金结余达到4451亿元的原因之一，而并不是我国失业率低的原因所致。

二是失业保险基金的支出范围太窄，虽然支出涵盖九个方面，但是随着经济社会的快速发展，这些支出范围已经难以满足日益多样化的需求。例如，失业保险的出资主体包括用人单位、劳动者和政府，基金支出的主要对象局限于劳动者，而作为缴费义务主体的用人单位，承担了较重的缴费义务与压力，尤其是对于那些效益较差、短期陷入困境的企业，我国还没有制定用保险基金资助企业走出困境的扶持制度，没有对企业稳定就业、减少裁员或不裁员进行激励和资助，特别是对企业雇用就业困难者群体和特殊就业群体，在失业保险领域还没有规定激励及奖励措施。对激励企业积极加保、如实缴费亦无促进作用。②

三是缺乏对积极求职失业者提供必要的经济资助，更遑论提早就业奖助津贴了。我国现行制度仅规定，为失业者免费提供咨询、职业信息、就业指导、参加双向选择招聘会的机会。失业者其他的求职费用，如异地求职的交通费、住宿费等由失业者个人承担，不对必要的跨地区求职提供任何补助等。③

四是缺乏对失业者自主创业的激励与资助。我国至今仍没有从国家的层面出台对失业者自主创业的激励与资助的措施。但是，近年来，随着供给侧结构性改革、产业结构的调整以及人力资源领域改革的深入推进，发展业态、就业形态的多样化趋势已经日渐明晰，弹性就业、临时就业、自营就业、自主创业等大量灵活的就业形态，成为缓解就业问题

---

① 参见金荣《中国失业保险基金结余问题研究——基于实证数据的分析》，硕士学位论文，西南交通大学，2011年。

② 同上。

③ 参见王静敏《当代中国失业保险问题研究》，博士学位论文，东北师范大学，2008年。

的重要出路。如何创新保险基金的支付制度,并向这部分劳动者倾斜激励,将成为我国一个全新的课题。

五 失业预防功能尚未从制度上[①]启动

失业预防是对失业进行釜底抽薪式的保障,我国的劳动合同大都是有固定期限的临时合同,在私营、外资等企业尤为盛行,而我国的国有企事业单位现在大规模用劳务派遣工。2013年年底我国约有3700万名劳务派遣工,占企业职工总数13.1%,未来几年我国派遣工规模将有可能达到6000万人,占全国职工总人数的比例将会超过1/5。[②] 这更加剧了劳动合同的临时性和不稳定性。而我国的失业保险制度并没有规定提前介入制度,如给在职劳动者提供在职培训补贴、职业规划、职业推介等,帮助劳动者在合同到期或失业前继续培训,提高就业技能和综合素质。特别是也没有对用人单位继续雇佣合同到期的劳动者进行资助与奖励,也没有对用人单位与劳动者签订无固定期限的劳动合同进行奖励,不利于就业稳定与预防失业。我国《劳动合同法》第41条[③]对规范企业裁减人员进行了规定,只是此规定对大规模裁减仅仅有一定的限制,而且还不算是硬性限制。尤其是对合同到期的劳动者离职、失业没有任何限制性规定和鼓励措施,我国的失业保险制度在失业预防领域几乎处于空白状态。

---

① 人力资源和社会保障部、财政部、国家发展和改革委员会、工业和信息化部印发了《关于失业保险支持企业稳定岗位有关问题的通知》和《国务院关于进一步做好新形势下就业创业工作的意见》,且为落实前述文件中的后者而颁发了《关于进一步做好失业保险支持企业企稳岗位工作有关问题的通知》。中央政府运用失业保险基金稳定就业岗位已经有所行动,但是还远算不上是制度上的安排。

② 《2014年中国劳务派遣市场现状调查与未来发展趋势报告》,中国行业报告网,2014年,http://www.baogaochina.com/HangYe/2013-12/LaoWuPaiQianHangYeYanJiu/。

③ 我国《劳动合同法》第41条规定:有下列情形之一,需要裁减人员二十人以上或者裁减不足二十人但占企业职工总数百分之十以上的,用人单位提前三十日向工会或者全体职工说明情况,听取工会或者职工的意见后,裁减人员方案经向劳动行政部门报告,可以裁减人员。

六 我国的社会保险人制度不健全

社会保险人又称社会保险经办机构,其性质是政府部门,或是公益性的事业单位;是接受政府的委托提供社会保险风险管理服务,还是独立的社会保险人。我国《社会保险法》只规定了社会保险经办机构是社会保险服务(当然包括失业保险)的提供者。它到底是作为政府部门提供的服务,还是作为公益法人提供的服务,有待进一步明确。另外,它是作为独立社会保险人提供的服务,还是作为政府受托人提供的服务,也不甚明确。总之,我国的社会保险经办机构并不是独立的社会保险人,实际上属于政府的一个部门,并不具有独立的保险人地位,统筹级别的政府才是实质上的社会保险人。[1]因此,为了完善我国的社会保险制度,解决实践工作中的困惑与困难,在我国建立适当的社会保险人制度刻不容缓。

第二节 我国《就业促进法》存在的问题分析

我国《就业促进法》于2008年1月1日正式施行,第一次以法律的形式规范就业行为,明确反对就业歧视,推进公正高效就业市场的建立,规范就业秩序,以促进充分就业为追求目标,积极完善我国促进就业法律制度。[2]《就业促进法》强化了政府主导下的就业政策法规支持,明确政府在宏观政策的层面履行就业促进职责,如创造良好、公平的就业环境,主要是公平就业政策的制定、劳动力就业制度的建立与完善、劳动力市场行为的规范和监督等。就业促进工作的配套机制还必须由政府建立,包括对经济手段的运用,如在税收、财政预算、信贷等领域制定就业促进的联动政策,从而实现就业稳定、失业预防,促进失业者尽快实现再就业等政策目标。[3],当然,《促进就业法》必须和其他部门的

---

[1] 参见张荣芳、黎大有《我国社会保险人制度研究》,《珞珈法学论坛》(第13卷),武汉大学出版社2014年版。
[2] 莫荣:《完善我国促进就业的法律制度》,《人民日报》2007年4月2日第9版。
[3] 参见郭正华《我国就业导向型失业保险制度构建研究》,硕士学位论文,江西财经大学,2012年。

法律制度并行运作，才可以真正促进就业机会公平和充分就业的目标，发挥其规范的引领作用，为追求社会公平、实现和谐社会奠定坚实的制度基础。由于《促进就业法》规定的多为原则性内容，试图规范的内容也较为庞杂，其仍存在以下明显不足。

一　宣誓性法律规定过多，可操作性不强

《促进就业法》共有九章69条，涉及政策支持、就业公平、就业服务、职业培训、就业援助、法律责任等诸多方面，基本涵盖了就业制度的方方面面。同时与我国的失业保险制度交集甚多、关系密切。如前文所述，失业保险制度具有保障失业者基本生活和促进其实现再就业的双重功能，《就业促进法》与失业保险制度的交叉领域主要是指二者共同的就业促进功能。《就业促进法》可以确定就业促进的政策目标，失业保险基金对就业促进的使用，政府、社会如何支持、援助失业人员实现再就业等，至于失业保险的业务运行、体制管理则应当由其自己规定。但是其宣誓性法律规定过多、可操作性不强，在许多地方根本无法操作，主要表现如下。

一是部分规定因法律责任缺位，可操作性不强。一方面是与部分法律规定相对应的责任条款表述较为模糊，如规定了政府劳动部门的职责，但表述并不明确（第60条）；对"滥用职权、玩忽职守"等行为未设立具体的评价标准，使其成为更具宣示性的语句，而操作性不强（第61条）。另一方面是很多行为模式没有规定相应的责任条款，如作为《就业促进法》重要内容的反就业歧视，通篇并未明确规定违反就业歧视行为的法律责任。

二是部分规定过于抽象笼统，缺乏操作性。法律主要的特点是其规范性、概括性及明确性。在立法中要求做到，无论是命令还是授权、禁止，其规定均必须是明确的、具体的，有标准、尺度的，有措施、责任的，为规范人们的行为提供具体的模式、标准及方向。而政策则往往只是对方向的指引，比较笼统、抽象和原则，不像法律一般规定了追究责任的具体操作方式及措施，操作性不强。在《就业促进法》的"政策支持"一章中，关于法律主体的权利义

务的很多条文都未明确涉及此方面，也未明确规定各项优惠政策措施如何落实，不能从法律上保证规定能在实践中落到实处。以反就业歧视为例，首先是缺少"歧视"的判断规则，也没有规定例外情形。其次是没有明确法律责任，仅是原则性地规定了劳动者的平等就业权，缺乏操作性，劳动者难以通过司法救济手段维护平等就业权。

三是不同立法、部门之间没有衔接。如《就业促进法》《劳动合同法》并行，其保障的对象在行为、空间、时间上均存在承接关系，理应相互配合、相互促进。事实上，两者却存在不协调甚至相抵触的情形。[①] 另外，《就业促进法》的实施效果好坏，还取决于相关部门之间的有效配合。一方面，我国中央政府的部门划分太细，缺少大部整合机制，导致行政职权交叉较多，政出多门、多头管理和责任缺位并存；另一方面，上下级间的职责不够明晰，如这些问题长期得不到解决，会严重影响法律实施的效果。因此，必须明确各部门、上下级之间的职责。

二 政府出资义务不够明确，容易逃避责任

从行文上看，《就业促进法》第 15 条[②]对失业保险制度是个极大的支持和保障，整个《就业促进法》对政府需要出资和提供优惠的类似规定还很多，比如第 16、17、19、25、35、36、49、52、53、54 条等，但是这些出资或提供优惠的规定都是软规定，以定性规定为主，定量规定则明显不足，政府可出可不出、可多出可少出。同时由

---

① 张本波：《我国〈就业促进法〉实施的影响因素分析》，《中国人力资源开发》2010年第5期。

② 我国《就业促进法》第15条规定：国家实行有利于促进就业的财政政策，加大资金投入，改善就业环境，扩大就业。县级以上人民政府应当根据就业状况和就业工作目标，在财政预算中安排就业专项资金用于促进就业工作。就业专项资金用于职业介绍、职业培训、公益性岗位、职业技能鉴定、特定就业政策和社会保险等的补贴，小额贷款担保基金和微利项目的小额担保贷款贴息，以及扶持公共就业服务等。就业专项资金的使用管理办法由国务院财政部门和劳动行政部门规定。

于缺乏有力的监督机制,地方财政往往投入力度不够,各级促进就业的资金矛盾日显突出,也会直接造成公共就业服务机构运行经费紧张,管理的薄弱环节凸显,职业技能培训普遍滞后。对中小企业的全面服务体系和扶持创业的机制尚未完全建立,现有的中介服务机构还不足以发挥及时有效的作用,不利于营造支持创业的环境,不利于促进失业者开展自谋职业、创业等积极活动。

三 法律规定可诉性不强,相对人的司法救济权利缺失

首先,《就业促进法》的宣誓性条款过多。《就业促进法》专设一章规定法律责任,从立法技术上看是重大进步。从理论上讲,凡是赋予了法律主体权利、义务的规定,都应于法律责任专章中设定相应的法律责任,以避免某权利义务的规定成为宣示性条款,但是《就业促进法》在法律责任专章中没有设立相对应的法律责任,宣誓性规定极为明显。其次,《就业促进法》的定性规定较为普遍,未凸显出政府在承担促进就业职责方面的关键性作用。促进就业的力度与政府主动作为的关系极为紧密,必须明确规定政府各具体行政行为相应的法律责任,必须明晰政府各具体责任种类的行为模式及相应后果,但是《就业促进法》重定性规定、轻定量规定,缺乏司法上的可操作性,无法对政府的关键性职权进行监督。最后,《就业促进法》的责任规定不全面。民事责任未被纳入政府的责任形态中予以明确,只设定了行政及刑事责任,"法律政策化"的倾向始终没有得到避免,严重堵塞了就业权的司法救济渠道,法律的"可诉性"被降低了。

第三节 构建就业保险制度是整合失业保险及就业促进制度的现实路径

我国的失业保险制度和就业促进制度都存在很多问题,一些是共性问题,如政府的责任承担:出资责任、就业促进责任、监管责任等诸多方面;一些是个性问题,如失业保险制度有关保险等问题,就业

促进制度中有关宏观就业政策的制定、就业服务等问题。但是不能忽略的是二者共同点、交集部分很多,相互配合、融合以共同应对就业问题的世界发展潮流不可阻挡。发达国家和地区在大的就业背景下,让二者有机结合,共同构建就业保险制度的尝试与努力有目共睹,比较成熟与可供参考的经验日益增多,建立就业保险制度已经成为某种不可逆转的发展方向。这些值得我们借鉴与研究,特别是值得我们从我国国情出发,以构建就业保险制度为抓手,全面整合我国失业保险及就业促进制度。在此需要特别指出的是,构建就业保险制度绝对不是从形式上制定"就业保险法",欲全方位构建就业保险制度,需要对就业促进制度与失业保险制度进行全面整合。整合更不是,也不可能是用就业保险制度替代就业促进制度,而是整合资源、形成合力、厘清界限、精准发力。

一 一种机会的整合:供给侧结构性改革是契机

我国经济发展进入新常态,习近平总书记于2015年6月在贵州调研时指出:适应新常态、把握新常态、引领新常态,是当前和今后一个时期我国经济发展的大逻辑。[1] 随后,2015年12月,习近平总书记在中央经济工作会议上指出:推进供给侧结构性改革,是适应和引领经济发展新常态的重大创新,是适应我国经济发展新常态的必然要求。[2] 供给侧结构性改革,是我国经济发展进入新常态的必然要求,这一重大改革,必然带来产业的调整、劳动力的再重组;必然有一些旧行业转型升级、一些旧的劳动技能需要更新、一些劳动者需要转岗;一些领域由于化解产能,淘汰落后产能,失业现象必然凸显;一些新的产业、业态、工作机会亦会逐步产生,乃至成为新的支柱经济。这正是对"就业能力"的"供给侧"需要进行改革,从过去由劳动者独自承担就业能力

---

[1] 《习近平在贵州调研时强调 看清形势适应趋势发挥优势 善于运用辩证思维谋划发展》,2015年6月,新华网,http://news.xinhuanet.com/video/2015-06/18/c_127930502.htm。

[2] 《中央经济工作会议12月18日至21日在北京举行》,2015年12月,新浪网,http://finance.Sina.com.cn/china/20151221/175624052847.shtml?from=wap。

的获得、维持和提升的责任，转向劳动者、用人单位、政府的三方联动，这是建立就业保险制度的应有之义。

这些前所未有的情况不断涌现，正好给解决就业问题、建立就业保险制度提供重大契机。而构建一种全新的就业保险制度，也正符合制度供给侧改革，属于制度创新的范畴。这种制度创新，不仅适应了经济社会发展的客观要求，也继承了失业保险的基本制度，更为重要的是符合供给侧改革结构性的"加法"，补齐制度的短板。就业保险制度整合失业保险和就业促进制度的核心要求，政府履行制度供给及出资的积极责任，以失业保险的兜底保障为底线，更加突出社会保险的积极介入功能，以预防失业为积极举措，以保持、提升劳动者就业能力为重要抓手，以稳定和创造新的就业机会为积极手段，彻底扭转传统失业保险后发、兜底保障的制度不足，扛起积极促进就业的大旗，符合我国当前供给侧结构性改革的发展大势和世界潮流。

二 一种理念的整合：保障就业是硬道理

《就业促进法》第 1 条[①]及《失业保险条例》第 1 条[②]表明，"促进就业"是二者的共同追求。特别是《就业促进法》第 16 条规定：建立失业保险制度，确保失业者的基本生活，并促进其实现再就业。明文规定了二者的密切关系与共同目标。因此将这两种制度整合，不光是理论的研究、实践的要求，更是政府孜孜不倦的追求。二者要有机整合首先必须整合理念，树立共同追求，保障就业是硬道理，实现就业机会公平是硬要求。

失业保障、失业预防、就业促进，是稳定就业岗位、促进就业机会的三个环节，也是就业能力供给侧结构性改革的具体要求。前文已经论述过，发达国家和地区的就业保险制度包含这三个功能。我国的《失业

[①] 我国《就业促进法》第 1 条规定：为了促进就业，促进经济发展与扩大就业相协调，促进社会和谐稳定，制定本法。

[②] 我国《失业保险条例》第 1 条规定：为了保障失业人员失业期间的基本生活，促进其再就业，制定本条例。

保险条例》也明确规定了失业保障和就业促进功能，失业保障作为失业保险制度的基础功能，在此不用赘述。就业促进功能是失业保险制度与就业促进制度的共同功能，二者的共同目的是促进劳动者就业。只是保险制度的重点是让失业者尽快就业，其方法是在保障失业者基本生活的前提下，为其提供职业培训，保证其"就业能力"不降低，为其开展职业介绍、提供就业机会等帮助，促进失业者提早就业，失业保险基金是其资金来源。

就业促进制度设定的就业促进的方法和手段则更多，尤其是在创造公平就业环境、全方位的就业服务等方面，失业保险制度无法替代，也不可能替代。但正如前文所述，我国的就业促进制度宣誓性规定太多，硬约束太少，政府的责任往往难以落实，尤其是当需要履行出资义务的时候，各级政府更难全面兑现。可以说我国的就业促进制度仅是编制一个了全面促进就业的蓝图，当然失业保险制度也是其中的重要一环，但就我国的实践领域来看，这张蓝图还只停留在纸上，还远远没有实现。

失业保险制度在实践中已经作了一些努力，但是由于经办机构对保险基金使用很保守、很谨慎，特别是由于整个就业促进大环境的不完善，执行得并不到位，更谈不上完美。唯有将二者结合才能收到良好效果。第一，就业促进法治进行大环境的营造，让全体劳动者实现不仅在法律面前而且在事实面前的平等，追求真正就业公平的大环境；失业保险制度也进行有失业风险和就业能力风险的劳动者的全覆盖，让人人有参保和获得保险资助的机会。第二，对保险费率实行浮动制和差别制[①]，并在特殊情况下对用人单位实行资助，让用人单位和劳动者能看到失业保险的好处，切实激起他们的参保积极性。第三，失业预防功能在我国的失业保险制度的实践中还处于空白状态，在就业促进制度中多有规定，但在法律实践中由于缺乏硬约束，宣誓性大于操作性，政府有义务

---

① 浮动费率是指企业缴纳失业保险费的费率由企业解雇员工的数量决定的一种费率机制，企业解雇的人越多，其缴纳的失业保险费的费率也就越高；差别费率是在不同的行业实行不同的费率机制，各个行业的失业率均有不同，可以根据每个行业上年度的失业率来制定差别化的筹资费率。

但无责任，劳动者有权利但无救济，职业教育和培训、就业援助等优良措施，得不到有效落实。其关键在于资金不能得到保障，在于义务和责任无切实的监督落实，改变此种状况的较好办法是将二者有机结合，达到宏观和微观相结合、政策和措施相结合的效果，切实保证每位劳动者能得到就业的机会。

三　一种职能的整合：保险人与政府

《就业促进法》规定，各级人民政府既是制度的执行主体又是监督主体，既是权利主体又更多地体现为义务主体，并规定了政府相关部门的具体职责，但整体上各级政府对就业促进的各项制度具有不可推卸的主导责任。我国现行的法律并没有明确谁是社会保险人，《社会保险法》在总则中规定了社会保险的行政管理主体和提供社会保险服务的主体，前者是人力资源和社会保障部门，后者是社会保险经办机构。社会保险经办机构的工作主要包括：负责提供保险服务，负责保险登记、个人权益记录、保险待遇支付等。就目前我国的实践来看，社会保险经办机构作为事业单位而设立，负责社会保险经办业务，运行经费由财政拨款，人事编制由政府控制，但还不能算独立的保险人。因此我国的社会保险人与政府有割舍不断的天然联系，与《就业促进法》规定各级政府的主导责任具有异曲同工之妙。

在我国，整合就业促进制度与失业保险制度的职能也就变得简单得多，毕竟政府或直接或间接地在两种制度中发挥主导作用。从理论上讲，只要政府下决心，就能将职能厘清、整合。整合的方式可以从以下几点着手。首先，资金的整合。所谓资金的整合主要是指厘清各级政府的出资责任。就业促进光靠宣誓政策达不到应有的效果，一方面从失业保险制度本身看，政府财政负有出资及担保的责任，另一方面从就业促进制度看，政府财政更是负有庞大的出资责任。《财政部、人力资源和社会保障部关于进一步加强就业专项资金管理有关问题的通知》规定：县级以上政府要根据就业工作任务、就业状况，在预算中安排专项资金用于就业促进，中央政府通过专项转移支付的方式，对各地给予适当补助。虽然政府光出资还不能解决所有问题，但是所有问题的解决都与资金有直接联系。同时需要指出的是,《社会保险法》第69条规定,社会保险基金不得用于平衡其他政府预算。即社保基金专款专用,不能用作平衡政府公共预算,但是政府公共预算资金可以补贴社保基金。保险基金资助的对象具有一定的特定性,一般仅限于投保人、被保险人、受益人等相关人员和相关事项。但是政府的公共预算资金比如就业专项资金,如果对失业保险基金进行了补贴,就可以在出资范围内适当扩大失业基金的就业促进行为。从表面和形式上看,政府直接使用就业专项资金用于促进就业,与把资金转移到失业保险基金促进就业似乎没有区别;但是从实践层面看,用失业保险基金促进就业更为精准、直接和主动,政府促进就业行为更为宏观、间接甚至被动。① 可见,同样一笔资金,用在不同的地方会产生不一样的效果。但是,这些资金如果不进行适当整合,不仅容易造成资金的无形流失与消耗,而且因资金分散不能形成合力,就难以达到促进及稳定就业的政策目标。另外,还必须提高保险基金的统筹层次。目前我国失业保险基金统筹基本还停留在县市级,还没有一个省实现了省级统筹,提高失业保险统筹层次,有助于集中更多的失业保险基金,抵御各种风险,有利于保持基金稳定运行,有利于促进就业功能的发挥。这需要各省级政府拿出勇气来逐步实现省级统筹,才能真正面对失业问题,谋划就业促进大计。

其次,做好管理及监督的整合。失业保险的管理主体是政府,就业促进的管理部门同样是政府,而具体管理部门是人力资源和社会保障部,就业促进是政府直接管、直接办理,失业保险则由政府管理、经办机构办理,因此在管理上的整合相对简单。关于监督方面的整合(在这里主要探讨预算监督),由于预算的主体是国家财政,因而在财政监督体系中起主导作用的是预算监督。就业促进专项资金被各级政府纳入公共预算,其监督自不在话下。我国从2013年起将社会保险基金正式纳入政府预算,正式进入各级人大及其常委会的监督范围,具有规范性和

---

① 《财政部、人力资源和社会保障部关于进一步加强就业专项资金管理有关问题的通知》规定:职业介绍、职业培训、职业技能鉴定、社会保险等补贴的取得,当事人都要向人力资源和社会保障部门履行严格的申请程序。

法律性。由于社保基金是老百姓的养命钱,其安全和风险等级的要求最高,基金本身又直接处于政府的组织和管理之下。在纳入政府预算管理后,严格的规范更能确保基金的安全性。并且,在现代社会中,政府预算已经不仅仅是政府的一个简单的收支汇总表,而更具有控制和问责等功能,预算制度还呈现出每年一次的动态问责频率,从预算准备到预算审查、预算执行、预算评估,政府对各个环节都会进行问责。可以说社会保险基金的预算,其实除去公开、宣传等作用外,更多的是体现在监督层面。就失业保险基金来说,由于制度设计和历史的原因,参保人数不确定且变数大,各地经济发展水平差异大且统计难度较大,收入难以预算;特别是支出更难以预算,失业率与经济发展形势密切相关,与技术革新、行业调整等密切相关;社会保险基金的收入、支出均依法而行,无法用预算予以控制,其实质意义则体现在宣传、公开与监督等作用上。但是,不管从哪个维度看,国家通过预算制度对失业保险、就业促进的投入及资金的使用进行了全方位的监督,是一个历史的标志性进步。

四 一种体系的整合:以系统的合力促进就业

作为一个符合劳动者条件的我国公民而言,就业促进制度对其保持着时刻保障和关注。当劳动关系尚未建立时,就业促进制度会以促进劳动者实现就业为目的,对就业服务机构、就业专项基金、就业歧视的制止、就业援助等作出一系列的原则规定;当其就业后,通过社会保险法对其进行保障,其中失业保险制度专门关注劳动者的职业稳定及失业保障问题;当其失业后,首先是保障其基本生活等,并采取职业培训、介绍等措施,促使其尽快实现再就业;如果领取失业保险金的期限已到,劳动者仍未实现再就业,就业促进制度还要通过就业援助系列措施,保障其基本生活,最终使其返回职场,实现再就业。这个假设基本可以勾勒出失业保险与就业促进的交集,以及相互配合衔接的关系。因此,所谓体系的整合其实是指,相互配合各司其职,自己的领域自己做主,交叉的领域共同出力、出资而且"接一程",交界地带主动交出接力棒而且"送一程",从而达到以系统合力与推力,共同保障劳动者的就业安全的效果。

五 一种途径的探索：构建就业保险制度

发达国家和地区把失业保险制度升级为就业保险制度，就是为了把失业保险与促进就业相整合，不断发挥其积极促进就业的功能，从而追求就业安全、就业公平。整合失业保险制度与就业促进制度，建立就业保险制度，绝对不是用一种新制度既涵盖失业保险制度又替代就业促进制度。涵盖失业保险制度是必须的，但完全替代就业促进制度则偏离了社会保险的性质，把社会保险办成了国家或政府保险。依照国际一般失业保险制度的规定，失业劳动者有请求失业给付的权利，应遵守规定的合格条件，否则，每一位失业者一旦失业即有请求失业给付的权利，易造成事业基金滥用，影响整个财务基础。

有关给付条件，各国间所采用的大致相同，其中之一为：申领者必须在失业前一定期间（通常是一年）内有工作，表示申请人最近至少在规定的期间内，依附于劳动市场内，并曾缴纳特定最低期间（通常是半年）的保险费，以表示失业保险并非社会救助，失业保险建立在受保险劳动者的责任意识和用人单位的社会责任观念之上，故为权利（领取失业给付）与义务（缴纳最低期间的保险）的对等关系。[①] 其中之二为：申领者必须在失业之后有积极寻找工作的行为，比如要在职业介绍机构进行求职登记，并至少提供两次以上的求职记录等；或者向公立就业服务机构办理求职登记，经安排参加全日制职业培训者，申请职业培训生活津贴。参加职业培训并发给生活津贴的目的是，促进劳动者早日重回职场。

不难看出，发达国家和地区的就业保险制度，就是以积极促进就业的姿态，取代失业保险制度而登上历史舞台的，其与就业促进制度的目的完全一致，而且相互配合、并行不悖。作为一种既具有理论和实践基

[①] 参见郭振昌《台湾社会安全体系与劳动就业促进"法制"之连结关系——以就业保险"法制"为例》，载我国台湾地区"劳动法学"会《劳动市场变迁与社会安全制度——两岸"劳动法"与"社会法"的比较》，新学林出版有限公司2013年版。

础，又有现实需要，还有先进国家和地区可供实际借鉴的较为成熟的就业保险制度，当然可以成为我们研究和试图构建的对象。在此必须强调的是，我们探讨对就业保险制度的构建，并不是要全盘否定失业保险制度，相反，是在全面继承和充分肯定失业保险成熟的制度经验的基础上，更新就业理念，全面做实失业保险保障失业、促进就业的基本制度职能，并全面植入预防失业功能，建立对"就业能力"提供保障，追求就业机会公平、社会公平及就业安全的，更加符合我国经济社会发展实际的就业保险制度。这种制度契合劳动力供给侧结构性改革的要求，让劳动者的"就业能力"从静态走向动态，让"就业能力"具有供给侧的能动性，并成为用人单位尤其是政府必须负责的对象，为劳动者持续、长久、稳定维持自己的核心竞争力——"就业能力"提供保险。

第四章

就业保险的覆盖范围

第一节 确定覆盖范围的原则

就业保险制度的覆盖范围（Coverage Area），又称就业保险制度的适用对象、保险对象，就是应该向谁提供就业保险的问题，以及因就业保险而获益的主体。覆盖范围是就业保险制度的基本法律问题之一。就业保险的覆盖范围自失业保险发展而来，具有继承与发展的关系。失业保险严格遵循社会保险的经济安全原则，谁保险谁付费，参保必须遵循风险与付费原则，有风险但无缴费能力的劳动者通常被排除在失业保险之外，其获益主体通常也仅限于加保劳动者。而就业保险更加注重就业能力的保险及就业机会的公平，其覆盖范围是以化解"就业能力风险"的需要为依据，从纵向比较必然大于失业保险的。就业保险原则是从谁保险谁付费原则发展到了与政府有限兜底相结合的原则。

一 覆盖范围的基础——保险原则
（一）遵循保险原则

就业保险作为社会保险制度之一，必须遵循基本的保险原则，即所谓的"危险承担理论"[1]。"保险原则"是指当事人可以通过保险团体的保险费收益，共同分担其所面临的风险。在"危险承担理论"的指导下，保险人所承担的风险与被保险人所缴纳的保费之间应呈现一种"对

---

[1] 钟秉正：《"社会保险法"论》，三民书局2005年版，第135页。

价性"①。所以，在一般商业保险的业务中，风险发生概率越高的保险项目，其相对保费负担也就越多，而且被保险人对于该项风险还负有说明义务。由于保险原则的运作，被保险人所领取的保险给付与其保险金额及保费之间存在数理关系，商业保险比较强调"个人公平性"。

在就业保险中，所谓的"保险标的"是指当事人因为"就业能力"风险可能造成的"损失"，而就业保险给付重要的作用就是在填补该损失，只不过其填补的方式更为积极主动，区别于传统失业保险被动式的事后补救。而关于商业保险中的危险因素，在就业保险中则被修正为与被保险人的生活水准、工资所得及促进再就业成本相关。所以，就业保险大多是以被保险人的"工资"作为投保标的，其负担的保费率也因为个人工资水准有所不同。纵使就业保险中的失业预防及就业促进费用并不与被保险人本人的工资直接相关，但在政府出资和用人单位负担的费用方面，依然参照劳动者的工资水平作为出资依据。必须强调，保险原则在就业保险的制度运作上并非十分精确，因为一旦在计算给付额度上也要求与保费呈现"数学性的比例关系"时，就业保险也将丧失其"社会性"，从而无异于一般的商业保险。因此，保险原则在此仅呈现一种"约略性"的比例，通常是在整体保费收入与保险支出之间要求"收支平衡"，但是并不讲求个案中保费给付间的保险精算相对性，更遑论政府对失业预防与就业促进的资助②。同时也要强调就业保险在财务上能够自给自足的特性。此外，就业保险也引入了"团结原则"的观念。其目的是使依据工资而缴纳不同程度保费的被保险人，不论其收入多寡，皆可享有相同的保障，最大限度地扩大覆盖面。在保费的缴纳义务上，就业保险还引进传统"雇主责任"的理念，而且政府也要负担一部分的保费补助，通过"保费差异性"来达到所得重新分配，并使就业权得到实现的社会公平目的。

(二) 纯商业保险的局限性

商业保险是相对于社会保险而言的，又称金融保险。根据保险合同

---

① 江朝国：《保险法基础理论》，中国政法大学出版社2002年版，第38页。
② 参见钟秉正《"社会保险法"论》，三民书局2005年版，第135—136页。

的约定，投保人向商业保险机构缴纳保费，从而建立商业保险基金，对符合约定的财产损失承担理赔责任；当被保险人遭遇疾病、伤残、死亡、失业或者达到约定的年龄、期限时，保险机构承担理赔责任的一种金融合同行为。营利是商业保险的追求目标，而且是追求最大限度的利润，从而为被保险人提供最大程度的经济保障，这是与社会保险的最大不同。作为现代社会风险保障机制，社会保险是国家的主要保障制度，就业保险专为社会成员提供"就业能力"保障。同时，社会保险还承担在高收入者与低收入者之间进行收入再分配的功能。为了实现这些功能目标，国家一般要求社会保险经办人实现非营利性经营，国家财政一般都承担经办社会保险的费用，以减轻参保人的缴费负担。商人经办社会保险，难以实现国家的社会保险政策目的，包括为无力参加保险、缴纳社会保险费的主体提供保障，按照参保人的收入水平和经济能力收取保险费（按能收费），以及为社会保险待遇的给付提供最后担保。而且，私人保险公司的营利性与社会保险的公益性目标之间也存在冲突。所以，国家一般不采用这种模式，而是由国家主导社会保险。[1] 而且，商业保险只能基本实现失业人员经济损失的替代功能，不可能实现就业保险的失业预防、就业促进等综合功能。另外，商业保险不能解决"逆向选择"[2]（Adverse Selection）问题。"逆向选择"的核心问题是选择，如果是没有选择的保险，如交强险、社会保险不论是投保人还是保险人均无选择权的话，保险的逆向选择不存在。但如果是自由投保的商业保险而不是强制保险，逆向选择问题则无法避免。可见，商业保险的优势是保护了投保人的选择权利，缺点是因为商业保险的逐利性，不能满足社会保险实现社会安全目标和收入再分配功能。

商业保险遵循的是自愿原则与交易自由原则，通过商业保险保障劳

---

[1] 张荣芳、黎大有：《我国社会保险人制度研究》，《珞珈法学论坛》（第13卷），武汉大学出版社2014年版。

[2] "逆向选择"是指信息不对称造成市场资源配置扭曲的现象。经常存在于二手市场、保险市场。虽然"逆向选择"的含义与信息不对称和机会主义行为有关，却超出了这两者所能够涵盖的范围之外，"逆向选择"是制度安排不合理所造成的市场资源配置效率扭曲的现象，而不是任何一个市场参与方的事前选择。

动者的"就业能力"风险，其覆盖范围肯定不会太大。就行业而言，就业能力风险小的行业劳动者不愿意投保，就业能力风险大的行业劳动者保险人未必愿意接受投保，因投保费用过高，可能超过劳动者的负担能力；就劳动者而言，收入高的劳动者投保意愿不高，收入低的劳动者有投保意愿，但未必有能力负担。因此，仅商业保险自身没办法扩大保险的覆盖面，对就业的保障非常有限。

（三）就业保险的前提是社会保险

就业保险的社会性体现在，劳动者所交的保费只是通过商业保险模式精算的一部分，可能是主要部分，但绝对不是全部。因为政府负有明确出资义务，特别是其精算是相对于整个制度的设计而言，不是针对具体的行业更不是具体的劳动者。而且其精算的保险成本往往会比较高，会大于许多劳动者的承担能力。这主要是因为就业保险保障的风险，不仅仅限于劳动者失去工作的工资损失，更多的是使劳动者重返职场的就业促进安排，以及使劳动者免于失业的失业预防安排。其核心安排是维持、提升、再造劳动者的就业能力，提供就业能力保障。其保险性主要体现在，所有的制度安排始终围绕投保人——劳动者及其相关主体展开，具有某种对价性，区别于政府不限具体对象的无偿救济。另外，政府为扩大保险的范围，对就业能力风险大但没有投保能力的劳动者具有加保的兜底责任，即为他们承担加保费用。但并不是直接让他们享受保险待遇，而是必须遵守保险的基本规则，避免这种保险成为直接的政府救济行为。

二 有就业能力风险——风险原则

（一）失业仍是基础风险

被保险人所缴交的保费与保险人所承担的风险之间应呈现一种"对价性"，即谁保险谁付费，失业风险仍然是就业保险制度建立的基本前提。但是就业促进作为就业保险的核心理念，相较于失业保险的"失业补偿"，其原则在于积极的"机会创造"[①]、提升"就业能力"，防范

---

① 钟秉正：《"社会保险法"论》，三民书局2005年版，第41页。

"就业能力"风险于未然。为了筹集更多的就业保险经费，很多国家和地区不断扩大就业保险的覆盖范围，有些国家将公务员、军警等没有失业风险或风险极小的主体纳入，不以失业风险为唯一原则，淡化"对价性"，积极促进"机会公平"。就业作为一种"在职"保险，追求全覆盖符合保险的"大数法则"，有利于保险社会性的实现。"大数法则"希望的是，风险单位的数量越多，无限多的单位出现的预期损失可能的结果，会更加接近实际损失的结果。以此为据，保险人就能够较为精确地预测危险，科学地确定保险费率，使保险理赔及其他支出与收取的保费相平衡。不仅可以化解保险人的无限风险，又可以降低投保人的缴费负担，特别是能充分实现保险的社会性功能。

（二）覆盖范围必须遵循的风险规则

第一，必须是就业行为，而不是创业行为与懒惰行为。创业成功的劳动者变成了雇主，不是就业保险的对象；懒惰行为者，根本没有就业意愿，不能算是就业行为。第二，有一定的就业能力风险。如果是"铁饭碗"或是"资本家"（雇主）即使有能力风险，"铁饭碗"可通过体制内的办法予以化解，就业保险无须关注；资本家只有能力风险，但无就业风险，无须就业保险。第三，就业保险对劳动者就业能力风险的保障主要体现在三方面：失业预防、失业保障和就业促进，对劳动者提供事前、事中、事后全方位的"就业能力"的保障。这也是与传统失业保险消极的保障功能的最大不同，这就决定了就业保险的措施更为积极主动，参与功能极为突出，大大突破并发展了保险的替代或赔偿理念，即具有社会保险的鲜明社会性，其保险基金收入亦不可能全由投保劳动者负担，用人单位、政府均有出资义务。另外，强制性就业保险，切实加强了对劳动者就业能力的保障能力，通过强制力稳定和扩大保险的覆盖范围，对就业能力的保障明显加强。但由于就业保险容易过多地赋予其促进职能，承担就业促进的政策目标，"劫富济贫"的做法太过明显，也不利于就业稳定和高收入群体的加保积极性。被保险人必须要有"就业能力"风险，才有投保的动力与需求，否则纵使强制规定，也难以控制道德风险，风险是保险的天然动力，必须始终坚持。但不管从哪个角度看，以化解能力风险为目标，就业保险的覆盖范围均应该逐步扩大，就业促进制度越完备,就业保险的覆盖范围就越大,就业保险制度的覆盖范围就越大,就越能实现就业促进制度的目标。

三 有加保能力——能力原则

加保需遵守的能力原则,即有参加保险的基本能力。就业保险一般[①]需要劳动者和用人单位缴纳保险费,必须有参加保险缴纳保费的经济基础。如果劳动者挣扎在贫困线上,温饱问题尚没有解决,如我国从事传统农业的广大个体农民,在城市从事零散、临时工作的农村务工者、自营职业者,他们没能力也不知道去哪里加保。作为社会保险的就业保险,其脱离不了"保险"的基本属性,保险视野下的覆盖范围以风险为基础,以保险能力为前提,脱离经济风险就不会有保险,脱离加保能力则变成了社会救济。从就业促进的角度而言,就业促进制度与就业保险制度具有交叉领域,可以说就业促进制度利用就业保险制度实现自己部分的促进目的;也可以说就业保险制度吸收就业促进制度的积极促进与干预的理念,通过对"就业能力"的保险,提升劳动者的职业能力,增加受雇机会,追求就业机会公平及社会公平,以完善自己的制度构建。

但是不管从哪个维度看,就业促进制度的覆盖范围应该是全体国民,尤其是全体在职劳动者和未来的劳动者;而就业保险制度的覆盖范围应该仅限于有投保能力的投保人,以及政府兜底出资加保的弱势就业群体,这个群体本来没有加保能力,是政府通过兜底的方式赋予的能力。因此,纵使作为一种社会保险制度,就业保险的能力原则仍需坚持,只是这种能力既可以是内生的主动能力,也可以是外生的如政府兜底赋予的能力。而且政府依然遵守保险的基本规则,即通过兜底付费的方式帮助弱势劳动者加保,而不是让这些劳动者直接享受保险待遇。当然,政府兜底的方式并不一定十分精确,而是将这一类型的劳动者纳入覆盖范围,整体提供兜底资助。可见其保险的特性比较明显,不可能也没有必要完全替代就业促进制度。

---

① 也有例外,如在俄罗斯等国家,劳动者不需要直接缴纳失业保险费。

四　有加保意愿——意愿原则

从劳动者的角度看，意愿即指自身有参加就业保险的客观需要，有就业不稳定和失去收入的可能。如果是具有终身保障的职业军人、政府公务员等，虽然他们也面临就业能力风险，但是他们往往能在体制内化解这种风险，他们就没有参加就业保险的客观需要。如果国家强制将其纳入就业保险则是国家强制性的体现，而且说明国家已经将这部分劳动者的就业能力风险纳入社保管理，撤除了通过体制内的方式化解风险，贯彻了追求社会公平的价值目标。就意愿性而言，如果劳动者就业能力及失业风险高，失去收入的可能性越大，参加的意愿就越强；如果其就业越稳定，失去收入的可能性越小，参加的意愿就越弱。对于参加意愿强的，政府必须鼓励，不得排斥；对于参加意愿弱的，政府必须用保险的强制性原则，避免"逆向选择"与降低"道德风险"。就能力而言，部分自由职业者、临时劳动者、非全日制劳动者，其不一定具有缴纳就业保险的能力；但是从风险的角度看，其就业能力风险较大，这部分劳动者具有参加就业保险的迫切需要。因其收入来源极为不稳定，不一定具有参保的经济能力，这是政府应该兜底的对象，体现了对就业保险价值目标的追求。可见，作为社会保险制度的就业保险，其意愿原则不仅仅限于投保人的意愿，还有政府意愿的体现。投保人的意愿主要体现在，就业能力风险越大，投保意愿越大；就业能力风险越小，投保意愿越小。政府的意愿主要体现在，投保人有意愿的，政府鼓励加保，甚至通过兜底的方式资助加保，如弱势劳动者；投保人意愿不强烈或无意愿的，如体制内劳动者（职业军人、公务员），为扩大覆盖面与财源，政府基于公平的原则，撤除了其通过体制内方式化解风险的安排，强制规定其得加保。

五　政府兜底——公平原则

就业保险追求对有就业能力风险的劳动者的全覆盖符合宪法的要求，有利于实现社会公平。社会保险权作为人权的基本内容之一，必须由各国宪法等基本法律进行全面保护，且基本权利的保护应当一视同仁、一体保护，不能因为工作性质、工作行业、工作内容的差异而进行差别对待。但是在实践中，就业保险如欲追求全覆盖，必然会遭遇一部分弱势劳动者，其就业能力不稳定、就业能力低下（如原住民、渔民、身心障碍者、年老、临时就业、自营就业等特定对象①），但是却没有或不完全具有缴交保险费的能力，此时，政府为追求化解就业能力风险，促进就业机会及社会公平，必须承担缴费兜底责任，否则就业保险基金会因承担了"保险原则"外的"特定政策"责任而不堪重负，危及保险的正常运行。对这部分劳动者的就业促进理应由政府而不是由保险兜底。

但是需要指出的是，政府的兜底也是有限的，即政府只针对有就业能力与就业意愿的劳动者提供兜底缴费支持，没有就业能力的公民显然不是就业保险的关注对象，而对于没有就业意愿的劳动者，政府也没有义务提供就业支持。政府基于公平原则的兜底资助，是政府对就业保险基金负有出资义务的依据之一，应该赋予就业保险人对政府的征缴权利，而不是赋予劳动者直接向政府寻求资助的权利。

第二节 就业保险覆盖的具体范围

一 基础覆盖范围——对失业保险的继承

确定失业保险覆盖范围的主要依据是失业风险。但是由于具有失业风险的劳动者群体很大，一些弱势群体虽然失业风险极大，甚至就业极不稳定，却因为不具有参保的缴费能力，因此往往被失业保险拒之门外，如农业劳动者、季节工、临时工及家庭佣工等。而一部分失业风险低或基本没有失业风险的劳动者，虽然其参保能力强，但其没有参保意愿或参保意愿弱，失业保险仅从现实需要出发，将这部分劳动者予以制度剔除，如高收入者、公务人员等。虽然这两类劳动者群体往往是就业

---

① 黄婉玲：《加拿大失业保障与就业促进制度之探讨》，《政大劳动学报》2009年第1期。

保险给予公平原则予以扩充的对象,但是对于失业保险的覆盖范围部分,就业保险依然进行继承,而且也是就业保险覆盖范围的主要对象。当然,享受失业保险还有一个前提条件,那就是劳动者是非自愿性失业,如果是主动失业,则不能享受保险待遇;就业保险对此条件也进行了继承,但是就业保险往往不是简单地对待主动失业与否,而是更加看重劳动者的就业能力,纵使其不能享受失业津贴,但是如果其就业能力不足,就业促进措施依然适用于主动失业者;另外,如果劳动者主动失业的原因是去学习技能、更新学识或者去创业,就业给付依然对其适用。

与失业保险无异,就业保险作为一种"在职"的保险制度,不同于全民医保及养老保险,与工伤保险有相似性。(1)不在职如未成年(未达劳动年龄)、退休等显然不能参加就业保险,以及初次就业且加保缴费未达到最低区间的劳动者;(2)丧失或暂时丧失劳动能力,亦应该通过医疗或其他保险及救助制度解决;(3)至于雇主或者说资本家,至少在其身份存续期间不需要参加就业保险;(4)没有就业风险或者就业风险在体制内化解的团体一般也无须参加保险,比如公务员、法官[①]、职业军人、牧师等;(5)有就业风险但无参保能力的弱势群体,如传统自营职业的农民、渔民、季节及短期受雇者,他们如果没有政府兜底保障,显然难以被纳入就业保险;(6)有就业风险也有参保能力的自由职业者,如律师、注册会计师、自由撰稿人(作家)等,如不实行强制性的就业保险亦难以将其纳入。

二 就业保险覆盖范围的标志——弱势群体的纳入

就业保险的价值目标是追求社会公平,其通过就业促进等积极措施,对被保险人提供就业能力保险,使劳动者恒久具备及保持就业能力,并通过各种措施稳定就业岗位,提供就业机会,为被保险人积极创造公平的就业环境。公平的就业环境和机会的提供,必须以参保为前提。为了创造公平的就业环境,就业保险不得以行业与身份进行区分,

---

① 在英美法系等国家和地区,其法官不属于我国意义上的公务员,属于单列职业。

不得进行差异性对待，不管是工人还是农民（我国还区分为农村劳动者与外出务工人员），不管是"白领"还是"蓝领"，不管是初次就业者、待业者（未就业的高校毕业生）还是临近退休者，不管是政府雇员还是企业雇员，均一体对待、一体加保、一体提供保障。但是弱势劳动者群体未必有参保的经济能力，基于公平的原则，就业保险以政府财政兜底的方式将这部分劳动者纳入覆盖范围，这是就业保险区别于失业保险的关键一环，是一个国家和地区是否从实质上建立就业保险制度的标志和试金石。另外，就业保险覆盖范围的大小，直接关系着就业权的实现程度。

就业权是指有劳动意愿并具有劳动权利与行为能力的劳动者，依法从事有偿劳动或经营收入的劳动的权利，也指劳动者享有平等就业和择业的权利。就业权亦称工作权，从自由权的角度分析，一般认为是指人民有选择工作种类的权利及向国家要求的权利；但是后者不得被误以为人民有要求提供某一工作的权利，宪法仅督促政府改善经济环境，尽量使人民有获得工作的机会，即就业机会的公平。[①] 就业权是人民赖以生存的权利，是得到各国宪法确认予以保护公民的一项重要的基本权。就业保险权作为社会保险权的一种，是就业权衍生出来的一项重要权利。

但是就"就业能力"而言，不同的行业有不同的要求，越是技术含量高的行业（资本或技术密集型），维持其"就业能力"的就业给付越多（如飞行员，不同种类飞机的驾驶培训耗费巨大），但是其失业的风险较小，其转岗或跨行业就业的难度亦较小；越是简单、重复劳动的行业（劳动密集型），维持其"就业能力"的就业给付越少（如汽车驾驶员，不同种类车辆的驾驶培训耗费不会太多），但是其失业的风险较大，其转岗或跨行业就业的难度则较大。这与传统的失业保险有显著的差异，即并非失业风险小的劳动者（如公务员），就业给付必然少；并非失业风险大的劳动者（如快递员），就业给付必然大。其在参保、就业给付等方面无处不体现"公平"的特质，对公平的要求不仅是制度设计上的，也时时体现在具体实践上。

[①] 徐广正：《从工作权观念论劳工之失业保障》，《台湾劳动评论》2011年第2期。

三 覆盖范围扩大的路径——并非"全民性"保险

从理论上讲，就业保险的覆盖范围希望覆盖全体劳动者，[①] 但是时至今日，没有哪一个国家达到了这一目标。这并不能否定追求就业保险全覆盖的合理性，全覆盖的追求不仅仅体现了人权的基本价值和对社会公平的孜孜以求，并且能够体现出在更高层面上追求就业机会公平的努力。从失业保险到就业保险，一个显著的进步就是，就业保险的覆盖范围更宽，更加追求社会保险的公平价值。但是从具体实践来看，范围的扩大是一个渐进的过程，不可能也没有必要一步实现全覆盖，覆盖范围的扩大既要考虑社会公平，也要考虑劳动者的现实需要。

就业保险的覆盖范围与劳动者面临的就业能力风险密切相关，而传统的失业保险以失业风险为依据确立覆盖范围，其覆盖的对象必须满足有失业风险、有参保能力的双重要求。没有失业风险的劳动者一般不纳入，除非国家有强制性规定；有风险但是没有参保能力的也难以纳入，除非政府负担兜底责任。但是"就业能力"风险与"失业"风险有极大的差异，不仅全体劳动者有就业能力风险——能力危机，就是雇主、政府官员均有能力危机，因此就业保险的覆盖范围具有明显的"全民性"特质。可以说，就为"就业能力"提供保险而言，全民具有参保的空间。但是这并不代表全民必须参加就业保险，如雇主、尚未达到就业年龄的未成年人或在校学生、退休人员、因身心疾病永久或暂时失去就业能力的人员等，均不需要参加就业保险。覆盖范围的"全民性"特质是特指"就业能力"风险而言，即"能力"风险的"全民性"，而非把就业保险办成"全民性"保险。另外，就业保险依然受到保险原则的基本要素的约束，即存在缴费、被保险人以此在某种程度上避过风险、缴费与待遇之间的关联。就业保险的"全民性"倾向有别于国家福利制度（如就业促进制度）的发展，越来越倾向于给更广泛的人群提供的社会保护，其倾向于待遇水平的普遍化，即解除预防缴费和社会福利待遇

[①] 参见王静敏《当代中国失业保险问题研究》，博士学位论文，东北师范大学，2008年。

之间的关联。国家福利意味着从对个人的选择性保障转向普遍性保障；从由缴费支持转向税收支持；从针对"就业能力"风险的保障转向针对"社会状况"的保障；从缴费与待遇的对等性转向待遇的社会公平性；从对个人生活水平、就业能力的保障转向适当共享社会富裕的保障。[1]

（一）对基本资格的坚持

正如前所述，就业保险的覆盖范围有"全民性"的特质，但是就业保险作为一种特殊的"在职"保险，对于未成年人（未到法定就业年龄）、在校学生、退休人员、因身心疾病永久或暂时丧失劳动能力的人员，一般无须覆盖。但是毕业未就业的大学生是一个特殊群体，虽然其暂时没有参加就业保险，但是为社会的未来计，一些国家一般给予其就业保险待遇，促进其尽快实现有价值就业。因此，就业保险的覆盖范围涉及全体劳动者，尤其是有就业能力风险的劳动者。具体而言，覆盖范围的基本资格包括：一是劳动者要有劳动能力，劳动能力包括身体及心理上的能力，以及符合劳动法规定的劳动年龄；二是要有劳动意愿，既要有心理上的意愿，还要有行动上积极追求就业的意愿；三是要有"就业能力"风险，从理论上讲，所有劳动者都有"就业能力"风险，这是覆盖全体劳动者的风险基础。

（二）就业能力优于加保能力

劳动者就业能力风险优先于其是否具有加保能力。自失业保险发展而来，就业保险制度的建立是一个渐进的过程，其覆盖范围扩大的路径亦是如此。其通过对失业保险覆盖范围不愿涉及和不能涉及的部分进行扩充，逐步使失业保险升级为就业保险。传统的失业保险制度一般不覆盖诸如公务员、职业军人等无失业风险或失业风险较小的群体（不能涉及），但是基于"大数法则"，国家通过强制立法将这部分群体纳入失业保险，这在客观上是基于"就业能力风险"的理念，为就业保险扩大覆盖范围做了积极贡献。从另一个角度讲，如果哪一个国家将这部分人员纳入失业保险范围，算是走向建立就业保险制度的一个里程碑式举

---

[1] 参见 [德] 汉斯·察赫《福利社会的欧洲设计：察赫社会法文集》，刘冬梅、杨一帆译，北京大学出版社 2014 年版，第 265 页。

动。但是也有例外，如德国《就业促进法》规定：政府官员、法官、职业军人、神职人员、短暂就业者、暑期打工的大中学生、65岁以上的人、失去工作能力的人、长期不能被职业介绍就业的人、临时工作的人、进修的外国人等不需要加保。[1] 传统的失业保险制度一般不但要求劳动者有失业风险，还要求有参保能力即缴费能力，在实践中将大量的失业风险极大、工作不稳定，但没有参保能力的劳动者（不愿涉及），如传统农民、渔民、原住民、临时或季节就业者等排除在外。但是就业保险制度强调"社会公平""机会公平"及为"就业能力"提供保险的原则，往往逐步将这部分劳动者通过政府兜底的方式予以纳入，可以说将这部分人员的逐步纳入是一个国家建立就业保险制度的基本标志。如德国将矿工、农业工人、学徒、海员等都纳入保险范围，将临时工和家庭手工业者也纳入保险范围。[2] 但是在美国，联邦立法规定家庭佣人、自我经营者、为亲戚工作、为医院病人工作等职业则还不被纳入保险范围。[3] 可以说，一个国家保险的覆盖范围如何，基本决定一个国家就业保险制度建立的程度以及建立的格局。

（三）就业保险对失业风险的类型化处置

首先是就青年失业者而言。青年失业者主要包括刚毕业、刚培训完成的青年失业学生，以及刚服完兵役尚未就业的青年。这类劳动者大都可能还未加入保险，但是为未来计，就业保险往往赋予其保险待遇，主要包括给予它们职业咨询、职业推介、职业培训等，激活他们的就业意愿，使他们尽快实现就业。比如英国和澳大利亚把"失业津贴"变成"求职津贴"；新西兰把那些现金形式的失业等福利给付与工作导向型的措施结合起来——这种趋势通常被称为"变福利为工作换福利"[4]；美国

---

[1] 聂爱霞：《中国失业保险制度与再就业问题研究》，中国社会科学出版社2014年版，第170页。

[2] 李元春：《国外失业保险的历史与改革路径：政治经济学视角》，中国财政经济出版社2011年版，第93页。

[3] 参见杨文俊《美德日社会保险制度比较研究》，博士学位论文，吉林大学，2007年。

[4] 参见［美］尼尔·吉尔伯特编《激活失业者——工作导向型政策跨国比较研究》，王金龙等译，中国劳动社会保障出版社2004年版，序言第2—6页。

于1996年通过《个人责任与工作机会法案》①，把失业福利彻底转变为工作福利、就业促进待遇，打破劳动者对失业福利的依赖传统。

其次是就就业困难的长期失业者而言。对于领取失业津贴超过一定期限的劳动者，失业保险一般不继续进行失业给付，但是就业保险基于其促进功能，为这类劳动者继续提供职业培训、职业生涯规划，以及提供就业岗位，或实行"工作尝试"计划②，同时为其提振就业信心。如在澳大利亚，特别干预计划会对那些无视政府常规管理措施的长期失业者提供特别的医疗性干预；英国一项调查研究表明，认知—行为理论有利于帮助长期失业者重树信心，提供就业机会，实现再就业；③ 如德国，对雇用就业困难失业者的用人单位，可以按劳动者工资的50%给予补贴，时间为12个月等。④ 避免其成为长期远离工作，乃至成为社会的边缘人。

再次是就年老失业者而言。对于年龄超过50岁甚至接近退休年龄的失业者，往往就业会成为难题，一般来说，在领完失业津贴之后，失业保险给付再无作为，但是就业保险对年老失业者会继续实施就业促进措施，通过直接提供就业机会，或对雇用年老失业者的用人单位给予优惠政策，以及对年老失业者参加工作后继续负担一定时期的部分工资待遇等方法，为年老失业者提供就业机会，促进其实现再就业。

复次是就从事技术含量低的劳动者而言。由于其知识文化水平的限制，难以对其技术能力进行大幅度提高，就业促进措施应当主要表现在就业信息的服务以及稳定其就业岗位等方面。可见，激活措施必须属于防御措施而不是补救措施，政府必须提前确定个人需求。⑤

---

① 参见[美]尼尔·吉尔伯特等编《激活失业者——工作导向型政策跨国比较研究》，王金龙等译，中国劳动社会保障出版社2004年版，第171页。

② "工作尝试计划"是英国政府于1993年提出的计划，旨在为连续6个月失业的失业者增加就业机会。参见[美]尼尔·吉尔伯特等编《激活失业者——工作导向型政策跨国比较研究》，王金龙等译，中国劳动社会保障出版社2004年版，第8页。

③ 同上书，第164—165页。

④ 参见杨文俊《美德日社会保险制度比较研究》，博士学位论文，吉林大学，2007年。

⑤ [美]帕特丽夏·威奈尔特等编：《就业能力——从理论到实践》，郭瑞卿译，中国劳动社会保障出版社2004年版，第84页。

最后是为全体参保劳动者提供积极的就业促进等措施,确保劳动者就业能力的稳定。劳动者就业能力风险扩大就容易导致失业,确保劳动者就业能力的稳定,是化解劳动者风险的根本对策。保障劳动者就业能力的方法主要是职业培训、职业咨询、职业推介与就业信息服务。随着经济社会的快速发展,简单的职业培训已经不能保证劳动者就业能力的稳定,职业培训必须紧跟技术革命以及供给侧结构性改革的步伐,而且需要对劳动者职业生涯进行规划,提供咨询与信息服务,为每类劳动者提供精准的服务,增加其重返劳动力市场的能力,增加其就业机会,追求"人职匹配"的目标。

第三节 覆盖范围的实践考察

就业保险制度的覆盖范围是动态的、变动的,不是静态的、孤立的。在此必须指出的是,就业保险制度是一项"奢侈"的制度,即使在施行了社会保险制度的国家中,也只占近40%比例的国家施行了失业保险或就业保险制度,施行的比例最小。之所以就业保险制度的建立相对滞后,主要是受各国经济发展水平的制约,以及各个国家就业状况和就业理念的影响。一般来说,高收入国家建立就业保险制度的比例高于中低收入国家,城市化水平越高的国家其就业保险制度越完善。根据国际劳工研究所研究报告,1999年实行失业保障制度的国家和地区中,低收入组有6个,中下收入组有18个,中上收入组有13个,高收入组有22个;而1999年的分析中,属于发达国家的有29个,属于转型国家的有23个,属于发展中国家的有17个。[1]

失业保险的覆盖范围与一个国家的经济发展水平、文化传统和价值取向密切相关。根据美国社会保障署1995年的统计,在全球建立失业保险制度的61个国家中,有16个国家覆盖了全部劳动年龄人口,占所有建立失业保险制度国家的26%。[2] 根据国际劳工组织发布的《2010—

---

[1] 参见杨文俊《美德日社会保险制度比较研究》,博士学位论文,吉林大学,2007年。
[2] 任正臣:《社会保险学》,社会科学文献出版社2001年版,第165页。

2011年世界社会保障报告》,截至2008年,在世界184个国家中,仅有78个国家(占总国家数的42%)建立了失业保障计划;其中仅有64个国家(占总国家数的34.78%)建立了缴费型的失业保险计划。国际劳工组织发布的一份报告指出,全球超过七成人口缺乏适当的社会保障,当然就没有失业保障。国际劳工组织在这份名为"实现经济复苏、包容性发展和社会公正"的世界社会保障报告中强调,全球仅有27%的人口拥有较为完备的社会保障,全球只有12%的失业人员接受了失业救济,[①] 约39%的人口没有参加任何医疗保险,近49%已达退休年龄的人口没有参加任何养老保险。[②]

一 就业保险都是强制保险

强制保险是就业保险的制度要求,非强制保险不能确定覆盖范围、不能充分发挥"大数法则",非强制保险难以制度之力全面推动就业权的实现及对社会公平的追求。强制性保险已经成为建立就业保险制度的客观标志之一。可见,强制性是对覆盖范围的精确界定,为就业保险的覆盖范围保驾护航。就业保险是以国家立法形式建立的风险分担制度。国家通过立法规定就业保险覆盖范围、保险项目、享受的条件和待遇。当事人没有选择和协议的权利。强制性对就业保险的发展起着重要的作用。[③] 政府在设计就业保险制度时,应当考虑劳动者多数人的保障利益以及实际上费用负担的能力,从而由国家制定强制性法律规范,规定特定范围内的劳动者均应投保。对于违反规定之人,也要依法给予相应的处罚。理论上此一范围所纳入的人数越多,基于保险的"大数法则",被保险人所应负担的保险费也就越低,使得就业保险制度更容易推行。然而,我们也必须注意到,这样的强制性规定必然会侵犯人民的自由权

---

① 张尼:《国际劳工组织呼吁各国政府 健全社会保障政策 削减全球童工数量》,2014年6月,中国社会科学在线,http://news.hexun.com/2014-06-16/165725347.html。

② 王昭、刘美辰:《国际劳工组织报告:全球逾七成人口缺乏适当社保》,2014年6月,新华网,http://world.cankaoxiaoxi.com/2014/0603/396517.shtml。

③ 张荣芳编:《社会保险法学》,武汉大学出版社2012年版,第3页。

以及财产权,所以必须受到公益原则、法律保险原则以及比例原则的审视。[①] 但是,强制性保险明确规定了就业保险的覆盖范围,使就业保险的覆盖范围趋于稳定并逐步扩大,在一定时期内精确地界定了保险的覆盖范围。

近代以来,各国主要是通过社会救助的方式缓解社会冲突,解决失业问题。英国于 1824 年就制定了蒸汽机制造工人产业公会,以对失业工人提供失业补助。但当时并不是国家强制性的失业补助,最初是由产业工会自办,后来由雇主协会自办,最后才是由政府提供适当的财政资助。然而,失业保险制度的真正建立一直要追溯到 1905 年的法国。之后部分发达国家跟进效仿(见表 4-1)[②]。

表 4-1　　　　　　早期失业保险制度建立情况（部分）

国家	建立时间	参保方式
挪威	1906 年	自愿式
丹麦	1907 年	自愿式
荷兰	1916 年	自愿式
芬兰	1917 年	自愿式
比利时	1920 年	自愿式
瑞士	1924 年	自愿式
瑞典	1934 年	自愿式

这些国家当时不约而同都是实行"自愿式"的失业保险,即除工会会员需要参加工会失业基金外(此基金是在政府的辅导支持下),其他劳动者也具有参保的选择权。直到英国于 1911 年颁布《国民保险法》,第一个强制性的制度才得以真正建立,而且在起初只有部分失业率较高

[①] 钟秉正:《"社会保险法"论》,三民书局 2005 年版,第 132 页。
[②] 参见郭振昌《90 年代失业保险政策的新潮流:韩国、加拿大及英国的经验与启示》,《台湾空中大学社会科学学报》1998 年第 6 期。

的行业才是其覆盖对象。① 自从英国于1920年制定《失业保险法》，国家才正式确立将强制保险扩大到所有行业。开辟了强制保险制度的先河以后，最终使强制性开始成为世界失业保险主流的，是德国于1927年颁布的《职业介绍与失业保险法》。大多数国家纷纷效仿英国、德国，建立起强制性失业保险制度。美国、日本实行的都是强制性失业保险，在国家立法范围内的人员必须参加，雇主要为失业保险基金强制性供款。这种强制性的立法，不仅存在于采用强制性失业保险制度的国家，也存在于采用自愿性失业保险制度的国家，如瑞典现行的失业保险法有《失业保险法》和《失业保险基金会法》等。②

  失业保险的覆盖范围，大都经历了从严到松、从小到大的发展过程。美国没有建立由联邦政府统一管理的失业保险体系，各州可在联邦政府最低标准的基础上自由发展本州的失业保险制度。强制保险是美国失业保险的要求，其建立的基础是联邦和州的双重立法体制。全国性的失业保险制度由联邦政府负责设立，联邦政府向各州拨款，并资助其发展具体的失业保险事业。劳工部③负责联邦失业保险法的执行。各州依据联邦失业保险法从事收税、记录存档、甄别申领人资格、受理申请和给付失业金的工作。各个州均设立一个专门的就业保障机构来履行这些职权，一些州设在劳工部，一些州设立了专门的委员会或部门。到2001年，美国约有1.28亿人加保，覆盖了约89%的一般劳动者和99.7%的工薪者。④ 这样就是强制性保险备受推崇的原因，其覆盖面迅速地扩大。

  强制性保险对就业保险具有重要的实现意义。一般而言，强制性原则也是就业保险与商业保险最大的差异所在。后者在实施上是采取"任意主义"与"保险主义"，由被保险人依其需求与保险人自由约定。近年来两者之间也有互相参考，甚至向彼此靠拢的情形。虽然如此，商业保险毕竟仍然以营利为目的，且强调个人的公平性，而就业保险还是以

---

① 王继远:《失业保险制度发展的国际经验及对我国立法的启示》，《温州大学学报》（社会科学版）2014年第5期。
② 参见张荣芳编《社会保险法学》，武汉大学出版社2012年版，第155—156页。
③ 具体由劳工部下属的就业与培训管理局和失业保险服务局负责执行。
④ 参见杨文俊《美德日社会保险制度比较研究》，博士学位论文，吉林大学，2007年。

就业能力安全为主,强调就业机会的公平性,因此不应将两者的标准混淆,以免产生"组合上的错误"。就业保险的强制保险措施也导致被保险人在纳保时不需要"核保",也就是不论劳动者失业风险的高低,皆要负担与薪资成比例的保费,并且享有相同的给付保障。其目的一是为避免保险出现"逆选择"的状况,造成"弱体保险"① 的乱象;二是希望达到"风险分摊"和"所得重新分配"的目标。强制性保险对于维持就业能力、促进就业机会公平,具有不可替代的制度优势。

二 就业保险覆盖范围的扩大

发达国家就业保险制度的覆盖范围也有一个逐步扩大的过程,这些都与经济发展及城市化进程有直接联系。其覆盖范围并不是在制度建立之初就很大,如前文所述,失业保险制度建立之初也并非都是强制性保险。其总体趋势向覆盖全体劳动者努力,把覆盖范围通过政府兜底的方式,逐步扩大到绝大多数弱势群体,这是就业保险制度本质要求的体现,也是从失业保险提升为就业保险的重要标志。最早采用国家立法形式的失业保险出现在法国,法国于1905年就制定了《失业保险法》,当时是建立了自愿性的失业保险制度,其覆盖范围不是十分确定。最早建立强制性失业保险制度的是英国,1911年英国颁布了《国民保险法》,该法的覆盖范围也有限,仅对部分高失业率的行业如建筑、造船、纺织等实施强制性失业保险制度。1920年英国又制定了《失业保险法》,才将强制性保险扩大到所有行业。②

加拿大1940年第一次施行《失业保险法》时,其贯彻的原则是严格的商业保险,其承保范围只包含了42%的劳动者,排除了失业率过低及过高的职业。1956年重新立法时,其承保的范围得到了扩大,至今已经覆盖了超过92%的劳动者。加拿大《就业保险法》在1996年颁布,其失业保险政策确立了失业保险和就业保障的双重价值取向,③适

---

① 钟秉正:《"社会保险法"论》,三民书局2005年版,第133页。
② 参见张荣芳编《社会保险法学》,武汉大学出版社2012年版,第155页。
③ 王红梅:《加拿大〈就业保险法〉简介及评价》,《华东经济管理》2003年第6期。

应对象扩大到全部受薪劳动者，警察、军人、公务员、教职人员、大学雇员均纳入保险范围。作为自雇者（或称自营作业者）的渔民也被纳入保险范围。① 当前，美国、日本、德国都将各类企事业单位雇员纳入保险范围，日本和德国甚至让农民加保，美国就业保险的覆盖范围则还包括公务员。如美国联邦立法规定，全体工商企业的劳动者、政府雇员、铁路工人、海员、私人企业劳动者均要加保，非营利性组织、农业企业及雇员人数、雇用时间或工薪总额达到最低要求的航线都必须加保。家庭佣人、为亲戚工作、为医院病人工作及自我经营者等劳动者则不在加保范围。美国 2001 年参加了失业保险的劳动者约 1.28 亿人，约覆盖了工资收入者的 99.7% 和一般劳动者的 89%。② 而德国建立的是失业保险加失业救助的双层次失业保障制度，其《就业促进法》规定：每周被雇用工作 18 小时及以上的人员原则上都要参加失业保险，包括农业工人和家务工人以及学徒和接受培训的人员。除法律有特殊规定之外的所有雇员、义务兵、学徒、在残疾人学校参加培训的年轻人、家庭手工业者、海员、领取医疗保险金的人等人员必须参加保险，但各种自由职业者、不能被解聘的公务员、年满 65 岁的雇员、养老金领取者除外。③ 日本"失业保险"最初的适用范围是：拥有 5 人以上劳动者的用人单位，男女劳动者均可加保，但不包括雇用期限 4 个月以内的临时工和季节工。《雇佣保险法》施行后规定，季节性受雇者、短期受雇者可享受一次性失业金；④ 其原则上适用于全体行业的全部企事业单位，农、林、渔业的劳动者均可自愿加保；尤其要求除一般劳动者外，高龄者、包括季节工在内的短工、临时工必须加保。⑤

---

① 参见林苑婷《我国就业保险制度之研究》，硕士学位论文，台湾政治大学，2004 年。
② 参见杨文俊《美德日社会保险制度比较研究》，博士学位论文，吉林大学，2007 年。
③ 聂爱霞：《中国失业保险制度与再就业问题研究》，中国社会科学出版社 2014 年版，第 171 页。
④ 参见杨文俊《美德日社会保险制度比较研究》，博士学位论文，吉林大学，2007 年。
⑤ 聂爱霞：《中国失业保险制度与再就业问题研究》，中国社会科学出版社 2014 年版，第 173 页。

三 实践中覆盖范围的扩大路径

(一) 对失业保险的继承与提升

就业保险既继承又不断发展失业保险原有的覆盖范围,从人权、宪法及社会公平的角度不断拓宽覆盖范围,甚至从社会互济、"大数法则"及社会公平的角度出发向覆盖全体有就业能力风险的劳动者而不断努力。如前所述,就业保险覆盖了部分没有失业风险、就业能力风险很小的群体,特别是就业保险覆盖范围的获益主体远远超过失业保险,其获益范围不仅包括劳动者还包括用人单位及就业服务单位等相关主体。但是我们也要辩证地看待这个覆盖范围的扩张,覆盖范围的扩张是一个逐步的过程,并不是建立就业保险制度的国家,其覆盖范围必然大于仍然停留在失业保险制度阶段的国家。因此这个覆盖范围的扩张只是一个纵向的趋势,横向比较则有可能出现偏差。比如西方国家在覆盖临时性或季节性劳动者、传统农业劳动者、渔民,以及公务员、军警、教师等职业上,各国做法各异,不存在一刀切的模式。如美国的扩大轨迹非常明显,失业保险的范围最初限于私人企业部门的雇员,1970 年扩大到非营利部门,1976 年扩大到州地方政府雇员,1978 年美国将失业保险覆盖范围几乎扩大到所有工薪工作者。[①]

(二) 基于"社会公平"目标的扩大

就业保险制度覆盖范围的扩大路径是以能力风险为导向,以社会公平为追求目标。一是向失业风险低的职业扩大。如职业军人、公务员等失业风险低的职业,这类人员失业风险低,其就业能力风险虽然有,但是一般都通过体制内培训的方法予以化解。将其纳入主要是基于"大数法则"及社会公平的原因,属于"劫富济贫"的制度安排,脱离了保险"风险"的必要原则。二是向失业风险及能力风险大,但无缴费能力的群体扩大。如传统农民、海员、原住民及临时就业者等,他们不但风险大而且一般无缴费能力,纳入这部分劳动者通常需要政府兜底,完全

---

① 范丽丽:《美国失业保障制度》,2012 年 9 月,北京铁路法院网,http://bjtlfy.chinacour.org/public/detail.php?id=2420。

是基于就业保险"社会公平"的价值追求,而脱离了保险"经济能力"的必要原则。基于社会公平的扩大,必然会限制一部分人的财产权利,因此往往因各国的国情及法治环境的不同而差异性较大,例如美国的覆盖范围包括公务员,但是德国却不包括。

(三)基于经济活动优于公民身份的扩大

就业保险制度追求就业能力稳定、机会公平,其保障对象以经济活动为考量,而淡化公民身份的区分,其加保对象可以包括在国内从事经济活动的外国劳动者。社会保险与国家政治参与权之间有着十分特殊的关系。① 与其他靠税收支持的社会保障制度不同,社会保险不受国籍或国内居留资格原则的约束,而是与对一国劳动与经济生活的积极参与相关。② 国家政治参与资格和一国社会成员资格可能会是这种参与的前提条件,但是就业保险并不直接与此相关,或至少不是必然与此相关。这为迁徙自由和禁止基于出身、种族或类似原因的歧视额外带来了社会重要性。③ 如加拿大规定其覆盖对象为在加拿大境内受雇,从事受薪工作的全体劳动者,包括国家公务员、军警及按特别法律规定的加保者,与渔民自雇者。④ 我国《社会保险法》第 97 条规定:在我国境内就业的外国人,参照《社会保险法》加保。我国台湾地区规定本地区人的外籍配偶依法在台参加工作皆须参加就业保险。⑤

可见,无论是在理论还是实践上讲,就业保险的覆盖范围都应当大于符合要求的一国国内公民,其扩大到了全部劳动与经济生活的积极参与者。但是就业保险不同于商业保险,不同于纯粹的经济活动。商业保

---

① See E. Eichenhofer, *Internationales Sozialrecht*, Munchen: C. H. Beck, 1994.

② [德]汉斯·察赫:《福利社会的欧洲设计:察赫社会法文集》,刘冬梅、杨一帆译,北京大学出版社 2014 年版,第 277 页。

③ 同上。

④ 黄婉玲:《加拿大失业保障与就业促进制度之探讨》,《政大劳动学报》2009 年第 1 期。

⑤ 郭振昌:《台湾社会安全体系与劳动就业促进"法制"之连结关系——以就业保险"法制"为例》,载我国台湾地区"劳动法"学会《劳动市场变迁与社会安全制度——两岸"劳动法"与"社会法"的比较》,新学林出版有限公司 2013 年版。

险遵循契约自由原则,并以营利为目的,被保险人是否参保、参加何种保险,均由保险人与被保险人平等协商确定。就业保险的保险性,决定了它也面临着逆向选择和道德风险问题。如果国家规定强制社会保险,并由政府经办社会保险业务,不论是投保人还是保险人均无选择权,保险的逆向选择不存在。国家可以规定参保对象和依据量能原则确定保险费,实现社会安全目标和收入再分配功能。但社会保险的道德风险仍无法完全解决。[①]

[①] 参见张荣芳、黎大有《我国社会保险人制度研究》,《珞珈法学论坛》(第13卷),武汉大学出版社2014年版。

第五章

政府对就业保险的出资义务

就业保险基金筹集与传统失业保险基金筹集最核心的差别在于政府承担出资义务上的差异。在失业保险制度下，政府的补助是基于制度设计的担保责任；而在就业保险制度下，除此担保责任之外，政府有承担出资的必须的、明确的义务。其主要原因在于就业保险承担了政府就业促进的部分职能，即就业保险为给劳动者化解"就业能力风险"提供"就业能力保险"，承担了部分非保险类的功能与目标。这属于就业保险应政府要求承担了实施"社会政策目标"及"政策转换"[①]的成本，导致了就业保险基金的支付范围不断扩大，远远超越了投保人的负担能力，让投保人负担了过多且不对等的社会责任。同时会挫伤投保人参保的积极性且有失公平，不利于就业保险仍然是"保险"制度的可持续发展。社会政策目标责任更多体现的是社会公益，需要纳税人共同"埋单"，而不是由部分、具体的参保人负担。基于就业保险财务自主独立原则，实现非保险类福利目标和功能所需费用理应由政府财政承担。这是因为，社会保险基金的用途受保险目的限制，具有收入重新分配的功效，所承保的社会风险发生时得使用保险基金。如果保险人在国家立法授权下，以保险给付方式实现其他社会政策，此给付与其承保的风险无直接关联，就该项社会保险而言即属于"外部负担"。[②]如果"外部负担"依赖基金支付，将违反公平原则，只能由国家通过租税补助保险

[①] 熊伟、张荣芳：《财政补助社会保险的法学透析：以二元分立为视角》，《法学研究》2016年第1期。

[②] 同上。

人，或者称为"非保险性福利待遇的财政保障"。① 由此可以看出，政府承担出资义务是就业保险基金筹集的核心特色问题，而且这种出资责任，不是要替代就业保险基金，更不是要使就业保险基金依附于政府财政，而是政府应当履行的职责。

第一节 承担出资义务的必要性

一 承担义务的理论渊源

作为一种社会保险制度，就业保险的投保人缴纳保险费，无须太多论述。但是，政府在就业保险制度中扮演的积极角色，决定了其必须在就业给付中承担应有的责任，但是对于政府出资补助就业保险基金的义务，理论研究极为不够，在此主要就政府承担义务的正当性②作如下探讨与交代。

（一）人民主权——义务的来源

就国家机关来说，国家权力既包含着一种权利，一种得以排除他人妨碍的，要求相对人作为或不作为的力量；同时也包含着一种义务，一种在相当抽象意义上的对全体人民都应当履行的责任。在政治思想史的语境中，只有人民主权理论才能对国家权力的双重性作出令人折服的解释。大家都认可的、最早对主权理论进行了有力论述的是法国的布丹（Jean Bodin），之后是运用自然法和社会契约论的霍布斯（Thomas Hobbes）、洛克（John Locke）、卢梭（Jean-Jacques Rousseau）将主权学说不断推向理论高峰。尤其以"自然权利"为基础而建立的人民主权学说，通过卢梭的学说达到了近代的顶峰。法国大革命的学说就包括卢梭的学说，并在法国的宪法中得到体现，"主权是统一、不可分割、不可转让和不可侵犯的"写入了法国1791年版宪法。卢梭的学说指出，政府只是代理人，人民主权是最后的、固有的和不可剥夺的，一切政治权力

---

① 孙迺翊：《论社会保险制度之财务运作原则》，《政大法学评论》2008年第101期。
② 喻少如：《行政给付制度研究》，人民出版社2011年版，第101页。

属于人民。人民主权学说把国家权力的所有权和行使权进行了区分,解释了国家权力来源并说明权力归属于人民,政府义务来源的正当性也被间接得到证明,既然政府的职权由人民授予,政府就必须为人民服务。正如马里旦所言,人民在国家之上,不是人民为国家服务,而是国家为人民服务。① 从宏观上看,两大概括义务由国家承担:一是保证国家权力来自人民;二是国家权力用在为人民服务上。从而,判断国家权力的人民性的标尺则是履行国家义务。但对专制国家而言,国家仅意味着权力,而不是义务。在现代国家,义务具有国家权力的内在目的性,只有国家权力用来为民服务,才能算得上是人民的权力。人民主权理论是国家及其政府对人民承担义务的基础理论,政府对就业保险承担出资义务是"应负之责"。

(二) 人权保障——义务的范围

行政给付是现代政府的重要职责,但是一个近乎矛盾的现象经常出现:一方面公民的权利从防御国家权利的古典自由主义阶段转变为通过国家权利的现代福利国家阶段,新的内容丰富了自由的内涵,以强调"免于匮乏的自由",替代过去强调"免于奴役的自由"。这些具有经济和社会性质的新的自由权利,不是用来对抗政府以保护个人的,而是要求公共权力机构通过另一些自由得以实现个人自己希望拥有的那种自由权。② 另一方面,通过国家权力的扩张,"行政国家"得以出现,行政权力变得异常强大是其典型特征,随处可见行政自由裁量权。正是由于20世纪新发展起来的给付行政,使现代国家的行政权不断地变得强大。③ 在此特殊背景下,国家权力义务体系的变迁被公民的权利尤其是基本法律确认的社会权方面的主张推动。行政职能在自由资本主义时期非常有限,行政机关只有非常有限的积极义务,承担义务局限于消极义务方面,对于公民从事经济和社会活动,行政机关不得干预。然而,进入现代社会,消极无为的政府不再为人们所需要,人民需要的政府是积

---

① 喻少如:《行政给付制度研究》,人民出版社 2011 年版,第 102 页。
② 同上。
③ [日] 大须贺明:《生存权论》,林浩译,法律出版社 2001 年版,第 55 页。

极、主动、有为的,承担消极义务不再是行政机关唯一的追求,积极义务与消极义务一道取得并重的地位。特别是,为保障人权的需要对行政自由裁量权进行控制,现代行政机关义务体系中增加了在程序性、合理行政等方面义务的重要内容。

(三) 人性尊严——义务的目的

从道德哲学的高度看,国家义务的最终目的是人性尊严。什么是"人性尊严"?康德指出:能被其他东西所替代的有价值的东西,是等价交换;相反的是,在一切价值之上,没有任何等价物可以代替的,这才是尊严。[1] 从康德的角度看,如果仅仅把一个人当作一种手段,而不是被尊重为一个能够自主规划和追求自身独立价值的个体来对待,内在价值和尊严受到贬损的不仅包括这个人而且包括所有人。正如康德所言,人不仅仅是手段而且永远是目的。人之所以为人的真谛在于,人具有其他生物所不具备的特定社会性及理性,而与人的价值及尊严紧密相连的就是这种独特的社会性及理性,任何一个人得以在社会上生存及发展的必备条件是社会性。人不可能孤立地存在,彼此相互关联的社会是人存在的基础,所以对人性尊严的保障是必须的。在人与国家的关系上同样如此,"普遍道德不仅要求,每个人的人权是政府竭尽全力去保护的对象,而且要求政府始终尊重人权,与它发生交往的任何人的人权,绝对不以任何形式进行侵犯"[2]。因为单个的人都很渺小,人类才有组成国家、建立政府的客观需要,变幻莫测的命运难以以个人单薄之力去面对,个人难以承受突如其来的天灾人祸,所以人类个体如欲摆脱"孤岛状态",必须靠政府这一组织化形态来化解。总之,就个人与国家的关系而言,国家是手段,人才是目的。国家的重要任务便是保证人性尊严与价值的自我实现与满足。在消极方面,国家不得侵犯、更不得剥夺人性的尊严与价值;在积极方面,国家应不断创造优良的物质与精神条件以促进、实现乃至满足人性尊严与价值。

---

[1] 喻少如:《行政给付制度研究》,人民出版社2011年版,第103页。
[2] 同上书,第104页。

二 承担出资义务的现实需要

就业保险为实现其失业预防、失业保障、就业促进、就业机会公平等社会功能，仅凭投保人缴纳保费不仅会负担过重，而且也有失公平。劳动者个人及用人单位不能过多负担社会责任，不能额外承担应由政府履行的出资责任，而承担起就业给付的全部责任，这样容易造成劳动者参加工作应有的积极性与热情。因此当就业保险基金不足以负担国家就业政策的要求时，必须由政府负担兜底责任，确保就业保险基金的正常运转与安全。在大多数实施失业保险的国家，保险费由劳动者与雇主共同负担，政府负担保险经办机构的运行费用，特别是政府还负责兜底保障，有的政府还直接负担部分保险费用。由于各国的国情千差万别，因此政府出资与兜底没有一个具体确切的比例可供精确借鉴，政府出资与兜底的现实需要如下。

（一）政府对就业保险制度的担保责任

前文论述到，就业保险制度作为一种社会保险制度，是由国家立法予以建立的基本制度，政府作为推行者及管理者，对这种制度的顺利运转负有担保责任，政府不能坐视就业保险制度出现严重财务亏损及系统风险。一是政府作为行政人对其行政相对人——就业保险人，具有监督与管理的职能；二是就业保险人无论是作为事业单位身份出现，还是社团法人出现，其工作人员由政府负责招录，运行经费由财政负责保障，政府都作为保险人的坚强后盾，必须确保其正常运转，不可能对就业保险制度的存亡漠不关心，否则属于政府缺位。因此，政府必须克服就业保险的系统性风险，加以管理并承担财政兜底及担保责任。在强制性保险中，政府支持的价值取向是公平优先、兼顾效率，强制性保险克服了商业保险的逆向选择问题，为了最大限度地克服道德风险和追求社会公平，政府必须克服强制保险的系统性风险，加以干预承担保证责任。[1]即负担财务的兜底担保责任，当保险出现财务亏损或突发系统性风险时的出资责任，以及设立就业保险经办机构的日常运行费用等。虽然政府

---

[1] [德] 戴蓓蕊：《社会保险法中的国家责任》，《社会保障研究》2008年第2期。

有出资义务，且此种义务由国家的法律与政策规定，但是出资的具体数额由地方政府视情况而确定，以及何时、何地出资多少由地方政府权衡确定，而且并没有规定就业保险人及投保人要求政府向就业保险提供补贴的支付请求权。①

强制性保险对政府担保的意义如下。依据"大数法则"，危险共同体的成员越多，越能分散风险。为了扩大分散生活风险，达成相互保障的目的，就业保险原则上是强制性的，与自愿性的商业保险不同。就业保险制度的强制性，在于参加保险的强制性与缴纳保费的强制性，保险给付的内容也是依法而定的。只有在例外情形，才容许符合法定要件的人得自愿参加保险。此点是就业保险制度与商业保险制度的原则性差异，但并非绝对的差别，因为在商业保险制度中，也有例外采取强制性保险者。例如我国的交强险，也是强制性保险，但并非社会保险。就业保险的强制参加与强制缴费，会侵害到人民的一般自由权与财产权，是宪法上的社会保险权利与其他自由权利产生冲突所在。但是基于"社会互助、风险分担及公共利益"的考量，推行强制性保险有其合理性与必要性。②

（二）政府对部分劳动者的兜底责任

在实践中存在诸如传统农民、渔民、原住民、短期及季节劳动者等弱势劳动者，其就业能力风险大，但是却不一定具备缴纳就业保险费的能力。不把这部分劳动者纳入就业保险，不仅有违"社会公平"原则，并且不利于社会的稳定，而且也不符合就业保险制度"全民性"的特质内在要求，可以说这个兜底责任是一个国家是否确实建立了就业保险制度的试金石。兜底的这部分劳动者属于政府政策目标的一部分，政府为就业保险能够建立劳动者全覆盖的就业能力保险，提供投保兜底保证。如日本《雇佣保险法》规定，政府承担临时工失业津贴高达1/3，而仅

---

① ［德］戴蓓蕊：《社会保险法中的国家责任》，《社会保障研究》2008年第2期。
② 参见林炫秋《社会保险权利之"宪法"保障——以"司法院"大法官解释为中心》，《台湾中正大学法学集刊》2008年第24期。

承担一般被保险者失业津贴费用的1/4。① 如德国的《就业促进法》规定，雇主和雇员有义务向劳动局缴纳失业保险费，标准是全部工作总额的6.5%，由雇主和雇员各承担一半。如果雇主和雇员的缴费收入不抵支出，那么，联邦政府将用财政收入予以补贴。② 法律规定了政府的兜底责任。

政府的部分兜底责任是因个人能力与市场的局限造成的。个人就业风险的判断与处理，本来属于个人自主决定的领域，若未涉及公共利益，原则上应由个人或社会自主形成最佳秩序。从理论上讲，每个劳动者都有就业能力风险，但个人无法确知面对此种风险所需的费用，因而在考量现有可运用的资产与相关环境配合因素时，可能会出现对风险低估的情形。纵使个人有意识并预做准备，但受限于稳定且值得信赖的避险工具有所欠缺时，连带地，亦将限缩其自我意识范围。以商业保险为例，由于个人的就业能力不一，就业能力的具体风险不确定，再加上信息不对称，可能会使保险人因获利考虑，导致仅选择工作较稳定、就业能力强的劳动者的逆向选择发生，而使个人无法获得适当的保障；甚至面对个人能力所无法解决的经济不景气或通货膨胀时，亦将影响个人欲为失业所做的准备意愿与效果。因此，国家有必要采取不同的预防措施以调节或弥补市场或个人能力的不足，以避免"市场失灵"（Failure of Insurance Market）的结果出现。政府负担保费就是国家力量支持，一来是保险制度持续维持；二来减轻劳工、雇主的负担，承担社会政策目标责任并提升国民生活条件。③

(三) 政府实现就业促进的责任

就业促进是政府为稳定就业，促进机会公平、社会安全的重要职责。在失业保险制度下，劳动者参保的目的是应对失业风险，防范失业风险的主要手段是通过失业金的发放，部分替代或弥补失业者的工资

---

① 参见杨文俊《美德日社会保险制度比较研究》，博士学位论文，吉林大学，2007年。
② 聂爱霞：《中国失业保险制度与再就业问题研究》，中国社会科学出版社2014年版，第170页。
③ 参见谢淑慧、黄美玲编《社会保险》，华立图书股份有限公司2014年版，第41—42页。

损失（经济损失），这是一种被动的防御措施，符合保险制度的被动、后发原则。就业保险制度的部分内容替代政府的就业促进职责，应对劳动者的就业能力风险，提前、主动对劳动者的就业能力进行评估、维持与更新，对劳动者提供就业能力保险，激活、提升和再造就业能力是关键，一改保险制度的被动原则。但是，被动有被动的成本优势，传统失业保险制度的后发、替代功能，所需要的成本是以劳动者工资为基础缴纳的一定比例的保险费。从失业保险发展到就业保险阶段以后，投保人缴纳的费用并无太大变化，但是积极促进就业及激活、提升和再造就业能力所花的费用明显超过保费收入。更为关键的是，就业保险制度承担的这部分积极促进职能，原本应是政府的职责，属于政府普遍性的范围，大大超过了其作为社会保险的职责范围，产生的费用理应由政府的税收予以支持。

在就业保险中，政府的就业促进义务主要体现在就业给付上。就业给付的总要求是促进失业者尽快重返职场。就业保险的投保人缴纳保险费是以工资收入为依据，其失业后的失业给付主要以投保工资为基数，给予失业津贴或培训津贴，投保人缴纳的保费为提供这两项津贴及其他就业服务已经相形见绌，不可能有充足的财力支持全部的就业给付。就业给付作为政府就业促进与就业保险的交叉领域，理所应当由政府负担出资责任。其出资义务的大小，由政府企图通过就业保险制度负担的就业促进责任大小确定。如果就业保险制度负担的就业促进责任大于其受到政府资助的力度，就会影响就业促进制度发挥促进作用的力度。这与各地的促进理念和法治环境有关，如日本（25%[1]）、我国台湾地区（10%[2]）明确规定了地方政府的出资义务与比例，但更多的国家和地区则是只规定了政府的兜底担保责任与出资义务，但是规定不够明确，不利于就业保险经办人（保险人）向政府提出直接的支付请求，即

---

[1] 郑功成主编：《社会保障概论》，复旦大学出版社 2005 年版，第 206 页。
[2] 郭振昌：《台湾社会安全体系与劳动就业促进"法制"之连结关系——以就业保险"法制"为例》，载我国台湾地区"劳动法"学会《劳动市场变迁与社会安全制度——两岸"劳动法"与"社会法"的比较》，新学林出版有限公司 2013 年版。

没有赋予就业保险人的支付请求权。

三 政府履行出资义务的价值追求

（一）价值考量

政府承担部分比例的费用，主要出于以下价值因素的考量。其一，为实现政治目的，由政府负担部分比例的费用，作为吸引劳动者加入或作为其强制纳保的回报，并显示出其比商业保险更有利，以换取劳动者对就业保险的支持。此一理由，主要说明政治目的而非经济要求，一般而言，政府的财政补助措施主要以此为依据。其二，为避免日后就业保险财力不足所导致的财政缺口，而由政府负担部分比例的费用予以弥补，包括保险财务出现赤字时，基于政策考量等而无法及时调整保费率，为此，在短期内增加财政负担作为应对。此外，为调整不同社会保险制度间财政能力的差距，也有采取差别式的财政补贴，就业保险覆盖的弱势群体越多，财政的负担比例应当越高。其三，强调政府的照顾义务，以避免民众非可归责于个人因素所导致的生活困难；或为免除、减轻特定对象的负担，而由政府予以补助。由于在自由市场经济体制下可能发生失业等问题，使部分国民陷入生活困境，为免除或减轻低劳动者的保费负担，需由政府提供财务协助。此外，面对通货膨胀、物价波动等非可归责于个人因素，或由于社会保险的保险人经营不善或不当投资所导致的财政损失，也多由政府承担最后的财政兜底责任。

（二）目标追求

在就业保险制度中，政府承担了不可替代的责任和义务，尤其是具有明确的出资责任与义务，但是出资义务本身还是属于消极地履行自身义务。出于就业保险追求社会公平的价值追求，政府在承担义务方面有如下目标追求。

第一，预防胜于补救。与其让劳动者失业后，提供失业给付，并促进其就业，不如提供更多的教育、职业培训以及就业服务，稳定和扩大就业，提供就业能力保险，追求就业机会公平，发挥就业保险的预防失业功能，以协助劳动者永续脱离困境。

第二，工作的重要性。拥有一份工作，对个人而言，是自我认同、自我实现及家庭经济的来源；对社会而言，可以促进人民参与，防止疏离与脱离社会；对经济发展而言，乃为提供财务参与；对政府而言，不但可减少失业、就业给付支出，更可强化税基，方有本钱发展更好的社会福利方案。因此，世界各国都在提高就业诱因，积极协助失业者重返劳动市场，并且强化教育与职业培训，储备优质的人力资源，保证就业能力，以利产业升级的进行。

第三，权利与责任的平衡。就业保险制度毕竟是保险制度，不完全等同于社会福利制度，政府、用人单位、劳动者各有各的责任，各有各的义务，权利与责任必须相平衡、相适应。如果把就业保险制度办成纯商业保险，不利于就业保险的社会目的实现，也不利于提高劳动者参保的积极性。当然，如果把就业保险办成纯社会福利，往往会造成有工作能力的人却依赖福利及新的不公平，如此则不但扭曲了国家福利自愿的分配，也会损害人民工作的意愿。

第四，促进社会整合与团结。良好的社会保险制度，不只是补助性地满足加保人的最低要求，更是透过制度性的资源再分配，对于部分自营劳动者、用工不稳定的劳动者，政府应该对其加保费用进行兜底保障，以尽量缩小贫富差距，阻断社会分化，全面促进社会团结。不应当只对财政负担进行片面考量，而忽略社会保险制度的重要功能。因此，积极性的就业保险制度，虽然强调社会保险与就业的整合，但对于弱势者，也强调必须由政府兜底加保，构建安全网，提供特别的协助。

综上所述，积极性的社会保险政策，不同于以往单纯的费用发放与补助，以维持所得为目标的残补式福利服务。取而代之的，除了保障人民的经济安全之外，还有更具积极意义的社会投资，提升并强化人力资源确保就业能力，以作为社会发展的雄厚资本。

第二节 政府出资范围的确定

一 "行政行为"与"保险行为"的区别——政府出资的边界

促进就业是政府的重要职责，属于"行政行为"范畴。如前所述，政府的这一职责有一部分通过就业保险制度即社会"保险行为"实现，政府因此具有对就业保险基金的出资义务，剩下的职责部分则通过"行政行为"由政府财政直接负担。政府这部分的职责及出资与对就业保险基金的出资责任的区别在哪里？在此作一个简要探讨，这是走出财政依附性[①]的重要依据。

(一) 宏观与微观、政策与措施

作为一类行政行为，政府的就业促进行为既有宏观的政策安排、指导思想、长远规划，也有具体的政策目标、政策措施、行政手段；既有法律、法规的制度支撑，也有具体的行政措施保障执行。它是一个宏观与微观相结合的国家政策目标。相对于就业促进制度而言，就业保险制度只是就业促进制度的一个较为具体的制度措施，纵然就业保险制度体系较为庞大，推行也较为复杂，但是毕竟只是就业促进制度的部分安排，不是全部，更不会是主要部分。就业促进制度的体系更为庞大，其通过以就业促进为抓手，以扩大就业为手段，以促进就业公平为目标，积极追求社会的安全稳定。就业保险制度虽然也促进就业、稳定就业岗位并积极追求就业公平，客观上也有利于社会的安全稳定，但是显然只能作为追求，其主要任务还是围绕"就业能力"风险提供就业能力保险，不可能也没必要全面替代就业促进制度。

(二) 行政措施与保险措施

就业促进制度的实现依赖政府的具体行政行为，而且有些行政行为是抽象行政行为，是较为宏观的政策，可以是全国也可以是一个地区；有些则是具体行政行为，是为政府、为人民办事、服务的具体行为。但是行政行为得以执行的后盾是国家的强制力，对于相对人来说，其对有些行政行为只能服从，没有选择的余地，比如用人单位不得有就业歧视行为。有些行政服务行为，作为相对人则有选择的自由，比如政府免费提供的职业技能培训，作为相对人的劳动者可以选择时间、地点及具体的技能。就业保险制度的核心特点仍然是社会保险，其手段的核心仍然

---

① 熊伟：《从财政依附性反思中国社会保险》，《武汉大学学报》(哲学社会科学版) 2017 年第 4 期。

是保险措施,其经费来源依然主要是保费收入,包括政府必须的出资部分;保险人所有措施指向和服务的对象始终围绕被保险人而展开。虽然保险的强制性使在职劳动者没有选择的余地,特别是失业以后或就业能力显著下降,必须接受保险人安排的各类就业促进措施;但是面对保险,劳动者仍然可以选择不配合,只是会失去相应的保险待遇,这与相对人对强制性的行政行为的服从有本质的不同。

(三) 国家福利性与权利义务的对等性

就业促进制度的种种服务安排,始终带着一种福利性质的面孔出现,虽然其资金来源于全体抽象的纳税人,但是毕竟不需要每一个服务对象直接付费,或者相对人的付费远远不是其接受服务的对价。比如政府免费培训青年劳动者,培训及课本费由政府负担,但是本人可能依然需要负担培训的食宿费用等。而就业保险作为一种保险制度,其权利义务的对等性或对应性更为鲜明,要享受保险的种种待遇,必须要先参保并且达到缴费的最低期间要求,或者说没有参保资格的群体就不能享受保险的相关待遇。如果劳动者没有加保能力,除非政府承担兜底加保,否则也不能享受保险待遇,也就是政府兜底保障的弱势劳动者,也需要遵守保险的加保规则。与就业促进制度较为纯粹的福利性相比,就业保险更加强调权利义务的对等性。

二 政府对就业保险出资范围的确定

政府出资不是要替代社会保险收费,而是厘清政府出资的边界,政府切实履行自身的必要出资责任,是走出财政依附性的具体要求。

(一) 出资的目标——协助履行社会政策职责

政府出资的直接动力来源于,就业保险部分实现了自身就业促进的政策职责。其具体出资范围也以政府欲通过就业保险所能实现的职责而定。就业保险所能实现的政策目标越多,政府的出资范围、额度就越大,反之亦然。同时,若缺少政府的财力支持,就业保险亦不能名副其实,其保费收入对于失业给付已经是捉襟见肘,不可能有足够的财力进行就业给付,开展就业促进、失业预防等系列积极主动的措施。而政府需要就业保险实现的政策目标主要有失业预防与就业促进等。

在失业预防的情形中，因劳动者面临就业能力风险，以及经济及行业不景气的风险，此时劳动者的失业风险仅为可能的风险。失业预防的主要做法是对劳动者的职业技能进行培训，以提升或再造其职业技能，重塑其就业能力；对用人单位进行技术升级改造、转产、转业及不解雇或少解雇劳动者，提供一定的资金支持和税收及贷款优惠。因此在失业预防情形下，没有失业给付的空间，均为就业给付及政策的支持，此时的出资责任全在政府应无异议。

在就业促进的情形中，既有劳动者发生失业的情况，也有经济不景气及用人单位发生经营困难的情况，更有政府促进长期失业者及就业弱势群体就业等情况。其中当然既有失业给付，如劳动者已经失业；也有失业救济，如对长期失业者；更有就业给付，如职业培训及培训津贴，对用人单位的岗位企稳及新岗位的开发支持；特别是还有对失业者的创业资助等。其中失业给付部分如失业金以及培训津贴、提前就业奖励津贴等，应由以保费为基础的保险基金支出；而大量的就业给付，如职业培训支出、失业创业资助以及面向用人单位及中介机构的支出等，均应由政府出资。

(二) 出资额度的参照——保费收入的多寡

就业保险作为社会保险的一种，主要以保费收入作为财源，国家无须全面负担保险给付支出所需要的庞大经费，此乃社会保险为各国所普遍接受的原因，[①] 而且补贴保险费的政府是就业保险关系之外的第三人，自然不可能因保险费补助而取得被保险人的地位[②]，这是走出就业保险财政依附性的必然要求。然而，这种取自商业保险的制度理念，其保费的执行与一般保险制度的保费明显不同，包括就业保险在内的社会保险费的性质具有特殊性。特别是，除了被保险人之外，在就业保险相关法律中也经常加诸第三人如用人单位、国家缴纳保费的义务。其保费义务的合理性何在？尤其是为了实现失业预防、就业促进等社会政策目标职

---

① 钟秉正：《"社会保险法"论》，三民书局2005年版，第252页。
② 蔡维音：《全民健保财政基础之法理研究》，正典出版文化有限公司2008年版，第133页。

能，国家必须出资。如果第三人负担的保费比例过高时，是否连带影响到保费的性质，甚至使得就业保险与其他社会福利制度相互混淆？因此保费收入的多寡显得尤为重要，而且投保人缴纳保费是保险制度得以存在运行的财产基础，也是享受就业给付的对价。政府在就业保险中具有明确具体的出资义务，同时如果保费收入因经济不景气的原因而出现下滑，如前面所论述，政府还有兜底担保责任。

可见，保费收入的多寡在一定程度上影响甚至决定政府的投入，因为保费收入是政府出资的参照对象。如果投保人缴纳的保费收入充裕，政府除了承担部分兜底出资责任外，其投入的资金就会很少；如果经济不景气，投保人缴纳的保费收入大幅度减少，政府除了承担部分兜底出资责任外，还需承担担保出资责任，保障就业保险基金正常运行的责任。有些国家和地区的政府依比例出资，如日本规定，每年财政承担失业保险支出的25%，我国台湾地区则是10%。[①] 因此，保费收入及支出的多寡直接影响政府资助的具体数额。

（三）出资的前提——参保人履行缴费义务

保险关系正式成立、投保人缴纳保险费是政府承担出资义务的前提，这也是走出财政依附性的前提。保险费原本为被保险人发生事故时，请求保险人理赔的代偿，在商业保险中即以保费的缴纳作为享受保险给付的前提。再者，保费的收入是用以维持保险的支出，因此保费的高低即与保险事故的发生概率成正比，而被保险人也可以依据保险标的的价值，斟酌其所能够承担的保险费用。然而，由于就业保险的性质为强制性保险，被保险人本来就没有选择参加保险的余地，其缴费义务由法律直接规定，而且背后有政府财力的强大支持，所以保险费的性质也就不同于一般的商业保险。其特性可以归纳如下：

（1）保险费与保险给付不成正比。由于就业保险追求社会公平性与就业稳定，所以缴纳相同费用的被保险人，其实际所享有的保险给付并不尽相同。由于保险费的计算与被保险人的工资相关，所以高收入的劳动者就必然比低收入者缴纳更多的保费，但是二者在接受预防失业和就

---

① 郑功成主编：《社会保障概论》，复旦大学出版社2005年版，第206页。

业促进等服务时却是大体相同的。（2）保险成本不容易估计。一般而言，商业保险在确定保险费额度时有赖于准确的"精算"。其是依据某些事故发生的重复性以及规则性，再加上"大数法则"的效用，而对于该事故未来可能发生的概率有较为精确的预测。然而，就业保险的社会风险本身就含有较大的社会变数，常常会使得估算较为困难。而且就业政策经常会受到政府的社会政策所左右，在保险成本上的精算就更为不容易。（3）风险分类较为粗略。商业保险对于每项事故发生的概率以及损害的多寡都有相当程度的细分，这些根据不仅在精算上较为准确，保险人也可以对某些高风险群拒绝承包。否则，也可以对大小不同的事故确定高低不同的费率，属于高风险群的被保险人就要负担较高的保险费。相较之下，就业保险在风险评估上仅是粗略地进行分项而已，比如针对不同的行业在费率上稍有区别。至于其他在商业保险上关键性的年龄、性别以及所在区域等因素，社会保险皆未加以考虑。（4）保费的负担较轻。商业保险是以营利为目的，所以在保费中除了保险给付的支出外，还要加上运营成本以及预估的利润。至于包括就业保险在内的社会保险则不以营利为目的，政府还经常要负担保险行政以及人事的费用，并且也会补助一部分保费。相比之下，社会保险被保险人的保费负担自然应当较轻。另外，由于就业保险是依据法律强制缴纳，被保险人的人数众多而且源源不断，运作上也比较能够达到分摊风险、降低保费的作用。例如德国的社会保险就只要求一种"总额的等价"，也就是保险的整体支出必须由保险收入来支持，保险人不得通过借贷来维持保险财务。（5）保费与工资相关。保险原本的主要目的就是在事故发生后维持被保险人的工作所得，而保险费的额度也以工资水准来区分。[①]

所以，除了自营职业者、雇主或是其他拥有保险自由的人以外，劳工有关就业保险费用的缴纳程序通常就是从工资中扣除。另外，参考社会主义的理念，雇主基于社会责任也应当承担相当部分的保费。学者甚至认为，雇主负担比例终究会转嫁到工资或消费者身上，从而主张"保

[①] 参见柯木兴《社会保险》，三民书局1995年版，第324页。

险费即为工资的一部分"①。针对就业保费的缴纳而言,目前世界上推行失业保险制度的国家,有40%以上是由雇主、雇员、政府三方承担。②如日本,其缴纳基数是以年平均工资的一定比例为依据,由单位和被保险人、国库共同负担。现行的负担比例是:(1)一般行业,总负担比例是1.15%,其中单位负担0.75%,员工负担0.4%,用于失业补助部分;(2)建筑业,总负担比例是1.45%,其中单位负担0.95%,员工负担0.5%,用于失业补助部分;(3)农村水产清酒制造业,总负担比例是1.35%,其中单位负担0.85%,员工负担0.5%,用于失业补助部分。国库对以上几项补助所需的资金给予一定的支持,具体支持的待遇项目及比例是:一种求职者补助(不包括高龄求职者补助、日工求职者补助)为1/4;另一种求职者补助(主要指日工求职者补助费)为1/3;连续雇用补助为1/8。③

三 政府自身出资范围的确定——就业促进的政策责任

政府就业促进的职责范围很广,通过就业保险制度实现的政策目标前文已作交代,在此不再赘述,主要交代这以外的职责范围。

(一)就业促进是积极的责任——不限于出资义务

政府承担义务的类型不一致,实现方式也很多元化。以社会保险为例,政府介入程度与体制运作关系密切。若政府积极介入社会保险事务,则有关保险的经营、管理与财务等皆由政府主导;相对地,若政府不拟积极干预社会保险事务,则政府仅承担监督责任即可。在政府承担义务领域,政府主要以物质帮助的方式承担义务,这容易造成误解,认为政府在给付行政领域应尽的全部义务仅仅是物质帮助。这与基本权利两分法的认识长期流行有关:政府仅履行消极的不作为义务即政府对自由权的保护,社会权则要求积极给付作为政府提供的义务。事实上,自

---

① 柯木兴:《社会保险》,三民书局1995年版,第322页。
② 吕学静主编:《社会保障国际比较》,首都经济贸易大学出版社2007年版,第193页。
③ 聂爱霞:《中国失业保险制度与再就业问题研究》,中国社会科学出版社2014年版,第173页。

由权及社会权都同一组组义务紧密相连,包括消极的和积极的义务,对某种行为的容忍并提供和分配资源是应有之义。因此,与给付行政相关的社会权即权能的多重面相对应,在给付行政中政府负有多重保障义务。① 即在传统的失业保险制度下,政府承担的是消极的经济安全义务;在就业保险制度下,政府承担的则是积极的促进义务。

1. 政府承担经济安全的消极义务

传统的福利国家政策是以社会安全(Social Security)制度为中心,以失业保险制度为载体,以失业给付为核心,针对劳动者各种工资中断风险提供保障,以维持个人与家庭的所得水准,保证基本的生存权,这属于典型的经济安全的思想。然而个人和家庭即使有了所得,也未必能确保生活照顾得满足,因为在自由经济市场中,未必能够产生足够与生活需求相关的设施与服务。失业给付在具有积极促进思想的就业保险中,仅仅属于政府承担的消极义务,对于追求就业机会公平及社会公平还无从谈起。

2. 政府承担社会公平的积极促进义务

政府承担积极的社会福利义务,强调从传统的"以所得维持为中心"的福利制度设计,逐渐转化为以"照顾、服务、促进为中心"的社会政策思考。换言之,国家不只是消极地维持个人与家庭的所得,仅仅保证其基本的生存权,追求经济安全,而是更积极地思考和保障人民各种生活照顾需求的满足。满足促进、稳定、扩大就业机会的需要,通过直接投资或间接鼓励民间生产等各种方式,促成各种照顾服务、设施与器具的足量生产,并保证产品的品质,以及维持合理和多数民众可以承担的产品价格,追求社会公平。如此,民众的生活照顾需求问题可获得更直接有效的解决。特别是,经由政府的投资或奖励协助,促成照顾服务体系的建立和相关产业的发展,从而增加就业的机会,可以促进就业机会公平。根据"内生成长理论"(Endogenous Growth Theory)论述,其特点在于强调经济成长最具影响力的并非劳动数量或物质成本,而是劳动者的品质,即职业技能素质(就业能力)的维持与提高。因

---

① 喻少如:《行政给付制度研究》,人民出版社2011年版,第104页。

此，凡是能够改善劳动者素质的各种活动皆可被视为有益于经济发展的投资行为。以就业给付为例，其可以改善劳动者品质的途径除了要求领取给付者接受就业辅导与职业训练外，还可借由降低失业者经济压力，使其从容地找到更能提高自己劳动价值的工作，即通过对就业能力提供保险，促进就业机会公平。此即典型的积极促进义务的承担，构成了就业保险的核心思想。

(二) 政府就业促进的职责范围

首先是宏观政策的制定。就业促进制度作为国家的基本制度，必须要对就业促进提供政策支持、财政支持、队伍保障等。要从宏观政策上营造一个政府及全社会重视就业、关心就业、促进就业的大环境，发挥市场机制的积极作用，保障良性市场竞争，打击恶性市场行为。积极促进充分就业、稳定就业的劳动力市场秩序，以追求经济社会的平稳健康发展及社会的安全稳定。

其次是对公平就业环境的保护。公平就业的环境不会自动形成，纯粹的市场行为趋利性严重，会严重地造成就业环境的恶化。就业促进制度有义务从制度上保障，从措施上安排，形成远离就业歧视，促进就业环境的基本公平，市场竞争有序、高效的劳动力市场。为了保障就业环境的公平，光靠行政的手段远远不够，还需要大力发挥市场的积极作用，创造就业机会、开辟就业领域等积极措施不可或缺。如可直接增加公共机构就业岗位或间接为雇主提供经济援助；如税务贷款，工资津贴，鼓励雇主吸纳社会福利、伤残补助受益人及失业人员；或为失业创业人员提供一次性经济援助。在美国佛罗里达州，一家公司哪怕以最低工资水平雇用了一名社会福利受益人，该公司也可获得相当于该受益人社会福利水平的补助。对于提供岗位培训的公司，培训期间政府将给予公司培训员工工资50%的补助。除了通过提供补助的方式增加就业机会外，最近法国还对加班予以限定，以增加就业。[①]

再次是对全员的职业培训。政府对国民有全员的、终身的职业培训

---

① [美] 尼尔·吉尔伯特等编：《激活失业者——工作导向型政策跨国比较研究》，王金龙等译，中国劳动社会保障出版社2004年版，第264页。

义务，应协助开发劳动者的工作技能。除了年老退休及失去劳动能力的国民以外，政府对其他国民均具有教育、培训的义务。对于未成年人或刚成年的青年，政府有义务为他们提供职业技能培训，使他们掌握能够谋生就业的技能，即具备基本的就业能力，以增加其就业机会。培训还包括积累工作经验的机会等方案，对于初次就业者提供积累经验岗位的机会，也为劳动者与用人单位相互适应提供空间和时间。对于在职的劳动者，政府应该有稳定就业岗位计划，以及稳定劳动者就业能力计划。而短期失业者是就业保险关注的对象，发达国家的趋势是把"失业津贴"转变成"求职津贴"或"培训津贴"，激励失业者尽快实现就业。对于长期失业者，英国推行"工作尝试计划"①。工作尝试计划通过多种途径来提高劳动力市场效率。首先，通过职介中心对失业者的筛选，可以降低雇主的招聘成本，这有助于增加向社会公开的空缺职位的数量。其次，人们普遍认为，劳动力市场上的长期失业者面临的一个最大问题是，许多用人单位都认为他们的工作能力低下。而工作尝试计划则给长期失业者提供一个机会来证明这一观点是错误的，这样做并不会给用人单位带来很大的开销。长期失业者还存在另外一个问题，那就是长时间的不工作会使他们失去工作信心，不敢也不愿意去找工作。工作尝试机会可以帮助他们克服这一困难，因为他们是由职介中心直接派去填补空缺职位的，从而避免了传统求职过程中的申请及面试程序。总的来讲，这项计划的"这些因素都可以促成降低失业率，提高就业效率"。另外认为，导致长期失业的很重要的原因在于心理问题。为此，政府提供了很多心理医疗服务以重建当事人的自尊心、自信心与积极性。如在澳大利亚，特别干预计划会对那些无视政府常规管理措施的长期失业者提供特别的医疗性干预。英国的一项调查表明，认知—行为理论有利于帮助长期失业者重树信心，找到工作。②

最后，提供全方位的就业服务，实施积极的劳动市场政策。政府有

---

① ［美］尼尔·吉尔伯特等编：《激活失业者——工作导向型政策跨国比较研究》，王金龙等译，中国劳动社会保障出版社 2004 年版，第 7 页。

② 同上书，第 265 页。

培育和完善竞争有序、统一开放的人力资源市场的义务,为劳动者提供全面的就业服务。就业服务包括职业介绍、职业规划、职业培训等服务,政府对就业服务机构进行规范管理,或者设立公立的职业介绍机构,确保劳动力市场的竞争秩序,并给予适当的激励资助。而政府的公共投资政策意在通过公共设施建设工程为失业者创造新的就业机会,社会激励计划则依靠税务贷款和其他奖惩措施鼓励私人企业雇用社会福利受益人,其直接指向是劳动者而不是就业服务机构。在许多发达国家中,积极性劳动市场政策已经成为一项重要的就业政策工具。通过取代单纯的消极性失业给付支出,积极地协助失业者,尤其是青年失业、长期失业者以及单亲家庭顺利再就业,让这些长期处在劳动市场边缘的人,重新返回就业市场,拥有正常的社交生活,达成社会整合(Social Inclusion)的目标。简言之,这些政策工具大致可以分为三类:提升劳动能力(如职业培训);提升劳动需求(如创造工作机会);改善劳动者与工作之间的契合(如就业服务)等措施。

第三节 政府出资的实践情况

政府明确的出资责任与义务,是就业保险基金筹集的核心特点。其出资的义务必须法定,可以是按固定比例出资,如日本;也可以是按实际情况每年精算出资规模;甚至也可以如加拿大、德国等不规定政府具体的出资义务,仅规定政府的兜底担保责任。但是国情不同以及各地的经济状况、发展阶段的差异,导致了资金筹集的方式、手段千差万别。在此从基金的负担模式、征集方式及各国政府实际出资情况入手,简要探讨当前发达国家的具体实践情况。

一 就业保险基金的负担模式及投保基数的确定

(一)负担模式

对负担模式的介绍,主要是为解决政府在基金负担中的地位问题。目前就业或失业保险税(费)负担方式可以划分为以下模式。第一,"三方"负担的模式,就业保险基金由企业、劳动者和政府共同承担。

世界上有40%以上开办失业保险的国家采取这种方式。[①] 这其中，政府参与积累基金的方式有所不同，有的国家政府仅仅是在失业保险基金入不敷出的时候给予相应的财政补贴，例如德国、比利时和瑞典等国。有的则按照一定的比例承担失业保险费用或是负责失业保险的某一方面的费用，如日本规定每年财政承担失业保险支出的25%。[②] 第二，由企业和劳动者共同分担的模式，政府不给予任何补贴。例如荷兰和加拿大等国。第三，由劳动者和政府分担的模式，如卢森堡的失业保险基金主要来自向雇员征收的固定失业保险税和政府的捐助。第四，企业独自承担的模式，政府向雇主征收失业保险税来支付失业保险金，如美国和俄罗斯等国。第五，完全由政府承担的模式，这种情况大多存在于只有失业救助制度的国家里。对于大多数国家，就业保险费用的承担主体是企业，其做法是按企业雇员工资总额的一定比例缴纳失业保险费用，意味着企业需要对失业现象的产生负有主要责任。[③]

就德国失业保险金的分担方式而言，一是劳动者及用人单位缴纳的保费；二是联邦政府的补助；三是其他领域筹集的资金。联邦德国的《就业促进法》规定，劳动者和用人单位各自缴交劳动者工资总额6.5%的保费。缴纳基数为劳动者工资的总额，如果劳动者工资每月超过5600马克，则以5600马克为基数缴纳保费，超过5600马克的部分免予缴纳。如雇员工资低于保费总计限额的1/10，劳动者免缴保费，全部失业保险费由用人单位缴纳。此外，其《就业促进法》还规定了免于缴纳保费的人员，如职业军人、法官、神职人员、短暂临时就业人员及在德进修的外国人等。而在英国，其保险费的来源有三条渠道：一是通过税收筹集的国民保险基金，约占全部费用的43%；二是以国家立法方式征收的社会保险费，约占全部费用的55%；三是基金的投资收益，约占全部费用的1%—2%；四是财政拨款，用于发放失业津贴的调配费

---

① 吕学静主编：《社会保障国际比较》，首都经济贸易大学出版社2007年版，第193页。
② 郑功成主编：《社会保障概论》，复旦大学出版社2005年版，第206页。
③ 参见王静敏《当代中国失业保险问题研究》，博士学位论文，东北师范大学，2008年。

用。① 在此必须指出的是，如果哪国没有明确规定政府的出资责任或担保责任，则说明其就业保险制度显然还不完善，甚至仍然处于传统失业保险制度的发展阶段。

(二) 投保基数的确定

投保基数比照劳动者保险的月投保工资，为保险费计收及保险给付支付的标准，投保工资越高，保险费的金额越大，保险给付的数额亦随之越高。② 这里所指的投保工资总额不包括用人单位对劳动者任意性的、恩惠性的、赔偿性的支付。具体来说，工资总额的范围包括：基本工资（包括临时工、日雇劳动者、计时工的日工资或月工资或小时工资）、加班津贴、假日津贴、职务津贴、住房津贴、地区津贴、教育津贴、技能津贴、特殊工种津贴、奖励津贴（全勤奖励等）、物价津贴、交通津贴等。③ 对于每月收入不固定者，一般以近几个月的平均工资额为标准衡量认定。

在德国，2006 年失业保险费为雇员工资收入的 6.5%，由雇主和雇员各承担一半，西部缴费上限为年收入 63000 欧元，东部为年收入 52800 欧元；自我经营者需缴纳月收入的 6.5%，西部限额为 2450 欧元/月，东部限额为 2065 欧元/月。德国为了减轻企业的负担，2007 年将失业保险的费率下调到 4.2%。④ 美国 1939 年通过一项修正案，设定了缴纳失业保险税的工资限额，当时规定工人年工资超出 3000 美元部分可以免缴失业保险税，即只对 3000 美元以下部分征税。此后联邦税率和应税工资基数几经调整，目前雇主缴纳的联邦失业保险税的税率为 6.2%，应税的年工资上限为 7000 美元。除了联邦税外，雇主还要缴纳州失业税。2003 年有 42 个州的应税工资基数高于联邦失业保险税，其中最高的夏威夷达到 30200 美元。各个州的雇主

---

① 参见杨文俊《美德日社会保险制度比较研究》，博士学位论文，吉林大学，2007 年。

② 参见郝凤鸣《我国劳工保险给付年金化之研究》，《台湾大学法学论丛》1997 年第 4 期。

③ 陈建安主编：《战后日本社会保障制度研究》，复旦大学出版社 1996 年版，第 314 页。

④ 参见杨文俊《美德日社会保险制度比较研究》，博士学位论文，吉林大学，2007 年。

失业保险税都是弹性的，有 10 个州的最低税率是 0；最高税率也不相等，有 6 个州达到或超过 10%，其中最高的佐治亚州达到 10.8%。在 2003 年美国平均的州失业税率约为应税工资的 2.1%，占全部工资收入的 0.6%。① 加拿大的最高投保薪资方面，1994—1996 年调降为每年 39000 加币，并维持至 2003 年。② 我国台湾地区目前的"劳工保险投保薪资分级表"共分二十二级，第一级为基本工资 15840 台币，最高一级为 42000 台币。③

由上不难看出，基本工资的范围容易确定，但是投保工资并没有推行一刀切的方案，依据经济社会发展的具体情况其灵活性越来越高，投保工资具有提低与限高的趋势，确保投保人的参保积极性，同时体现就业保险的公平性。

二 基金的征集方式

就业保险的物质基础是保险基金，经济基础是制度可持续发展的前提要件，当前各国并没有建立针对政府的征缴措施，只是部分国家明确了预算支持，对政府不积极履行出资义务，如何追究责任尚属空白。在征缴方式上，用人单位和劳动者向政府缴纳保险税，或向保险人缴纳保险金，而政府通常会对自己的出资义务予以明确，并通过提供税收优惠、弥补基金的亏空、给保险人提供运行管理费或职业培训费等方式承担出资责任。④

从发达国家的实践经验看，就业保险基金的筹集方式一共包括三种类型：一是征缴就业保险费；二是开征就业保险税；三是混合税费制。目前开征就业或失业保险税的，占建立了就业或失业保险制度的国家和

---

① 参见杨文俊《美德日社会保险制度比较研究》，博士学位论文，吉林大学，2007 年。

② 参见林苑婷《我国就业保险制度之研究》，硕士学位论文，台湾政治大学，2004 年。

③ 同上。

④ 参见李磊《就业保险制度与其就业促进功能研究》，硕士学位论文，华中科技大学，2011 年。

地区总数的68%。① 我们通过考察其他国家和地区保险金的筹集方式可以了解到：筹集保险基金采用征收保险税方式的典型代表是美国；德国和英国则对用人单位缴纳就业保险金比例和基数作出强制性的规定，尤其是德国对工资低于保险金总计限额10%的劳动者免予缴纳保费，由用人单位全额代缴保险费用。②

美国国家税务局在保险金的筹集中扮演了很重要的角色，失业保险税成为美国保险基金的重要组成部分，国家税务局向大多数用人单位或个别州的劳动者强制征缴失业保险税。为劳动者缴纳失业保险税是所有用人单位的义务。美国于1935年通过《社会保障法》和《联邦保险税法》，其规定：各州必须设立失业保险基金，联邦政府向用人单位征收占劳动者年收入的0.8%的失业保险税，州政府自行确定向用人单位征收的税率，平均数占劳动者年收入的2%左右。美国以立法形式确定对保险税的两级征收体制，全面保证了美国失业保险基金来源的稳定。③

韩国的《就业保险法》要求对就业保险基金实行分类管理，设立了就业保险、职业技能发展计划和稳定就业计划三个基金账户。同时，还规定由劳动者和用人单位共同承担就业保险费，费率为劳动者工资总额的0.6%；由用人单位独立承担0.1%—0.5%的职业技能发展计划和0.2%的稳定就业计划缴费，具体依据用人单位的规模和所从事的行业而定。④ 1997年亚洲金融危机爆发后，1999年韩国的失业形势极为严峻，迫使政府不得不对就业保险的缴费率提高1个百分点，以应对基金入不敷出的压力。⑤

---

① 参见王静敏《当代中国失业保险问题研究》，博士学位论文，东北师范大学，2008年。
② 参见李磊《就业保险制度与其就业促进功能研究》，硕士学位论文，华中科技大学，2011年。
③ 同上。
④ Gyu-Jin Hwang, "Pathways to State Welfare in Korea: Interests, Ideas and Institutions", *Social Policy & Administration*, Vol. 41, No. 2, April 2007.
⑤ 邓婷：《韩国就业保障制度》，《重庆工学院学报》（社会科学版）2009年第4期。

三 政府的实际出资情况考察

就业保险与失业保险最显著的区别就在于就业保险制度中政府具有积极的出资义务，而失业保险制度中没有。其不仅具有失业保障功能，更具有明显社会性特征的失业预防与就业促进功能，属于就业给付的核心内容，这显然大大超出了被保险人的费用负担能力与负担义务，政府必须用公共预算予以资助。就业保险因承担了额外的社会政策目标职能，其财务无法完全独立，必须得到政府的明确资助。另外政府具有担保责任，因为就业保险乃是国家立法并由此强制人民投保，倘若保险成立之后就任由它自生自灭，政府没有承担自身的积极义务，则前述国家公权力行为的正当性就有问题。

加拿大《就业保险法》规定：除自营就业者自愿加保外，所有其他企业劳动者都必须加保；劳动者按其工资总额的2.7%缴费，用人单位缴纳劳动者所缴保费的1.4倍，自愿加保者按其总收入的5.4%缴费。另外，每年政府还通过预算对保险基金给予补助，最高时的拨款达基金总额的50%。如在1997—1998年度和1998—1999年度，财政预算对就业保险的补助分别为118亿加元和121亿加元，分别占整个就业保险支出的10.84%和10.79%。[1]

如日本规定，每年财政承担失业保险支出的25%，[2] 一般被保险劳动者失业津贴的1/4、临时劳动者失业津贴的1/3由国家财政承担。[3] 如在2005年度，劳动者和用人单位分别缴纳11928亿日元和17174亿日元，政府财政补贴4978亿日元，此外还有资产性收入和其他收入分别为29亿日元和12亿日元。从2007年开始，日本政府减少了对高龄劳动者失业津贴的补贴，降低到原来总额的55%，日后还将停止补助。并对雇用保险费率进行调整，一般用人单位的费率调整为1.5%，其中的1.2%用于失业给付，由用人单位和劳动者各承担50%，剩下的0.3%由用人单位独自承担，作为雇用安定事业和就业能力开发事业的"雇用安

---

[1] 王玉花：《加拿大的就业保险制度》，《山东经济》2006年第2期。
[2] 郑功成主编：《社会保障概论》，复旦大学出版社2005年版，第206页。
[3] 参见杨文俊《美德日社会保险制度比较研究》，博士学位论文，吉林大学，2007年。

定资金"。给付的弹性由上下浮动 0.2% 扩大到上下浮动 0.4%。在 2004 年，一般用人单位缴纳 1.95% 的保险费率，用于失业津贴给付的为 1.6%，由用人单位和劳动者各负担 50%；剩下的 0.35% 均由用人单位负担，用于就业促进计划。①

在德国，以 2005 年的数据为例，失业保险经费的国库负担率为 0.8%，② 失业保险经费来自被保险人与雇主各自分担 1/2 的保险费，政府补助《就业促进法》所规定的经费及亏损部分，另负担失业救助的费用并为失业者缴纳社会保险的保险费。在英国，被保险人与雇主各自分摊约 1/2 的保险费，政府补助非纳费给付的所有费用。③ 我国台湾地区则规定就业保险费由被保险人负担 20%，投保单位负担 70%，其余 10% 由台湾当局补助。④ 无一定雇主的职业工人由台湾当局补助 40%，无一定雇主的渔会甲类会员由台湾当局补助 80%，被裁减或资遣的续保人员及外雇船员由台湾当局负担 20%。⑤ 而我国失业保险基金实现巨额盈余（截至 2014 年年底盈余 4451 亿元⑥）正好生动说明了我国依然实行的是较为落后的失业保险制度，没有推行更为积极的就业保险制度。不仅使失业预防、就业促进功能缺失，更在实际中撤除了政府的出资义务。

一般而言，在实践中政府有以下两种资助就业保险财源的方式。第一是维持保险经办机构的运作费用。在通常的情况下，国家仍然负担着就业保险行政所需的日常经费。尤其是以"公办公营"的方式来

---

① 参见杨文俊《美德日社会保险制度比较研究》，博士学位论文，吉林大学，2007 年。
② 同上。
③ 参见郝凤鸣《论失业保险制度的"立法"原则》，《中正大学法学集刊》1998 年第 78 期。
④ 郭振昌：《台湾社会安全体系与劳动就业促进"法制"之连结关系——以就业保险"法制"为例》，载我国台湾地区"劳动法"学会《劳动市场变迁与社会安全制度——两岸"劳动法"与"社会法"的比较》，新学林出版有限公司 2013 年版。
⑤ 我国台湾地区"社会法"与社会政策学会主编：《"社会法"》，元照出版公司 2015 年版，第 185 页。
⑥ 《2014 年度人力资源和社会保障事业发展统计公报》，2015 年 5 月，人民网，http：//politics.people.com.cn/n/2015/0528/c1001-27071609.html。

营运的话，主管就业保险的机关以及承担具体业务的经办机构，其相关行政运作上的费用自然要由国家负担。以德国为例，其失业保险采取"公办民营"的营运模式，保险人多以"公法社团"的形式出现，而且强调其拥有"自己行政"的权利。有关失业保险保险人的自己行政，还可以表现在团体成员参与决策的"政治性"，以及保险团体独立于国家之外的"法律性"两方面。但是该国仍然免不了在财政上资助失业保险的运作，尤其是对就业促进领域所花费的各类费用的资助。第二是保费补助与其他负担。主要包括：（1）政府基于社会团结与社会安定的目的，对国民生活负起保护的责任；（2）劳资双方所缴纳的保费不足以支付保险给付所需时，政府基于前述理由应给予兜底补助；（3）保险给付提高时，劳资双方都无法负担高额保费，政府为谋求劳工福利，所以补助不足的费用；（4）政府负有促进安全卫生与改善生活条件的责任，对于相关事故无法预防时，理应提供部分补偿费用；（5）税收减免，国家通过税收优惠政策支持失业保险事业，单位与个人的失业保险费均在税前支付，还包括对职业培训、职业介绍等给予税收优惠；（6）政府为实现就业机会公平、就业稳定而赋予就业保险额外的社会政策目标功能时，理应提供相应的补偿费用，以免保险基金不堪重负。[1]

综合以上这些政府补助的理由，不外是从就业保险的社会性出发，而强调它的社会适当性原则，但是仍然不能忽略其保险原则，否则难以区分保险与国家单方面的政策性行为以及福利措施。而且如果从发达国家和地区的制度比较来看，对于有关政府在就业保险中是否必须分担保费责任的看法，各地具有一致性。例如法国、德国、日本和韩国，在就业保险上即需负担若干比例的保险费。[2] 究其原因主要是在从"失业保险"到"就业保险"制度与理念的转变过程中，如德国社会保险是通过"政府补助"积极作为的方式，用以达成若干社会性的目标如"就

---

[1] 参见柯木兴《社会保险》，三民书局1995年版，第332页。
[2] 罗纪琼：《健康保险财务制度》，载杨志良主编《健康保险》，巨流图书有限公司1996年版，第56页。

业能力维持""就业机会公平""就业促进""失业预防"等。

四 各国政府促进就业的出资手段梳理

从国外最近几年促进就业的手段看,多种多样,归纳起来主要有这几种。一是加强培训型。典型的有美国,克林顿在1997—1998年财政年度预算说明中明确指出,当前最成功的工人是具有技术和坚实教育基础的工人,他们能始终不断地学习新事物,从而能在迅速变化的经济形势中成功竞争。为此,美国国会和政府在就业培训方面制定了不少法律,其中《就业训练合作法》对各州、地方政府和私人机构的就业训练工作作了非常详细的规定,从而促进了就业。二是国家资助型。典型的有意大利,国家对欠发达地区的投资者实行优惠政策,即如果投资者向南方地区投资,国家就给予50%的资助,这样既吸引了大量的资金,同时也有助于欠发达地区的开发,又解决了一部分失业人员的就业问题。三是财政补贴型。典型的国家有德国,对雇用失业人员的中小企业,政府财政给予补贴,补贴幅度大致是支付工资的50%,这样使得企业积极性高,又减少了失业救济金支出,而且有利于促进就业。[①]

[①] 参见翟志俊《中国失业保险历史回顾及其思考》,上海社会科学院出版社2009年版,第31—32页。

第六章

就业保险的支付制度

第一节 支付制度的特征

就业保险支付制度的特殊性，主要来源于其支付的目的，即为劳动者提供就业能力保险化解就业能力风险，这不同于失业保险支付以化解失业风险为目的的制度设计。但是，失业与就业保险支付制度依然密切相关，因而失业具有特殊的意义。失业并不是劳动者丧失工作能力，而是指原则上完全失去工作机会而言。

既然是失去工作机会，自然不包括劳动者在休特别休假或无薪休假的情形，因为这只是短暂中断工作，劳动者本想要在休假后重拾工作。但是，如果劳动者从事微量的工作且微量工作收入与失业给付总额未超过基本工资者，仍然属于失业。理论上，申请就业保险给付者必须举证失业的事实。[1]

一 传统失业保险支付制度的特点

失业保险支付资金来源于保险基金。失业保险基金是指依法筹集、由失业保险人专门管理、专门用于失业保险支付的资金。我国失业保险基金规定由用人单位和劳动者共同缴纳，用人单位按照本单位收入总额的2%缴交保费，劳动者按照其收入的1%缴纳保费，农民合同制劳动者

---

[1] 杨通轩：《"就业安全法"理论与实务》，五南图书出版股份有限公司2012年版，第139页。

本人无须缴费。① 失业保险基金都属于统筹基金，不存在个人账户基金。

对于失业保险统筹基金的性质问题，我国理论界一直存在争议。有学者认为，失业保险基金属于失业保险被保险人（或者受益人）共同所有的资产；② 也有学者认为，失业保险统筹基金属于财政性资产。③ 我们认为，失业保险基金属于被保险人的共有财产。

第一，该基金来源主要是投保人缴纳的失业保险费。尽管国家对基金有一定支持，但在我国现行的制度体系下，政府的支持主要表现在税收减免和社会保险管理费用的承担方面，所占基金的比例和数额法律并没有明确；而且，失业保险基金法律明确规定实现"以支定收、收支平衡"的原则。第二，不管投保人是以职工身份还是个体投保，失业保险费都属于被保险人财产的一部分。在以职工身份投保的情形下，用人单位缴费所占比例较大，但这部分应当属于劳动者提供劳动的对价，不是用人单位资本收益的组成部分，其权属仍然属于劳动者本人；在以个人身份投保的情形下，保险费的权属更加明确。第三，对失业保险基金的投资风险由被保险人承担，不是由国家承担。依据资产"谁所有、谁收益"的原则，收益权的归属说明财产性质。这与财政资金的投资收益归属完全不同。④

就业保险制度的支付制度主要体现在就业给付，而失业保险制度的支付制度以失业给付为主，其保险的对价给付性质突出，消极保障的特点极为明显。相对就业保险而言，失业保险支付制度的特点如下。

第一，主要提供失业保障，不积极促进就业。一般而言，在保障劳动者基本生活的基础上，促进其尽快实现再就业是失业保险的根本目的。但是实践中，其往往被诟病失业保险支付制度"养懒汉"，仅

---

① 参见我国《失业保险条例》第6条规定。另按照《人力资源和社会保障部 财政部关于调整失业保险费率有关问题的通知》规定：从2015年3月1日起，失业保险费率暂由现行条例规定的3%降至2%，单位和个人缴费的具体比例由各省、自治区、直辖市人民政府确定。在省、自治区、直辖市行政区域内，单位及职工的费率应当统一。

② 孟昭喜主编：《社会保险经办管理》，中国劳动社会保障出版社2005年版，第205页。

③ 杜俭、郑维桢主编：《社会保障制度改革》，立信会计出版社1995年版，第209页。

④ 参见张荣芳编《社会保险法学》，武汉大学出版社2012年版，第48—49页。

能为劳动者解决基本生活的后顾之忧,失业者的再就业热情始终难以提升。第二,支付措施较少,无法与就业促进等相关制度无缝对接,难以促进就业机会公平。失业保险支付往往重视现金给付,保险人直接将金钱给被保险人或第三人,以弥补其因此而产生的经济损失。一般来讲,各国的失业保险支付制度都赋予了其就业促进职能,但在现实操作中,国家往往将大量的人力物力用于失业登记、认定、失业保险金的发放等领域,对促进就业、职业培训、就业服务等方面投入不够。而事实上劳动者面临的就业与失业,承上是就业促进,启下是失业保险与社会救济,而且劳动者的整个就业过程还处于就业促进制度的关注之下。失业保险制度在当前就业促进为导向的社会背景下,显然难以与相关制度进行无缝对接。① 这样就造成了国家难以通过传统失业保险制度促进就业公平,不能从失业保障走向就业能力保障。第三,支付对象较为单一。失业保险的支付对象往往仅限于被保险人即劳动者,对用人单位减少解雇或不解雇及积极雇佣失业者,往往没有相应的奖励与优惠,不利于被保险人不被解雇或提早实现再就业,不利于稳定就业岗位及就业机会。

二 就业保险支付更突出积极的促进

就业保险支付制度最显著的特征就是其社会性更加凸显,积极促进的思想得到深刻体现,社会干预的痕迹明显,通过为就业能力提供保险,化解就业能力风险,更加追求就业机会公平、社会公平及对就业能力的保障。与失业保险支付制度具有明显的导向性差异。就业保险支付不仅负担失业给付,更加注重失业预防与就业促进,更加注重对劳动者就业能力的维持、更新及保障就业机会的稳定与公平(集中表现为"就业给付"),其对保险性质的摆脱倾向更为突出,更加体现社会政策目标功能。

就业给付的积极促进具体表现为以下几点。第一,严格条件的失业

---

① 黎大有、张荣芳:《从失业保险到就业保险——中国失业保险制度改革的新路径》,《中南民族大学学报》(人文社会科学版) 2015年第2期。

给付（失业给付最后原则[①]）以追求再就业为目标。一般而言，被保险人申请失业金，必须是非自愿离职并缴纳保费达一定期限，而且必须办理求职登记，无法推荐就业或安排职业培训，才得以领取失业金。失业金的领取只是兜底措施，之前有求职登记、推荐就业及职业培训等前置程序，目的在于促使失业者尽快实现再就业。把失业津贴转变为求职者津贴，把失业保障转变为就业能力保障，支付行为从被动走向主动，更加注重劳动者就业能力的获得、维持和提升，是劳动者稳定就业和尽早实现再就业追求的目标。第二，给付与奖励并举。一般而言，被保险人领取失业金的期限，受到缴费期限及最长领取失业金期限的限制。为了实现失业者尽早再就业，就业保险一般还给予提早就业奖励津贴，充分调动失业者再就业的积极性。同时，对自主创业的失业者给予适当资助与税收优惠等，鼓励积极实现更早就业、创业。第三，支付不限于被保险人。为了实现充分就业的社会目的，就业保险的支付更加积极主动，对于用人单位在经济不景气时不解雇或少解雇劳动者，就业保险基金将给予用人单位一定的补贴以企稳就业。从供给侧结构性改革的长远角度看，这可能不利于产业转型、技术改造提升，但是这类促进措施，往往见效快、短期效果明显，所以是很多国家都爱用的举措。同时对用人单位积极雇用长期失业者或年龄偏高等的失业者亦可给予适当补贴。可见，就业保险的支付对"消极失业者"的给付愈发消极，对积极推动就业的失业者和用人单位更为积极，其社会性的凸显与传统失业保险的支付制度具有较大的分野，属于执行了部分政府的社会政策目标职能。

三 就业给付的基本特征

（一）不以失业为唯一条件

就业给付与失业给付最大的区别在于，失业给付启动的前提条件是劳动者非主动失业，而就业给付的条件是促进劳动者就业安全、就业机会公平及就业能力的维持与发展，并非要等到劳动者非主动失业时才启

[①] 杨通轩：《"就业安全法"理论与实务》，五南图书出版股份有限公司2012年版，第84页。

动，维持和提升劳动者就业能力与稳定劳动者就业是就业给付的积极追求。但也必须指出，失业对于就业给付并非没有意义，失业仍然是启动就业给付的主要方面，只是说失业不是就业给付的唯一条件，或者说，失业给付仅仅是就业给付的基础要件，是就业给付最不愿意的一种兜底给付，但是这种给付毕竟不可替代，也不可能消灭。

就业给付的启动，除了劳动者非主动失业之外，还包括以下几点。（1）稳定就业给付，又称失业预防给付。当劳动者出现就业能力不足、劳动技能滞后等情形，而用人单位又不愿意提供在职进修培训时，劳动者因就业能力下降，其失业风险就会增大，就业保险基金可以替代用人单位提供资金或提供培训机会，提升劳动者的就业能力和技能素质（就业能力保险），避免劳动者失去就业机会的风险。这是就业能力保险的核心要义，也是政府应该负担的责任，符合劳动力供给侧结构性改革的要求，化供方的被动为主动。（2）稳定就业机会给付。稳定就业给付主要是针对劳动者，而稳定就业机会给付则主要是针对用人单位。当企业发生经营困难或经济不景气，用人单位面临资金难题，将裁减部分工作岗位时，就业保险基金可能提供部分资金支持，通过负担劳动者部分工资或提高贴息贷款等方式，促使用人单位不裁减或少裁减工作岗位，达到稳定就业机会的目的，促进就业机会公平。这也是企业在就业保险三方关系中应该担负的角色责任，为稳定就业、提供就业机会做出贡献。（3）其他给付。比如对社会力量兴办职业介绍机构、职业培训机构、职业技术学校等情况，可以采用订单式培养的方式，给予一定的资助，或者通过税收优惠、减免的方式给予支持。这里存在就业给付与就业促进制度下的给付存在交叉，需要国家立法加以厘清与解决。

（二）不以劳动者为唯一对象

就业给付的对象比较广泛，如上所述，其给付对象不仅限于劳动者，还可以是用人单位、社会中介组织、社会培训机构等。虽然所有的给付最终目的都是指向劳动者或与劳动者息息相关，但是劳动者不是唯一的给付对象。就业给付积极促进的社会性更加突出，承担了政府部分社会政策目标职能。就业给付的失业保障功能仅仅是基础。从理念上看，这部分给付不应是主体，但是，从当前国际的经济社会发展水平与就业状况来看，在短期内失业给付仍然会是主要支出。

（三）给付的内容：积极的更积极、消极的更消极

从总体上来讲，就业给付可以概括为消极的领域更消极，社会积极干预的领域更积极。从保险的角度出发，保险事故发生即被保险人因就业能力不足导致失业或面临失业风险，是启动就业保险支付的前提条件或者说基础，但是失业者能否直接领取失业金，还要取决于能否满足失业给付的一些构成要件，一些国家如英国，干脆把失业津贴改成求职津贴。特别是领取失业金的要求越来越高，美国在1996年有1730万人"货币上符合"（Monetarily Eligible）领取失业金资格，但有23.7%的人没有获得失业金；[①] 2002年有2050万人"货币上符合"，但有24.1%的人被取消了资格。[②] 其中多数是因为无正当理由离职、不准备工作或因不当行为被解雇而不具备领取资格。美国1986年以后，所有的失业保险金都必须纳税，失业保险金所得税执行累进税率，税率从1%到28%不等，2003年该项税收占失业保险金总量的12%，这样就变相地降低了给付水平。

德国从2005年起将失业救济金与社会救济金合并，把失业救济金降到社会救济金水平上（西部每月345欧元，东部每月331欧元）。[③] 同时失业人员必须接受就业服务机构的职业介绍，两次无正当理由拒绝的将受到处罚，长期失业者必须接受任何合法的工作，包括低于工资等级标准的工作，个人没有选择和拒绝的条件。从2006年起将失业金发放时间由原来最长的32个月缩减到55岁以上者最多发放18个月，其他人员最长发放12个月。在2006年1月31日以前，要求失业者在最近3年参保12个月即可能领取失业津贴，而此后调整为最近2年参保

[①] U.S. Congress, *1998 Green Book: Background Material and Data on Programs within the Jurisdiction of the Committee on Ways and Means*, Washington D.C.: U.S. Government Printing Office, 1998, p.337.

[②] U.S. House of Representatives, *2004 Green Book: Background Material and Data on Programs within the Jurisdiction of the Committee on Ways and Means*, Washington D.C.: U.S. Government Printing Office, 2004, pp.4–12.

[③] 参见杨文俊《美德日社会保险制度比较研究》，博士学位论文，吉林大学，2007年。

12个月，对参保时间提出了更严格的要求。①

而且就业保险支付启动的条件远远不仅限于失业，失业预防支付启动的条件可能是经济不景气，就业保险基金提前介入鼓励企业稳定就业岗位，从而不解雇或少解雇劳动者（被保险人），或者缩短工作时间等，对用人单位给予一定补助。当经济社会发展面临重大转型时，就业保险基金可以对在岗的劳动者（被保险人），进行职业培训技能更新（就业能力保险），以适应经济技术的快速发展。当用人单位雇佣长期失业者或年龄较大的失业者时，就业保险基金可以给予一定的经济补助，支持用人单位促进就业的举动。就业保险的支付条件更为宽泛、更为积极主动，不断挑战保险的事后保障与损失补偿功能，不断为政府执行部分社会政策目标职能创造有利条件。

第二节 支付的要件

一 支付的总体要求

就业支付与传统的失业支付具有性质与指导思想上的本质性差异，就业支付的启动与发生失业的保险事故有必要联系，但并非是充分联系，启动就业支付的条件要比启动失业支付的条件更宽泛。就业支付的总体要求主要表现为与传统失业支付的差异，就业支付的总目标是促进劳动者的就业安全，追求就业机会及社会公平，维持和发展劳动者就业能力，预防失业与促进就业是其两翼，失业保障仅是其支付的基础。传统的失业给付也有促进就业的积极措施，但是其积极措施主要针对已经失业的劳动者，通过职业介绍、职业培训及培训津贴替代失业津贴，使劳动者重拾就业能力，尽快重返工作岗位；对于提早结束失业重返职场者，将提供提早就业奖励。而就业支付的对象不仅限于劳动者，从原则上讲，以劳动者为对象的基础虽未动摇，但是只要是有利于扩大就业机会、稳定就业岗位、延长就业期限的情形，均可能成为就业给付的对象。

---

① 参见杨文俊《美德日社会保险制度比较研究》，博士学位论文，吉林大学，2007年。

如韩国《就业保险法》第 1 条规定,就业保险制度的目的是当劳动者失业时,通过给它们提供必要的帮助,以预防失业、促进就业、发展及改善劳动者的就业能力、加强职业培训、辅导及就业推介服务的效用,以及稳定劳动者的生活,并促进他们积极实现再就业,为国家的经济社会发展贡献力量。韩国规定的就业支付除了失业给付以外,主要是稳定就业给付及职业技能发展给付(提供就业能力保险)。失业给付为失业工人提供现金援助,以解除他们对生活的后顾之忧,促使他们尽快重返职场。失业给付包含求职津贴和鼓励就业资助金两项。稳定就业给付希望在科技革命出现结构性发展周期内提供就业保障。稳定就业给付涵盖了四个项目:适应就业资助、促进就业资助、区域性刺激就业援助及就业信息与就业推介服务。职业技能发展给付的目的在于提高用人单位的竞争力、劳动者的职业能力,以及鼓励个别用人单位在职业培训领域增加投入。职业技能发展计划涵盖了对用人单位、对劳动者及为培训失业者而提供的资助三个项目。[①]

就业保险支付的范围相比失业保险而言不断扩大,一是进一步体现了社会保险的"全民化"趋向。社会保险权利主体的不断扩大是社会保险的全民化趋向的集中体现。在产生之初,仅一小部分"蓝领"工人劳动者被赋予社会保险权,即那些生活境遇悲惨、改变现状愿望最为强烈的一线产业工人。后来,社会保险不断扩大其覆盖范围,逐渐拓展到全体受薪劳动者并部分惠及劳动者的家属。就业保险的覆盖范围及支付对象不断扩大,顺应了整个社会保险制度的全民化发展趋势。二是进一步体现了社会保险的"福利化"趋向。社会保险的一些待遇呈现出的向租税福利转化的倾向,是其福利化趋向的主要体现。这是一种伴随着福利国家政治制度的转向,抑或是紧跟着普及性的社会保险制度的产生而出现的。[②] 随着就业保险支付范围的扩大,仅靠投保人的加保费用明显不

---

① 参见周栢均《"南韩"的失业保险及援助制度》,(中国香港)"立法会"秘书处资料研究及图书馆服务部,http://sc.legco.gov.hk/sc/www.legco.gov.hk/yr99-00/chinese/sec/library/c21.pdf。

② 李志明:《社会保险权的历史发展:从工业公民资格到社会公民资格》,《社会学研究》2012 年第 4 期。

足,这需要政府担起兜底责任,需要财政税收资金予以补助,毕竟就业保险不能过多承担社会政策目标职能,而且承担部分也需要政府提供等价的财政支持。

二 支付的基础要件——失业风险

没有风险即无须给付,就业给付与失业给付最大的共同点就是对失业的保障,这也是建立就业保险制度的基础,失业风险对就业支付的重要意义不言而喻。在劳动力市场上,一般将15周岁以上、64岁以下的人口称为劳动人口,而劳动力则是指其中有能力参与生产生活且积极寻找工作的民间非监管人口。[①] 劳动力可被区分为两大类:就业与失业。按照劳动力调查的定义,就业指的是在某一特定的时期内拥有一份有报酬的工作,或者在自己家庭的事业(务农、看店、工厂帮忙)里工作15小时以上的无酬家属工作者。全部的劳动力中,不属于就业者,就称为失业,其定义如下:一个人满15周岁以上,64周岁以下,现在没有工作但可以马上工作且正在积极寻找工作,即失业者。[②]

可见,失业并不是指劳动者丧失工作能力,而是指原则上完全失去工作机会而言。既然是失去工作机会,自然不包括劳动者在休特别休假或无薪休假的情形,因为这只是短暂中断工作,劳动者本想在休假后重拾工作。但是,如果劳动者从事微量的工作且微量工作收入与失业给付总额未超过基本工资者,仍然属于失业。理论上,申请失业给付者必须举证失业的事实。[③] 就业与失业是一对相辅相成的市场现象,从理论上讲任何授薪劳动者都有失业的风险,就业支付的启动虽然不完全以发生失业事故为前提,但是就业支付始终围绕"就业能力风险"及"失业风险"而展开,预防失业、稳定就业、促进就业、失

[①] 张清溪等:《经济学——理论与实务》,双叶书局1991年版,第212页。

[②] 参见林苑婷《我国就业保险制度之研究》,硕士学位论文,台湾政治大学,2004年。

[③] 杨通轩:《"就业安全法"理论与实务》,五南图书出版股份有限公司2012年版,第139页。

业保障的一系列措施，均为就业支付的对象，其支付范围远远大于失业给付本身。就业支付始终在围绕"就业能力风险"这条主线的基础上，强调以"失业风险"为抓手，"失业"对于就业给付仍然具有特殊重要的意义。

三 支付的积极要件——就业安全

就业支付更加突出积极促进的思想，以稳定就业机会进而促进就业安全为己任，承担了大量的社会责任乃至国家和政府应该承担的责任。就业支付的部分内容尤其是就业岗位稳定支出又称雇佣安定[1]支出等，一定意义上均超出了失业保障的社会功能，属于政府的义务即行政给付的内容。劳动者作为行政给付的相对人，获得行政给付属于一种宪法权利或基本权利，属于行政收益权即行政相对人的收益权。[2] 雇佣安定支出虽然是有就业保险基金负担，但是其出资的主要来源仍然是财政资金，即财政资金以政府支出或兜底的方式，体现对就业保险的支持。这也正是当经济不景气时，就业支付积极性的充分体现。用人单位因经济不景气致亏损或业务紧缩，为避免裁减员工，其会愿意选择缩减工时来取代裁员，致使劳动者工资降低。对此，保险基金可以给予劳动者适当的工资补贴，以弥补工资的减少部分，维持劳动者正常的经济生活；保险基金也可以给予用人单位适当的补贴，比如贴息贷款等，使用人单位尽快渡过难关、恢复正常生产，以实现劳动者长期就业安全的终极目的。

此外，雇佣奖助亦属于促进就业安全的重要措施，雇佣奖助措施系通过奖助促使用人单位雇佣劳动者，也就是以金钱引导奖助对象的积极促进行为。其基本要求是用人单位能主动招收特殊失业劳动者，比如年老劳动者、残疾劳动者、长期失业的劳动者等，并签订一定期限的劳动合同。保险基金可以以招收数量为依据，给予用人单位劳动者全部或部

---

[1] 我国台湾地区"社会法"与社会政策学会主编：《"社会法"》，元照出版公司2015年版，第215页。

[2] 喻少如：《行政给付制度研究》，人民出版社2011年版，第91页。

分工资的补贴，积极地促进就业安全。

第三节 支付的种类

一 面向劳动者的给付

在就业保险制度下面向劳动者的给付除了失业给付还有提供服务与优惠政策，主要是为了给劳动者提供就业能力保险，化解就业能力风险。

（一）失业给付的条件

第一，被保险人在"非自愿离职"的情形下，其保险缴纳有一定的期限要求。如我国台湾地区规定，其保险年资在办理退保当日之前的 3 年内，合计至少满 1 年；日本在 2007 年统一规定了各类劳动者的最低参保时间，临时劳动者要求在领取失业金前需参保 12 个月，如因企业破产而失业者领取失业金亦需参保 6 个月；德国则规定，失业前两年中至少要缴费 12 个月。① 第二，申请人必须"具有工作能力及继续工作意愿"，而且有曾向就业服务机构办理求职登记的积极动作。限定为非自愿失业主要是为了限制失业人数的无序增长，减少失业者对保险金的过度依赖。有工作意愿，是为了让失业者尽早自食其力，积极找寻工作重返职场；同时也体现了工作优于救济的理念，只有那些经过职业推介仍未结束失业状态的劳动者，才有资格领取保险金。这也为政府开发公益性岗位、积极扩大就业机会提供了必要的空间。如不具有劳动能力者，则是通过其他社会保险或社会救济等方式获取基本生活保障。② 第三，一般规定了一定的等待期。日本《就业保险法》规定工人被解雇 7 天后可申请失业救济；我国台湾地区规定，给付的条件是自申请人求职登记日起 14 日内，无法推介就业或安排职业培训的。等待期的目的是减少短期申领，节省支付成本和管理费用，同时给就业服务机构办理就业咨

---

① 参见杨文俊《美德日社会保险制度比较研究》，博士学位论文，吉林大学，2007 年。
② 同上。

询及推介工作一定的作业时间，并且还要避免极短暂失业或者已经找到工作尚未就职者，却仍然得以领取失业给付的情形。① 第四，满足失业给付的申请程序，申请失业给付在满足上述实质要件的要求下，还必须满足所在地的申请程序，以对上述实质要件进行审查，并安排促进再就业的具体措施。

必须指出的是，用于消极保障的失业支付在保险基金的中的支付比例呈下降趋势。在经济合作与发展组织成员当中，消极保障措施的基金支出比例在60%—78%的有17个；在50%—60%的有9个；支出比例低于50%的有6个，分别是日本、英国、瑞典、波兰、墨西哥、智利，其比例主要集中在40%左右。墨西哥的情况更加特殊，在消极保障措施方面的支出为零，其所有的失业保险基金全部用于就业培训、就业激励以及公共就业服务。②

(二) 提早就业奖励津贴

"提早就业奖励津贴"主要是为了鼓励失业者积极寻找工作，避免产生福利依赖。因此，就业保险一方面提供被保险人失业给付，另一方面则以津贴作为诱因，奖励失业给付申请人在用完给付期之前就业。提早就业奖励津贴，本质上是奖金，而非失业给付，不具有工资替代功能，也非在于对失业劳动者的经济生活帮助（既然都已就业，自然也没有经济生活帮助的必要了）。且既然是奖励性质，则领取津贴的人，其保险年资不应重新起算。③ 日本对尚处在失业津贴领取期间内，提前实现再就业的劳动者给予适当的奖励，如果提前45天以上实现再就业的，可以一次性领取尚未领完的失业津贴总额的1/3。我国台湾地区对请领失业给付尚未满6个月，如果能够再就业并且参加保险3个月以上者，允许其一次性领取就业奖励津贴，即当事人尚未领取的失业给付金的50%。

---

① 钟秉正：《"社会保险法"论》，三民书局2005年版，第223页。
② 张军涛：《对我国失业保险基金功能拓展的思考》，《中国劳动》2014年第12期。
③ 杨通轩：《"就业安全法"理论与实务》，五南图书出版股份有限公司2012年版，第164页。

(三) 职业培训生活津贴与就业服务

被保险人非自愿离职后,一般应先向就业服务机构办理求职登记,该就业机构一般应当在一定时间内推荐就业或安排职业培训。这是因为,就业保险给付的目的不仅在消极地维持被保险人失业期间的基本生活所需,而更要积极地通过职业训练提升当事人的就业技能,确保其就业能力竞争力得到维持和提升。如日本还发放配套的教育培训津贴,除领取基本津贴外,那些参加公共职业培训的失业者,还可获取交通津贴、听课津贴等,如寄宿他处,还可额外获取寄宿津贴。此外,对因工作原因确需迁往异地的求职者,政府还提供专门的旅费补贴、住房资助。

如我国台湾地区规定,公立就业服务机构得视被保险人再就业的需要,提供职业训练。主管机关应于本保险年度应收保险费10%的范围内,提拨经费办理在职培训、职业培训以及奖励雇佣等业务。"劳委会"就此订有"就业保险之职业训练及训练经营费管理运用办法"。[1] 又规定,被保险人经由机构安排全日制的职业培训师,于受训期间内可以按月申请"失业训练生活津贴"。该项津贴的额度为当事人离职退保当月起前6个月平均月投保工资的60%,最长可以发放6个月。此外,为了安定申请人受训期间的生活,培训单位应当在其"到训之日",通知保险人发放津贴。而且如果中途离训或遭到退训时,即应通知保险人停发。[2] 又假如被保险人在接受职业培训期满之后,仍然未能顺利推荐工作者,培训单位也要依据该规定转请公立就业服务机构完成其"失业认定"。此时,当事人可以依据此一认定证明,转而请求保险人核发失业给付,但是其给付额度合计原先已经领取的失业给付,总金额仍以6个月为限。

需要指出的是,前述职业培训生活津贴与失业给付二者之间,也可

---

[1] 钟秉正:《"社会保险法"论》,三民书局2005年版,第226页。
[2] 我国台湾地区就业保险规定的实施细则指明,职业训练生活津贴应按申请人"实际参训起讫时间"发给。以30日为一个月核算发放。训练期间未满30日者,发放半个月;10日以上训练时数达30小时者,发放半个月;20日以上训练时数达60小时者,发放1个月。

能发生竞合的问题。依据就业保险的理念，其目的是用以提升劳工的就业技能，促进再就业，并且保证劳工在接受职业培训或失业时，一定期间内的基本生活。因此，失业保险的给付也应当兼顾无法推荐就业时，申请人即得请领失业给付；而申请人经由机构安排接受职业训练后，也可以请领职业培训生活津贴。由于该二项给付项目皆以替代被保险人所得以及安定其生活为目的，因此不得同时请领。即政府采取积极措施尽量安排申请者参加职业培训，并请领职业培训生活津贴，如果无法安排申请者参加职业培训，或在参加完职业培训后仍无法推荐就业者，才可以申请失业给付。这具有明显的职业培训津贴发放优先思想，维持和发展劳动者的就业能力，提供就业能力保障，符合就业保险及积极促进就业的理念。同时需要指出的是，就业服务机构推荐就业、安排职业培训，不需要被保险人负担直接费用，显然是受到了就业保险基金的资助，换句话说，就是通过就业服务机构为被保险人提供推荐就业和职业培训等服务，就业保险的支付不限于金钱给付，还包括提供各种相关服务。

（四）创业优惠

失业人员创业的根本目标是在自谋职业，脱离失业的环境，创业不仅能解决自身的就业问题，而且还可能带动社会就业，是各国政府都很推崇的做法。政府对此一般也会有一定的投入，对失业者创业提供各类优惠政策，保险基金对失业者创业提供贷款贴息等促进措施，这本不属于就业能力保障的范畴，属于体制外科学地化解了劳动者的就业能力风险。为了促进就业，如日本的失业或无业人员如果创业，可以从政策性金融机构获得无担保、无抵押贷款，如果失业者自己创办公司，还可以不受最低注册资本的限制，甚至可以注册1日元公司。法国规定，失业人员从事不靠工资生活的其他职业，国家在一定时期内可给予特别的补助。如失业者自行创办微型企业，政府除给予咨询服务、技术支持外，银行可给予优惠贷款，由保险基金提供担保。

除此之外，是以创业补贴替代失业津贴。如西班牙规定，失业者如从事自谋职业活动或参加生产合作社，可以一次性领取其应领取的全部失业金作为创业的本金。还有的是对失业者的社会保障权利进行保留或恢复。如法国规定创业者在开头的几个月时间内，可以继续享受包括领取失业金在内的各项社会保障权利；英国也规定，保留创办企业的失业者在一定时期内继续按周发放失业金的权利。[1] 对于创业式促进，政府的做法可以是小额担保贷款、减免税收或行政性收费减免为之，在所鼓励的创业方面，给予贷款额度的限制，自然以小资本企业为限。按照我国台湾地区就业保险失业者创业协助办法的规定，创业协助经费由就业保险基金支付，而非税捐。[2]

（五）其他给付

（1）高龄求职者津贴。如在日本，高龄继续被保险者（65岁前后受雇于同一雇主的劳动者）失业后，经职业介绍所认定，可一次性领取失业津贴。(2) 短期工特例求职者津贴。如日本规定，由于短工在一定时期内不断重复就业与失业，因此，其失业津贴就以一般被保险人的失业津贴日额乘以50天一次性领取。(3) 临时工求职津贴（一天一雇用或约定受雇期在30天以内的劳动者）。[3]（4）领取失业保险金期间应当缴纳的基本医疗保险费（或称全民健康保险费）。(5) 领取失业保险金期间死亡的失业人员的丧葬补助金和其供养的配偶、直系亲属的抚恤金。(6) 育婴留职停薪津贴。[4]（7）用人单位拖欠工资垫付。[5]（8）加

---

[1] 马永堂：《比较研究：完善失业保险促进就业功能》，《中国劳动》2006年第1期。

[2] 杨通轩：《"就业安全法"理论与实务》，五南图书出版股份有限公司2012年版，第25页。

[3] 参见聂爱霞《中国失业保险制度与再就业问题研究》，中国社会科学出版社2014年版，第174—175页。

[4] 我国台湾地区就业保险相关规定指明，被保险人的保险年资合计满1年以上，子女满3岁前，依性别工作平等规定，办理育婴留职停薪者，可以请领育婴留职停薪津贴。

[5] 我国台湾地区劳动基准相关规定，雇主因歇业、清算或宣告破产，本于劳动契约所积欠的工资未满6个月部分，有最优先受清偿之权。雇主应按其当月雇佣劳工投保薪资总额及规定的费率，缴纳一定数额的积欠工资垫偿基金，作为垫偿前项积欠工作之用。积欠工资垫偿基金，积累至规定金额后，应降低费率或暂停收缴。前项费率，由主管机关于0.01%范围内拟定，并报请上级部门核定。雇主积欠的工资，经劳工请求未获清偿者，由积欠工资垫偿基金垫偿；雇主应于规定期限内，将垫款偿还积欠工资垫偿基金。参见杨通轩《"就业安全法"理论与实务》，五南图书出版股份有限公司2012年版，第181页。

给给付（均等金额制）。① （9）英国的"工作尝试计划"②支出等。

二 面向用人单位的给付

所谓面向用人单位的给付，主要是为预防失业风险、稳定就业岗位、扩大就业机会，用保险金给予用人单位一定的资助，使它们在经济发生困难（金融风暴、经济萧条等）或经营面临无可避免的事故（天灾人祸、输出入管制等）的时候少裁员或不裁员；或使它们分流富余人员，开发新的就业岗位、实施工作分享计划等。如日、德、法、英等国，一是运用就业保险基金，鼓励用人单位内部消化、安置、分流富余劳动者，比如开展转业、转岗培训，挖掘、开发新的工作岗位，推行"工作分享计划"等。二是要求用人单位在裁员前必须向政府劳动部门报批，未获批准不得大批裁员和向社会大量输送失业者。③ 三是鼓励用人单位缩短工作时间的方式，避免解雇劳动者。其目的无非是在避免用人单位采取裁员行动，造成劳动者的失业，也可以使用人单位维持熟练的劳动力。由上述可知，在解决缩短工时工作（无薪休假/强制休假）的做法上，必须搭配劳动法及就业保险法的规定及手段，以处理法令所规定的特殊事由。④ 四是鼓励企业招聘失业人员补贴。日本的做法比较典型，其补贴项目包括：对因经营不景气而被迫缩小经营规模的企业给予为期1年的工资补贴，以鼓励安置内部富余人员；对转产、重组企业

---

① 依据我国台湾地区就业保险相关规定，被保险人非自愿离职退保后，于请领失业给付或职业训练生活津贴期间，有受其抚养的眷属者，每一人按申请人离职办理本保险退保的当月起前6个月平均月投保工资的10%加给给付津贴，最多至20%。

② 工作尝试计划是指，由职介中心将失业者安排到一个参加该计划的用人单位的工作岗位上工作，在此期间求职者（登记失业至少6个月）继续领取失业津贴，还可以领取适当的交通费和餐费补贴。用人单位不必为该职工的工作支付工资。3周的"尝试"期结束后，双方决定是否要终止工作。参见［美］尼尔·吉尔伯特等编《激活失业者——工作导向型政策跨国比较研究》，王金龙等译，中国劳动社会保障出版社2004年版，第8页。

③ 马永堂：《让失业保险助力就业 借鉴国外经验 完善我国失业保险制度》，《中国就业》2012年第11期。

④ 杨通轩：《"就业安全法"理论与实务》，五南图书出版股份有限公司2012年版，第177页。

提供一次性就业稳定特别补贴；对在就业特别困难地区开办的企业给予奖励性补贴；对创造出大规模就业岗位的企业给予岗位开发补贴。①

在德国，政府会对因季节性原因停工的特殊行业，以及对开工不足企业的劳动者发放一定的补贴。对用人单位雇用就业困难失业者的，还可以发放为期12个月的、被雇用劳动者工资的50%的补贴。如果雇用了年龄在50岁以上的失业者，其补助时间还可以再延长24个月，至36个月。约有6.1万人在2005年享受了此项待遇，其中约2.4万人在50岁以上。如果用人单位重新雇用了55岁以上的失业者，用人单位相应的失业保险费将被免除。

日本还推出了优惠的税收政策，支持濒临破产的企业重建，以稳定部分工作岗位。如果对被裁减的劳动者进行劳动技能培训后，用人单位重新安排岗位的，劳动者在培训期间的大部分工资将由政府提供。在1993年日本还设立了"中小企业劳动时间短缩促进特别奖励金"，鼓励用人单位缩短劳动者的工作时间，如此不仅能够增进劳动者的身心健康，而且能够增加工作岗位数。1991—2006年，日本的年平均工作时间已由2008小时缩短至1842小时。美国也有18个州建立"工作日减少补贴"，起到稳定就业的作用。②

加拿大的工作分担制度（Work-sharing），指当雇主面临运营不佳、超出其可控制的范围时，若劳动者愿意在此期间自愿减少工作时数或周数，减少的时数或周数可领取就业保险给付。给付额度与一般给付相同，工作分担期间为6—26周，若情形严重最高可延长至38周。此方案的目的是为协助雇主与员工避免暂时性解雇，当雇主运营恢复正常时可保留原有员工，并节省其再招募及训练费用。③ 因此对用人单位进行资助，实质就是预防失业，可以让就业促进釜底抽薪，稳定就业岗位、创造就业机会，等于提前进行了就业促进。

---

① 聂爱霞：《中国失业保险制度与再就业问题研究》，中国社会科学出版社2014年版，第181页。

② 参见杨文俊《美德日社会保险制度比较研究》，博士学位论文，吉林大学，2007年。

③ 黄婉玲：《加拿大失业保障与就业促进制度之探讨》，《政大劳动学报》2009年第24期。

三 面向职业培训机构的给付

公立或私立的职业培训机构,为参保劳动者提供职业培训。可为接受职业培训者提供更好的就业规划与职业能力培训,使其增强或重新具备工作能力(提供就业能力保障)。或对谋职者提供职业培训上额外的社会照顾措施,如依据《德国社会法典》第三篇第240条的规定,可以受领培训优惠补助、职业方案费用等补助。①

四 支付水平随经济发展情况有一定波动

发达国家和地区的就业保险制度发展比较成熟,其保障水平既有不变的地方,也有随经济发展情况不断调整的地方,绝对不是我们所想象的只会提高不会降低。

美国媒体曾于2013年11月18日报道,美国政府由于失业保险的成本不断增加,负担越来越重,在2014年甚至可能会取消失业保险计划。估计有130万美国人,至2013年12月的最后一周,将会失去他们的失业保险金,而且又将有85万人,在2014年的第一季度,失去这项福利。因此,在2013年年底或2014年年初,美国的失业保险计划或将在实质上被宣告结束。失业者未来能领到保险金的周数将严重缩水。斯珀林(时任奥巴马的高级经济顾问)预测,在2014年会受到这项政策影响的人约有480万。② 日本也会随着物价水平适时调整保险金的发放水平。如据日本媒体曾报道,日本厚生劳动省决定,从2014年8月1日起,将失业人员的平均失业保险金支付额降低0.8%。这是日本连续两年降低失业保险金支付额。从2013年开始,日本实施了失业保险金支付额与物价联动的制度。由于日本物价下跌,失业人员的失业保险金的支付额也相应减少。为此,依靠失业保险金维持生活的日本家庭每月将减少1万至1.5万日元的收入。

---

① 参见林谷燕《就业促进制度(上)》,《师友月刊》2008年第9期。
② 《国家鉴于政府负担加重 明年或取消失业保险计划》,2013年11月,环球网,http://news.163.com/13/1120/14/9E4NK7BI00014JB6.html。

五 就业保险不予支付的类型

就业保险的给付目的在于达成"所得替代"与"就业促进"两项目标。若是被保险人已经有其他足够的所得来源，或者是拒绝配合各项就业促进措施，保险给付即应遭到拒绝或停止。失业者享有就业保险待遇与就业保险所承担的失业风险相关联，当失业者无基本生活保障需求或者促进其再就业目的无必要时，就业保险待遇也相应地失去存在的价值，故一些国家立法也规定了相应的终止情形。

（一）申请人未尽协力义务

失业被保险人必须证明尽力寻找工作而未果，使能请求失业给付。至于寻找工作包括口头或书面的应征以及由各种渠道（招人启事、公立就业服务机构、民间中介机构、派遣公司、失业单位）发布求职简历与咨询等动作。当然也包括（被动地）接受公立就业服务机构所推荐的就业机会。为了证明已尽力找寻工作，就业保险规定上有明确的对求职记录的要求。[①] 如我国台湾地区规定，被保险人如果无故不接受推荐工作、不参加就业咨询与职业培训者，应当拒绝其失业给付的申请。至于已经请领失业给付的申请人，就应当按月接受公立就业服务机构的"失业再认定"。纵使无法亲自办理，也要提出证明委托他人代办。假如申请人未曾经过就业服务机构的再认定，就得停发失业给付。又规定，申请人办理再认定的时候，应当提供至少 2 次的"求职记录"。而且，未能依规定提供该记录又无法于 7 日内补正者，也要停发失业给付。另外，接受职业培训而另有职业培训生活津贴之人，如果于中途离训或经培训单位退训时，保险人也可以停止发放该项生活津贴。[②] 在德国，外籍劳动者丧失工作许可证时，并非即已无工作意愿，因此其仍然可以找寻工作，只是其真正工作前须取得许可证而已（协力义务）。[③]

[①] 杨通轩：《"就业安全法"理论与实务》，五南图书出版股份有限公司 2012 年版，第 149 页。

[②] 钟秉正：《"社会保险法"论》，三民书局 2005 年版，第 229 页。

[③] 杨通轩：《"就业安全法"理论与实务》，五南图书出版股份有限公司 2012 年版，第 152 页。

(二) 申请人另有工作收入

申请人另有工作收入是指,失业期间或受领失业给付期间另有其他工作收入者,若是被保险人经由该项工作每月的收入超过"基本工资"时,就不得再申请领失业给付。另外,纵使其每月收入并未超过基本工资标准,但是该项工作收入与失业给付的总和仍然高于最低工资时,其超过申请人平均月投保工资80%[1]的部分,仍然必须自失业给付中扣除。[2]

(三) 申请人领有其他社会给付

被保险人有领取工伤保险给付、职业培训生活津贴、临时工作津贴、创业贷款利息补贴或其他促进就业相关津贴、享受基本养老保险待遇者,或者应征服兵役者、移居境外者,因为这些都具有工资替代的功能,或者给付已经没有理由,为了避免重复给付,所以规定申请人不得同时领取失业给付。[3]

(四) 与失业救助措施的衔接问题

被保险人失业后,其领取失业给付期间届满仍未就业者(失业救助制度针对长期失业者),保险人穷尽一切就业促进措施也无法使失业者就业,被保险人从劳动者演变成长期失业者,此时失业者既无失业给付,又无其他经济来源的情况下,其生活必定陷入困境。很多经济较为发达的国家都有较为完善的社会救济制度,以保证失业者的基本生活费用。这就存在一个就业保险与失业救助的衔接问题。如果失业者是因为年龄较大、职业技术落后或没有职业技术,国家必须通过各类就业促进制度,给予失业者直接资助与帮助;如果失业者是因为劳动者工伤,则由社会工伤保险提供保障;如果失业者是因为身体原因无劳动能力,则经济较为发达的国家一般都会保障其基本生活,直至其领取养老保险费。

如德国实行失业保险、失业救济相结合的双重保障模式,对于无权

---

[1] 参见我国台湾地区就业保险的相关规定。
[2] 参见钟秉正《"社会保险法"论》,三民书局2005年版,第128—129页。
[3] 同上书,第229页。

继续享受失业保险金或者本来就没资格享受失业保险金的失业者，则可以享受由联邦政府提供的从税收收入拨付资金的失业救济。这种将失业保险制度与其他社会保障制度紧密衔接的办法，较好地保障了社会上的所有失业人员。无论其是否有资格领取失业保险金，通过或者领取失业保险金，或者领取失业救济金，或者先领取失业保险金，符合条件的，在期限内仍未就业，转领失业救济金的方式，可将他们全部纳入失业保障制度中，应保尽保，并经过一系列有效衔接与整合的制度安排，减缓失业对他们在社会、家庭生活等方面的各种冲击，使他们得到全方位的、人性化的保障。①

---

① 聂爱霞：《中国失业保险制度与再就业问题研究》，中国社会科学出版社2014年版，第172页。

第七章

我国就业保险制度的构建

前面对发达国家和地区就业保险制度的基本问题进行探讨，分析出其基本经验，特别是从失业保险向就业保险转变的历史轨迹，其根本目的在于为完善我国失业保险制度及就业促进制度提供理论与实践经验参考，并厘清我国失业保险制度与就业促进制度的交叉部分，结合我国供给侧结构性改革的历史背景，化解失业风险、提升就业能力、促进就业稳定、扩展就业新领域，乃至在我国逐步建立就业保险制度。

第一节 我国就业保险制度的覆盖范围

一 我国有关失业保险覆盖范围的规定

《失业保险条例》第2条[①]、《社会保险法》第44条[②]、《就业促进法》第16条[③]均有关于失业保险制度覆盖范围的相关规定。从这些具体规定来看，《社会保险法》规定的范围最大，所有的职工都应当参加保险，这意味着其范围大大超过《失业保险条例》第2条规定的职工范

[①] 我国《失业保险条例》第2条规定：城镇企业事业单位、城镇企业事业单位职工依照本条例的规定，缴纳失业保险费……本条所称城镇企业，是指国有企业、城镇集体企业、外商投资企业、城镇私营企业以及其他城镇企业。

[②] 我国《社会保险法》第44条规定：职工应当参加失业保险，由用人单位和职工按照国家规定共同缴纳失业保险费。

[③] 我国《就业促进法》第16条规定：国家建立健全失业保险制度，依法确保失业人员的基本生活，并促进其实现就业。

围，而且这个职工只要有用人单位就应当参加保险，理所当然包括农民工，当然没有用人单位的其他工作人员就被排除在外了。

结合当前各类法律规定，以下皆应属于我国失业保险的覆盖范围。（1）适用于我国境内的所有工商企业、个体经济组织、民办非企业单位等组织及其劳动者。（2）适用于事业单位及其职工。2014年7月1日起施行的《事业单位人事管理条例》，将事业单位职工纳入失业保险轨道，有利于进一步推动事业单位用人机制市场化的改革。（3）适用于国有企业、社会团体和与其建立劳动关系的劳动者。根据《劳动合同法》第2条第2款[1]规定，应将社会团体及国家机关建立劳动关系的劳动者纳入失业保险。（4）适用于在中国就业的外国人。根据《社会保险法》第97条规定，在中国境内就业的外国人，应依法参加社会保险。[2]

二　实践中我国失业保险制度覆盖范围过小

《关于促进就业和失业保护的公约》第11条规定：（1）受保护的人员应由立法规定的各类雇员组成，人数不得少于全体雇员（包括公务员和学徒）的85%；（2）尽管有上一条规定，若在正常退休年龄之前，其就业由国家法律或者法规保障的公务员可以排除在保护之外；（3）如果根据公约第5条所作的声明生效时，受保护人应包括（a）立法规定的各类雇员不得少于50%的全部雇员，（b）在发展水平明确地证明合理时，在雇佣20人以上的工业场所中，规定的各类雇员不得少于50%的全部雇员。我国当前失业保险的覆盖范围还远远没有达到公约的要求。失业保险制度的保障主体应当是所有有失业风险的劳动者，扩大失业保险覆盖范围意味着拓宽了保险金的来源，更多的保险金将会造福更多的劳动者，可用于增加职业培训和推介的资金，增加针对失业者的培训项目，实现失业者职业技能水平提升途径的多样化，不断维持和更新其就业能力，在一定程度上会加快劳动者再就业。我国当前的实践中存

---

[1] 我国《劳动合同法》第2条第2款规定：国家机关、事业单位、社会团体和与其建立劳动关系的劳动者，订立、履行、变更、解除或者终止劳动合同，依照本法执行。

[2] 参见张荣芳编《社会保险法学》，武汉大学出版社2012年版，第159—160页。

在的主要问题如下。

(一) 参保覆盖的比例极低且呈下降趋势

1994—2012年，我国失业保险参保人数占城镇就业人数的比例由42.7%下降到40.9%。① 2014年我国共有劳动人口9.4亿，劳动年龄人口的劳动参与率为80.4%，② 由此推出我国共有实际劳动者约7.56亿人。2014年末，城乡就业人员达到77253万人，由于我国的城乡二元体制，全国参加失业保险的却仅为17043万人，这就意味着有77.94%的就业人员未参加失业保险。大量的农村就业人口、农民工、非公有制企业职工、非正规就业者及其他灵活就业劳动者，在实践中大都被实际排除在失业保险之外，参保的基本上是正规就业人群。真正失业风险大的人群，如灵活就业、短时就业的人员，反而没有参加保险。

(二) 失业保险替代率较低，待遇总体水平不高

2014年全国领取失业保险金人数为207万人，比上年年末增加10万人。全年共为78万名农民工支付了一次性生活补贴，其因劳动合同届满未续签或提前解除合同。全年失业保险基金收入1380亿元，支出615亿元，分别增长7.1%、15.6%。2014年年末失业保险基金累计滚存4551亿元。大多数国家的失业金发放标准是以劳动者失业前的工资为依据，是失业前工资的特定比例，称为保险金的替代率。发达国家和地区的替代率大多为50%—60%，发展中国家的大多为40%—50%，而我国仅在18%—25%区间低水平徘徊。③

1994—2003年，我国失业者每年人均获得的保险金从258.3元增至1771.8元，分别占同期全国职工平均工资水平的5.7%—12.6%。对比2008年11月公布的全国城市最低生活保障人均支出水平134元来看，2007年全国平均失业保障金约为200元，略高于低保水平。由此可见，

---

① 陈郁：《2013中国社会保障发展报告：失业保险覆盖面小》，2014年7月，中国经济网，http://www.ce.cn/xwzx/gnsz/gdxw/201407/01/t20140701_3075979.shtml。

② 《2014年中国劳动力市场供求状况分析及展望》，2014年5月，中商情报网，http://www.askci.com/news/201405/22/2214561439356.shtml。

③ 参见金荣《中国失业保险基金结余问题研究——基于实证数据的分析》，硕士学位论文，西南交通大学，2011年。

我国失业保险制度的确不足以"养懒汉"。①

三 覆盖范围逐步扩大的路径

在一定的历史、社会和经济发展条件下，就业保险的覆盖范围并不是越大越好，也不是扩大得越快越好，而是必须循序渐进、先易后难，以强大的经济实力、物质支撑为后盾，逐步扩大覆盖范围。

首先，遵循覆盖范围逐步扩大的原则：先城镇后农村；先第二、三产业后第一产业；先正式就业再灵活就业；先全日制就业再非全日制就业。最终目标是覆盖全体有就业能力风险的劳动者。我国当前的失业保险覆盖整体水平才20%左右，想一蹴而就扩大到超过60%，甚至达到发达国家90%以上的水平，短期内还不现实。只有从实际国情出发，先易后难、先体制内后体制外逐步扩大。同时，遵循保障水平扩大的原则，即先保基本、后图发展。这种低水平的失业保险制度大体上还是与我国国情相适应的。一方面，失业保险制度本身有着"富贵"倾向，与经济发展水平高度相关。在全世界172个建立社会保障制度的国家中，有不到40%建立了失业保障制度，但主要分布在中高收入国家。再者失业保险的保障水平不宜过高。较高的失业保险金会降低失业的成本，减弱失业者搜寻工作的热情，产生抑制就业的反作用。另一方面，我国刚刚进入中等收入国家行列，国家财力有限，社会福利总体水平不高。②

其次，应沿着以下具体路径扩大范围。（1）加快吸纳农民工与乡镇企业从业人员。尽管目前已经从制度上将乡镇企业劳动者及农民工归入了参保范围，但在实践中真正加保的人数依然较少。我国产业工人的主体是农民工；作为我国第二、三产业的重要组成部分的乡镇企业，其劳动者同样是我国产业工人的重要组成部分。因此，二元经济结构的束缚必须打破，统一城乡失业管理，把乡镇企业劳动者与农民工全面纳入覆盖范围。这样，失业保险的覆盖范围既能得到有效扩大，又对推进我国的工业化、城镇化进程大有裨益。（2）加快推进失业保险制度的多样性

---

① 参见孙萍《我国失业保险制度的法律问题研究》，硕士学位论文，吉林大学，2010年。
② 同上。

建设，针对职业不稳定性强、短期失业率高的群体，如私营企业劳动者、个体劳动者、家政服务者、自由职业者等，建立有针对性的失业管理办法，逐步使失业保险覆盖这部分劳动者。(3) 覆盖范围扩至完成学业或技能培训、服完兵役的青年劳动者。当前，大学毕业生等青年群体日益成为我国就业促进的重点领域，虽然这部分人员还未曾有过正式就业，也不是典型的失业者，但对于这部分特殊群体，可推行"先赋予权利，再承担义务"的失业保险新政。国际劳工组织《促进就业和失业保护公约》第7章"对新谋职者的特殊条款"[①]中就有相关规定。德国、丹麦、比利时、卢森堡等国家，已将"完成培训或学业的人员"纳入失业保险覆盖范围。[②]

四 覆盖未就业高校毕业生的探讨

就业保险制度作为综合就业促进制度的重要一环，对当前社会普遍关注、政府高度重视的大学生就业问题也进行了深入探讨。我国每年毕业的大学生人数庞大，2018年大学毕业人数将高达820万，[③]而且毕业就面临失业的大学生也不在少数。高校毕业生不仅数量庞大，而且是我国经济社会发展的中坚力量，并且社会关注度高。一个高校毕业生的有效就业，可能会带来一个家庭的振兴，一个高校毕业生失业可能使一个甚至几个家庭返贫。因而，就业保险制度必须要有所应对。大学生作为未来的劳动者，必然会成为就业保险制度内的一员，尤其作为未就业的大学毕业生，其已经从制度上开始进入了就业保险、就业促进的范围，我们有必要进行适当关注和研究。

(一) 高校毕业生的界定

首先是高校毕业生的含义。高校毕业生是高等学校毕业生的简称，

---

① 国际劳工组织《关于促进就业和失业保护的公约》第七章"对新谋职者的特殊条款"规定，结束了职业培训的青年人、完成了学业的青年人、服完了义务兵役的青年人、以前从事个体就业的人员等10类求职人员中至少应有3类享受社会津贴。

② 参见金荣《中国失业保险基金结余问题研究——基于实证数据的分析》，硕士学位论文，西南交通大学，2011年。

③ 胡浩：《2018届高校毕业生预计达820万》，《长春晚报》2017年12月7日第6版。

高等学校泛指对公民进行高等教育的学校，是大学、专门学院和高等专科学校的统称。从学历上讲，包括专科、本科、硕士研究生和博士研究生四个层次。严格意义上来讲，大学毕业生并不等于高校毕业生，要比高校毕业生的范围狭窄得多。但是，一般的研究都将大学生等同于高校毕业生，原因可能有三：一是因为目前大学生是高校毕业生的主体，可以用"大学生"的称谓来替代"高校毕业生"；二是"大学生"是日常生活中人们常用的可以理解的概念，没有必要专门定义；三是一些适用于高校毕业生的政策往往在具体规定的时候被缩小为只针对大学本科以上的毕业生。① 本书在讨论时，高校毕业生与大学生通用，高校毕业生采用广义上的大学生含义，不仅包括全日制还包括自考、成人教育、广播电视大学、函授大学、现代远程教育的学生。

其次是未就业高校毕业生的含义。根据教育部2015年发布的数据，2015年全国高校毕业生总数达到749万人，比被称为"史上最难就业季"的2014年再增加22万人，创下历史新高。随着我国30多年来的高等教育改革，本科生入学比例从1977年的4.8%逐年升高至2014年的74.3%。② 研究生规模也"跨越式发展"，招生人数从1994年的4.2万人激增到2014年的57万人。高等教育已经从精英化全面走向大众化。调查发现，2013年12月10日至2014年1月9日，被调查的2014届大学毕业生签约率与上届同期相比略有上升。具体来看，高职高专毕业生签约率为37%，高于上届同期2个百分点；本科毕业生为38%，与上届同期持平；硕士毕业生为33%，高于上届同期4个百分点。③ 不管从哪个角度看，高校毕业生的就业问题已经相当严重，其难度已经不亚于农民工的问题，"毕业就面临失业"已经成为高校毕业生

---

① 参见安锦《高校毕业生就业促进政策与促进机制研究》，博士学位论文，武汉大学，2011年。

② 《全国1977年—2014年参加高考人数和录取率》，2015年4月，高考网，http://www.gaokao.com/e/20150415/552dd4fdc1d29.shtml。

③ 《2014年全国727万大学毕业生就业 签约情况好于去年》，2014年1月，中国教育和科研计算机网，http://www.edu.cn/jiu_ye_xin_wen_11362/20140127/t20140127_1069361.shtml。

共同的担忧。

高校毕业生未就业，是其毕业后待业的总称，是一个广义的概念。比如，毕业后升学、出国、创业、继续复习参加研究生考试或出国考试等均不能算作未就业。未就业不是一种事实描述，应该还包括主观心态，即要积极寻找工作，要有就业意愿，但是没有找到工作，才算是未就业。否则像现在高校学生毕业后，其中有大量的毕业生选择考研究生、准备出国等，他们没有就业意愿，不能算未就业，应该是属于不想就业的类型。另外，还有一个择业的问题，有部分高校毕业生紧盯公务员、事业单位考试，考"碗"风气日盛，考不上就不就业一直考的现象不在少数；还包括有些毕业生一定要到北上广等经济发达地区就业的愿望等，人为造成了一部分毕业生未就业，这类属于择业性未就业，应当区别对待。我们最应当关注的未就业群体，应当是无业可就与有业难就的毕业生，他们才是真正的有就业困难，需要就业促进制度的帮扶。

(二) 高校毕业生为何就业难

1. 高校毕业生就业困难的表现

一是无业可就。首先是总量性待业。高校毕业的大学生还没有首次就业，在此将其定义为待业，而非失业。我国高校毕业生数量从2000年的107万增长到2018年的820万，十多年时间内翻了很多倍，"跑步"进入了教育大众化阶段。这么跨越式迅猛地发展，不光是我国的教育体制、教育理念、教育设施没准备好，我们的就业市场、人才市场、就业体制更没准备好。大学毕业就面临失业的考验，在我国将是一个长期的过程，大学生供给相对过剩状态将会延续一段时期。其次是结构性过剩。我国高校专业设置特色不明显，热门专业扎堆设置，盲目扩招，专业招生数量与就业率还没有完全挂钩，计划体制痕迹明显。特别是在培养模式上各高校没有自主权，跟不上市场对人才的要求，高校培养出来的学生不"适销对路"，造成结构性过剩。第三方教育咨询研究机构麦可思2010年6月发布的《2010年中国大学生就业报告》显示，毕业半年后失业人数最多的10个本科专业人数为10.38万人，占了本科失业总人数的33.3%，其中有8个专业是2007—2009年连续三届失业人数最多的专业：法学、计算机科学与技术、英语、国际经济与贸易、工商管理、汉语言文学、电子信息工程、会计学。毕业半年后失业人数最多的 10 个高职高专专业失业人数为 12.50 万人，占了高职高专失业总人数的 30.2%。[1]

二是有业不就。有业不就在更大的层面是个思想观念与认识问题，现在找工作必谈北上广，必谈"铁饭碗"公务员，否则情愿北漂、南移、东进，也不"到农村去、到边疆去、到祖国最需要的地方去"，一定要"到大城市去、到大机关去、到大公司去、到挣钱最多的地方去"。就业市场上出现了这样的奇怪景象：这边大学生们长吁短叹"就业难"，那边企业唉声叹气"招不到人"。"高不成低不就""眼高手低"用在这里特别贴切。另一方面，就业人数的急剧膨胀，导致学历不断贬值，用人单位人才消费层次不断提高。来自不同学校的毕业生在就业过程中同质竞争，研究生不断挤占本科生岗位，本科生挤占专科生岗位。而在竞争中处于下风的一部分大学生则不免要陷入与农民工、下岗工同台竞争的尴尬的境地。[2] 少数家庭经济条件较好者没有理想岗位，宁可待业也不屈就。更多的则选择不就业，直接准备考研、出国、考公务员，于是产生了多新名词，如"拼爹游戏""啃老族""校漂族""北漂族""蚁族""月光族"等。

三是有业难就。首先是我国计划经济时代留下的一些身份痕迹，造成了一些就业的障碍。比如，毕业生到非公有制企业就业渠道不畅通，受现行户籍、人事档案管理、社会保险、干部身份等制度的制约，高校毕业生从非公有制企业到国有企业、机关事业单位的流动存在不少困难，造成部分毕业生到非公有制企业就业积极性不高。另外，社会需要技能型、应用型人才，对大学生能力和知识结构提出更多要求，而部分高校学科专业结构设置与人力资源市场需求脱节，学生所学专业无用武之地。一些高校为了吸引生源，社会上什么专业热就一窝蜂地都设什么。专业趋同带来了高校无特点、人才无特色的现象，培养出的大学生

---

[1] 参见安锦《高校毕业生就业促进政策与促进机制研究》，博士学位论文，武汉大学，2011年。

[2] 同上。

无明显优势、就业竞争力不强等一系列问题。

另外，必须指出的是，就业率成为高校评价的一个重要指标，成为教育主管部门考核的硬指标。近年来高校为了追求高就业率，高校毕业生被就业的情况比较严重，这股歪风看似是高校的原因，其实是体制僵化的原因，值得深入探讨和思考。

2. 就业难的原因分析[①]

一是扩招的盲目性、经济环境的巨变性。适当扩招本来符合高等教育的发展规律，但是盲目扩招、高速扩招，则危害甚大，因为真正的问题症结在于其扩招的速度，而不是扩招本身。我国从精英化高等教育到大众化高等教育，才用了五六年时间，西方国家一般要用二三十年甚至更长的时间，这属于典型的高等教育"大跃进"。高等教育大发展对应的应该是经济的大调整、大转型，需要的是集约型、技术密集型的产业大发展，而我国的现实情况是最近十多年来经济依然以粗放型、劳动力密集型为主，造成了高等教育发展与经济发展不适应不配套，甚至出现了断层。一方面粗放型、劳动力密集型产业需要的是大量实际的劳动者，而不是大学生；另一方面，集约型、技术密集型发展所需要的是应用型、技术型、工程师类型的人才，我国高等教育培养得不够或者说培养不出来，高等教育的产品不适销对路，与市场相脱节，造成了人才与资金的极大浪费。这种"大跃进"式教育发展的负面影响，需要今后数十年的发展来予以矫正、纠正，任重而道远。

二是经济结构调整乏力、区域发展不平衡。我国总体产业结构布局未能形成梯度差异化竞争形势，导致东中西部地区都在争抢同一类低端产业人才，就是优势明显的东部地区产业升级也很缓慢，难以为高校毕业生提供足够多的高端工作岗位。我国现在面临双重困境，一方面是高校毕业生就业难，另一方面是出现了"用工荒"。从经济发展规律来讲，当经济发展以服务业为主要动力的时候，就需要大量的高级专门人才，也就是说需要教育开始进入大众化时代。我国高等教育"跑步"进入大

[①] 本部分内容参见安锦《高校毕业生就业促进政策与促进机制研究》，博士学位论文，武汉大学，2011年。

众化时代，但是经济发展还不是以内生式第三产业发展为主体，仍然是靠第二产业发展来带动。虽然近年来我国服务业发展已经进入一个新的阶段（据国家统计局数据显示，2017 年我国第三产业占 GDP 比重达到 51.6%，与 2016 年持平，比第二产业比重高出 11.1 个百分点），但是还远远没有达到以服务业为主导的发展阶段，高等教育的数量扩张显然大大超出了我国经济发展结构的调整步伐。另外，我国城乡二元社会经济结构的长期存在，区域经济发展不平衡。从地区分布看，东部省市吸纳了全国 50% 以上的高校毕业生，西部省区接收高校毕业生的比例不足 20%，于是出现东部需求旺盛、西部需求不足和"孔雀东南飞"的现象。

　　三是高等教育改革滞后，专业设置与市场需求脱轨。我国高等教育领域的改革，特别是专业设置的改革与经济社会发展联系并不紧密，更谈不上引领经济社会发展了，其改革基本是参照国家行政体制改革的手段推行，与市场的关系变得可有可无，造成了人才培养与市场需求严重脱节。特别是当前高校的发展片面追求科研水平的提升，淡化甚至忽略了人才培养的主要任务，逐渐放弃了教学的中心地位。高校的改革改到深处、痛处、难处都是教学，但是教学方法、手段的改革，始终大大滞后于社会对人才培养的客观需求，甚至置市场需求于不顾，片面追求学科的提升，用学科建设代替教学改革、代替人才培养。将科学研究、学科建设等这些为提升人才培养水平的工具转变成了目标，把人才培养的中心任务的目标转变成了工具。这种本末倒置的现象在高校大行其道，其主要原因是高校教师评价体系的错位，把科研凌驾于教学之上造成的严重后果，这是属于严重背离高等教育发展规律的行为。我国高等教育改革方向，参考的都是西方发达国家，但是在参考的时候往往出现偏差，把别人的结果当成我们改革的追求目标，而不重视把别人的发展经验、教训吸收过来。这不是"拿来主义"，而是"结果主义"，只重结果不重过程，而教育更重要的则是过程。这种功利主义的学习借鉴的结果就是：扩招的"大跃进"，片面强调科研、学科而忽视教学，重数量轻质量，重结果轻过程，重经济利益轻市场规律等。

　　四是人才市场秩序混乱，就业歧视无根本好转。我国没有建立分层次的人才市场，招聘会变成了"菜市场"，岗位对学历层次没有明确要求，唯高是求。本来一个大专学历的学生足以胜任的一个岗位，因为就业形势不好，求职者甚多，这个岗位可能最终招用一个硕士研究生，造成人才的闲置和浪费，一些用人单位还因此故意提高门槛来"装点门面"，企图借此提高自己单位的档次。我国《就业促进法》重点强调了反对就业歧视的种种规定，但是由于缺乏配套措施和缺乏权利的救济措施，在实践中用人单位自己说了算的境况比较普遍。比如学历歧视、学校歧视、性别歧视、年龄歧视、民族歧视、政治面貌歧视、身高相貌歧视时有发生，而且当毕业生被歧视时，无法得到根本的救济，不公平现象有愈演愈烈之势。

五是人才观念片面、唯高是求造成资源浪费。在我国的中考招生大战中，一边是为使孩子挤进普通高中，众多家长不惜四处奔波；一边却是中专、职业学校门可罗雀，招生不足计划的一半。这种"热""冷"两极分化现象的背后是家长和社会人才观的偏颇。笔者在招聘会的现场调研中发现，有88.4%的用人单位希望招聘高学历的毕业生，家长们也都希望自己的孩子能考上名牌大学，就读研究生，然后找好的工作。学校也片面追求升学率，盲目追求"升格"，专科院校想升级为本科院校，并争取更多的硕士点、博士点，这样办学的社会氛围在日益强化。实际上，当前许多行业高级技术工人奇缺，有的单位花高薪聘技术工人，但是多数家长不想让自己的孩子当工人，都想当"精英"，都往普通高校挤，有的孩子明明难以考上大学，家长也硬逼着往上走。片面的人才观、用人观直接降低了大学毕业生与就业机会的有效匹配。

3. 关于大学生自愿失业问题探讨[①]

首先，在当前大学生失业者中主要存在着择业难的问题，而不是就业难的问题。对于自愿失业者而言，他们选择自愿失业有合理的理由，例如从职业搜寻理论的角度分析，这其实是一种投资行为，他们愿意也能够承受失业的代价，否则会就业不会自愿失业。所以，存在一定程度

[①] 本部分参见翟志俊《中国失业保险历史回顾及其思考》，上海社会科学院出版社2009年版，第92页。

的大学生失业是合理和必然的现象,我们应该正确看待,不必过分渲染大学生失业的后果。

其次,大学生在职业选择过程中,保持较高的期望值或工资值其实也是一种理性行为,并不是盲目行为。他们保持较高的期望值是在对人才供求比例、市场需求状况等信息掌握不完全的情况下的必然反应。所以,解决大学生就业期望值偏高的问题,除了宣传教育外,重要的是建立畅通的信息传递机制,发展健全的职业中介机构,让自愿失业者获得全面的市场信息,以充分发挥市场机制的作用,让大学生自觉主动地调整就业期望值。

最后,要解决大学生自愿性失业问题,就应该打破二元劳动力市场之间的分割,尤其是由于制度性原因造成的市场分割。比如,放宽户籍制度,改革僵化的企事业单位用人制度,以降低劳动力流动成本,促进劳动力自由流动,这样就会有更多的大学生选择"先就业,再择业"的方式,从而减少自愿性失业。

4. 青年大学生失业的负面影响

青年大学生失业是世界各国的一种普遍现象,也是一个全球性的社会问题。在经济不断发展的今天,特别是在经济发展全球化、一体化浪潮的冲击下,青年失业成为全球性的挑战且显得越来越严峻,同时也成为中国政府日益重视的现实课题。青年失业会给社会、家庭、个人带来许多的负面影响。[①] 当大量年轻人没有能够取得追求地位和生计的成功时,他们就可能成为一股不稳定的力量——联合国人居署曾经警告说,城市贫民窟有可能成为极端主义的孵化器。所以对年轻人尤其是掌握高等先进知识的青年大学生失业现状,社会更应该充满爱心予以关注,否则对社会将有负面影响。

对社会的影响,首先是影响到社会经济的发展,即冲击公众教育投资和消费心理。据调查,在我国家庭消费的排序中,68.8%的家庭将教育消费排在第一位或第二位;希望子女能够接受高等教育的家长占被调

---

① 世界观察研究所编:《世界报告2005:重新定义全球安全》,河北教育出版社2005年版,第51页。

查者的 89.8%。① 一旦人们对教育投资回报丧失信心并形成一种社会共识,对投资教育的积极性就会减退,最终造成国民素质下降,影响到社会经济的发展,影响我国综合国力的提高和竞争力的提升。

其次,道德失范会给社会带来不良影响。失业后为了尽早找到好的工作,一些"能力"较强的青年人极易使用非正常的方法,如跑关系、找熟人,而一些"能力"较差的青年为了讨好招聘者,甚至还有可能突破做人的底线。这可能引发新一轮道德失范,给社会带来不良影响。

最后,造成人力资本的巨大浪费。对家庭而言,许多青年失业者躲在父母的羽翼下生活,给家庭带来越来越重的负担。有专家分析说,随着时间的推移,"啃老族"的父母中,有的会加入失业下岗的队伍,有的会由于退休而收入减少及医疗费支出增加,生活会陷入困境。对于失业青年来说,过去所依赖的经济来源正在失去,这将引发更多的矛盾。据上海市卢湾区劳动和社会保障局公布的一项调查表明,七成失业青年靠父母支撑。青年失业家庭中,平均每个家庭负担 1.2 个失业人员,前景十分堪忧。②

(三) 高校毕业生就业促进法律制度的探讨

1. 落实《就业促进法》的相关规定

大学生是国家、社会和家庭共同投资花了大力气培养出来的宝贵财富,是我国素质最高的劳动者群体。《就业促进法》规定的创造公平的就业环境、禁止就业歧视、就业服务等制度,对未就业高校毕业生来说裨益深远,但是由于法条的宣誓意义明显,法律责任局限在刑事及行政责任方面,相对人的民事救济基本缺位。《就业促进法》第 62 条规定,违反本法规定,实施就业歧视的,劳动者可以向人民法院提起诉讼。但是对实施就业歧视的用人单位却没有规定相应的法律责任,实属遗憾。另外对未就业高校毕业生除进行职业介绍等服务外,适当地开展职业技能再培训也很有必要,这也是弥补大学学习偏重理论的先天不足,促使

---

① 翟志俊:《中国失业保险历史回顾及其思考》,上海社会科学院出版社 2009 年版,第 92 页。

② 同上书,第 94 页。

毕业生尽快就业。另外，对家庭经济困难的未就业毕业生可发放失业补助金，对高校毕业生自谋职业、自主创业可提供适量的无抵押和无息贷款等。

2. 发挥就业保险法律制度的促进作用

大学生都是未来的高素质劳动者，就业保险制度提前介入，可使高校毕业生顺利就业。毕业生一旦就业可能会签订较长期限的劳动合同，其作为稳定及高薪的投保人，整体上失业风险和就业能力风险不大，将为就业保险基金提供充足的资金来源。因此，不能因为高校毕业生不是投保人，而吝啬基金的适当投入，实质上这是放长线钓大鱼。需要就业保险基金对高校未就业毕业生提供的资助主要包括：职业介绍、职业技能再培训、职业生涯规划指导；资助家庭经济困难学生寻找工作生活补贴；对于毕业超过 3 个月仍未找到工作的学生适当发放失业保险金；为未就业毕业生自谋职业、自主创业提供适当的贷款担保和贴息补助等。

3. 建立大学生实习、实践、实训、见习基地

应届高校毕业生找工作往往因缺乏工作经验，被部分用人单位拒之门外，成为当前应届毕业生找工作的一大"拦路虎"。为改变此现状，政府、高校可以与用人单位建立一些实习、实践、实训、见习基地，或者通过招标的方式购买一些实习、实践、实训、见习岗位，用人单位提供实际岗位与指导老师，并进行日常管理和培训。政府负责直接补贴或通过就业保险基金补贴未就业毕业生的日常生活费，一方面让未就业毕业生积累一定的工作经验，另一方面也让用人单位对毕业生进行考察，合适的毕业生可以留在实习单位工作，签订正式劳动合同。以建立基地的方式促进大学生就业是很多西方国家推崇的做法，我国目前也有部分高校在探索这种模式，但是高校的推动力度有限，而且学生毕业后跟高校联系减弱，不利于管理与监督，所以政府应当肩负起这个责任。

五 覆盖农村外出务工人员的探讨

改革开放以来，农民工为我国经济发展提供了充足的劳动力，做出了突出的贡献。据国家统计局发布的数据，2017 年全年农民工总量 28652 万人，比上年增加 481 万人，增长 1.7%。其中，本地农民工

11467万人，增长2.0%；外出农民工17185万人，增长1.5%。农民工月均收入水平3485元，比2016年增长6.4%。① 农村外出务工人员从事的行业比较多，但主要分布在第二、三产业，且第三产业所占比重大于第二产业，主要从事可替代性比较强的体力工作。这些工作极其辛苦又不可或缺，但工作不稳定是他们最大的特点，他们是就业保险制度应当重点关注的群体。

（一）农村外出务工人员的界定

农村外出务工人员，俗称农民工，是指在本地乡镇企业或者进入城镇务工的农业户口人员。农民工是我国特有的城乡二元体制的产物，是我国在特殊的历史时期出现的一个特殊的社会群体。农民工有广义和狭义之分：广义的农民工包括两部分人，一部分是在本地乡镇企业就业的离土不离乡的农村劳动力，另一部分是外出进入城镇从事第二、三产业的离土又离乡的农村劳动力；狭义的农民工主要是指后一部分人。2014年全国农民工总量为27395万人，比上年增加501万人，增长1.9%。其中，外出农民工总量为16821万人，比上年增加211万人，增长1.3%；本地农民工总量为10574万人，比上年增加290万人，增长2.8%。②

（二）农村外出务工人员就业保险面临的问题

我国失业保险制度在不同群体的覆盖面差距较大，国有企业失业保险覆盖率为66.98%，集体企业失业保险覆盖率为22.8%，私营企业失业保险覆盖率为11.1%，个体工商户失业保险覆盖率为2.7%。③ 调查表明，农村外出务工人员的就业领域主要集中在私营企业个体经济，在私营企业工作的占50.5%，在个体工商户工作的占12.9%，在国有企业工作的占3.0%，在集体企业工作的占5.2%，在机关事业单位工作的

---

① 国家统计局：《2017年中国农民工总量、本地农民工及外出农民工数量统计分析》，2018年1月，搜狐网，http://www.sohu.com/a/217617329_775892。

② 国家统计局：《2014年中国农民工检测调查报告》，2015年4月，中华人民共和国国家统计局网，http://www.stats.gov.cn/tjsj/zxfb/201504/t20150429_797821.html。

③ 《中国社科院报告：下一步失业险覆盖面应扩至农民工》，2014年7月，凤凰财经网，http://finance.ifeng.com/a/20140731/12833264_0.shtml。

占 1.8%，在外资企业工作的占 6.9%，在股份制企业工作的占 5.6%，自谋职业的占 8.0%。① 从上面几组数据不难看出，我国农村外出务工人员绝大部分还没有被纳入失业保险的范围，享受的是非城市居民待遇。而且即使是被纳入失业保险范围的农村外出务工人员，根据《失业保险条例》规定，城镇企事业单位招用的农民合同制工人应该参加失业保险，用人单位按规定为农民工缴纳社会保险费，合同制农民工本人也不愿缴纳失业保险费。单位招用的农民合同制工人连续工作满 1 年，且单位已缴纳失业保险费，劳动合同期满未续订或者提前解除劳动合同的，由社会保险经办机构根据其工作时间长短，对其支付一次性生活补助。补助的办法和标准由省、自治区、直辖市人民政府规定。事实上，其享受的待遇与城镇户口居民差距甚大，仅把失业保险当成一次性生活补助。

（三）农村外出务工人员问题的重要性

进入 21 世纪以来，我国的"三农"问题已经衍生为"四农"问题，那就是农业、农民、农村问题再加上农民工问题。为什么把农民工问题单独列出来？可以从三个角度说明其重要性。

第一，农民工问题关系到农业增效、农民增收和农村繁荣。我国农村现在是一家一户承包土地经营，全国 18.37 亿亩地，人均 1.41 亩，2.49 亿农户 7.3 亩，耕地块数 5.8 块。② 数以亿计农户的土地微小规模经营，汪洋大海的传统小农经济，要想农业增效、农民增收、农村繁荣非常困难。农民工现象与这种状况密切相关，他们外出打工是不得已而为之，是对传统农业、小农经济、落后农村的"突围"。从这个意义上说，农民工问题实际上是"三农"问题的一个关键性瓶颈。因为解决"三农"问题，归根结底是要减少农民。只有减少农民，才能富裕农民，才能提高农业整体效益，才能繁荣农村。如何减少农民？通过什么渠道

---

① 江苏省农民工办：《农民工从事的行业和工作单位的性质》，2009 年 12 月，江苏人力资源和社会保障网，http://www.jshrss.gov.cn/xwzx/ztbd/nmgdc/200912/t20091219_58772.htm。

② 翟志俊：《中国失业保险历史回顾及其思考》，上海社会科学院出版社 2009 年版，第 109 页。

减少农民？鼓励农民外出务工，切实保护农民工权益，及时转换农民工身份，无疑是一条最重要的渠道。在新的历史条件下，破解"三农"问题就必须抓住农民工这个关键，加快农村富余劳动力转移，在新的领域中实现新的突破。

第二，农民工问题关系到工业化、城镇化和"以工补农、以城促乡"。在工业化、城镇化过程中，实现"以工补农、以城促乡"，缩小城乡差距，农民工是一支不可替代的生力军。农民工问题解决好了，工业化和城镇化的步伐就会大大加快，一些难点问题也会迎刃而解。换一个角度说，中国的工业化和城镇化，绕不过农民工这道"坎"。当前和今后一个时期，工业怎样反哺农业？城市怎样支持农村？其实还有一条捷径可走，就是以近3亿农民工为"反哺"与"支持"的桥梁和纽带，紧密工农关系，疏通城乡血脉。农民工的劳务收入是农民工用勤劳和智慧创造的"反哺"和"支持"，不需要任何中间环节，不需要政府投资和企业赞助，成本最低，效率最高，时效最强。过去的岁月里，农民工为工业化、城镇化做出了非凡贡献；未来的年代中，农民工还将成为工业反哺农业、城市支持农村的重要载体。

第三，农民工问题关系到社会主义和谐社会的建设。在制约和谐社会建设的诸多矛盾中，农民工问题最为复杂。特别是一些地方及企业对外来务工人员的不平等待遇，使农民工与企业主的劳资关系紧张，与城市居民的关系不融洽，与社会管理之间不和谐，有的地方农民工甚至成为社会不稳定的因素之一。广大农民工虽然创造了大量的社会财富，但在城市仍处于被边缘化的状态，难以融入城市生活。尤其在就业环境差的地方和劳资矛盾尖锐的企业，农民工的逆反心理和苦闷情绪很强烈，农民工高伤亡率、高犯罪率等社会问题突出。比如，南方某地级市每年有1万农民工因公致残，有近5000名农民工因交通事故伤亡；流动人口犯罪率占犯罪总数的97%，抢劫、偷盗等刑事治安案件主要是农民工所为。[1] 由此可见，如果没有农民工与城市的和谐相处，和谐社会就无从谈起。

---

[1] 翟志俊：《中国失业保险历史回顾及其思考》，上海社会科学院出版社2009年版，第110页。

（四）农村外出务工人员就业促进法律制度的探讨

第一，农村外出务工人员培训和有序转移值得探讨。《国务院办公厅关于进一步做好农民工培训工作的指导意见》规定了培训的基本目标：按照培养合格技能型劳动者的要求，逐步建立统一的农民工培训项目和资金统筹管理体制，使培训总量、培训结构与经济社会发展和农村劳动力转移就业相适应；到 2015 年，力争使有培训需求的农民工都得到一次以上的技能培训，掌握一项适应就业需要的实用技能。并规定了培训的经费保障：以省级统筹为重点，集中使用培训资金。各省（自治区、直辖市）要将农民工培训资金列入财政预算，进一步加大农民工培训资金投入，并按照统筹规划、集中使用、提高效益的要求，将中央和省级财政安排的各项农民工培训资金统筹使用，各部门根据职责和任务，做好相关培训工作，改变资金分散安排、分散下达、效益不高的状况。国家有关部门要依据新一轮全国农民工培训规划和年度计划，统筹安排农民工培训资金，对地方予以适当补助。并要求各省（自治区、直辖市）要进一步完善农民工培训补贴政策，按照农民工所学技能的难易程度、时间长短和培训成本，以通用型工种为主，科学合理地确定培训补贴基本标准，并根据实际情况定期予以调整，以使农民工掌握一门实用技能。

该文件对我国农民工培训作了较为系统的明确规定，但是在实践中也存在一些问题。如政府职能的分配不清。建立培训体系的主体可分为五个：政府、企业、培训单位、行业组织、农民工个人。目前政府在农民工培训中既是规划者，又是执行者；既是资源配置的制定者，又是资源的分配者。这样一来，政府的主导作用就不明显，不能指导、规范、监督培训体系中其他主体的活动。政府的角色还常常发生错位或越位，政府应承担的职责不清晰。因此需要合理分配政府职能；加大资金投入，制定激励政策；打破城乡壁垒，营造平等的就业环境；做好农民工培训工作的督促检查等方面工作。另外在资金保障方面，农民工作为我国劳动者主体之一，就业促进专项资金及失业保险金应该适当予其资助，以保障农村外出务工人员培训和有序转移有充足的资金。

第二，《广东省失业保险条例》对农村外出务工人员失业保险的新规定值得探讨。广东省新修订的《广东省失业保险条例》（以下简称《条例》）于 2014 年 7 月 1 日正式实施。《条例》首次打破农民工和城镇职工待遇差异，两者享受同等的失业保险待遇，农民工待遇有所提高。在《条例》修订之前，农民合同制工人失业后只能领取一次性生活补助金。而新《条例》则统一了城镇职工和农民工的失业保险待遇标准，在制度上消除了两个群体的差异，增强了制度公平性。新《条例》执行后，农民工的失业保险待遇大幅提高，由原规定的每缴费满一年领取失业前缴费工资的 20%，提高到在领取期限内按月领取包括月最低工资标准 80% 的失业保险金和失业前缴费工资 15% 的求职补贴。符合失业保险金领取条件但不具有本省户籍的失业人员，要求不在参保地按月享受失业保险待遇且不转移失业保险关系的，可以向失业保险关系所在地社会保险经办机构申请领取一次性失业保险金。领取一次性失业保险金的，不再享受按月领取失业保险金以及其他失业保险待遇，同时终止失业保险关系。该《条例》为我国解决农民工失业保险问题开了一个好头，其实施的实际效果还有待实践的进一步检验。

第二节 我国就业保险制度的资金来源

资金是就业保险制度的基础，没有充分的资金来源，就业保险制度就无法运转，其保障和促进功能无从谈起。对就业保险基金的管理涉及方方面面，但是其筹资制度无疑是重中之重，属于基本法律问题范畴。

一 我国失业保险资金的筹集概况

我国失业保险基金的来源主要有：（1）城镇企事业单位、城镇企事业单位职工缴纳的失业保险费；（2）失业保险基金的利息；（3）财政补贴；（4）依法纳入失业保险基金的其他资金。城镇企事业单位按照本单位工资总额的 2% 缴纳失业保险费，城镇企事业单位职工按照本人工资的 1% 缴纳失业保险费。城镇企事业单位招用的农民合同制工人本人不缴纳失业保险费。①

(一) 来源

1. 保费收入

失业保险费有以下几个主要特点。(1) 保险费是被保险人失业后请求保险人理赔的代价。在商业保险中，保费的缴纳是享受保险待遇的前提；保费的收入除了维持保险支出外，还必须负担商业保险机构的管理费用和利润，因此保费的高低与保险事故的发生概率成正比。商业保险公司通过保险精算，确定保险费和保险赔付标准。失业保险为强制保险，被保险人没有选择加保人的权利，保险费和赔付标准也由法律规定。②(2) 保险费与保险给付不成比例。由于失业保险重视社会公平性，所以缴纳相同保险费用的主体所享受的社会保险待遇并不相同。失业保险费的缴纳以工资收入为基数，收入不同的主体承担的社会保险费用不同，但社会保险待遇并不与社会主体的收入相关联，我国《失业保险条例》第18条③有相关规定。(3) 保险成本不容易估计。一般而言，商业保险在制定保险费用时依赖准确的保险精算，而失业保险的风险估算困难。除此之外，失业保险要实现一定的社会政策目标，如就业促进。(4) 社会保险的保费负担较轻。商业保险以营利为目的，保险公司收取的保险费中除了保险支出之外，还包括保险公司的运行成本及利润。失业保险不以营利为目的。政府经办失业保险不仅不营利，而且还支付经办机构（保险人）的运行费用，按规定也应当给予基金一定程度的资助。另外，失业保险作为强制保险，参加人数多，风险分摊能力强。④

2. 政府补贴

失业保险作为政府主导的社会保障制度，在投保人依法投保后，政

---

① 聂爱霞：《中国失业保险制度与再就业问题研究》，中国社会科学出版社2014年版，第79页。
② 参见钟秉正《"社会保险法"论》，三民书局2005年版，第253—254页。
③ 我国《失业保险条例》第18条规定：失业保险金的标准，按照低于当地最低工资标准、高于城市居民最低生活保障标准的水平确定。
④ 参见张荣芳编《社会保险法学》，武汉大学出版社2012年版，第50页。

府均应采取一定形式的资助失业保险基金。政府资助失业保险的基本形式主要有以下几种。(1) 负担失业保险经办管理机构的运作费用。在通常情况下,特别是在国家主导失业保险的情形下国家负担失业保险行政所需的费用。我国《社会保险法》第72条[①]、《社会保险费征缴暂行条例》第30条[②]均有明确规定。(2) 保费补助与其他负担。除了承担失业保险经办费用以外,政府还对基金给予其他必要的财政补助。我国失业保险基金的来源实现"三方缴费"原则,规定劳动者所在用人单位与劳动者本人[③]是失业保险费的主要承担主体。同时,规定政府应当对失业保险基金承担一定的资金支持义务。《社会保险法》第5条、第65条[④]有相关规定。(3) 税收减免。国家通过税收优惠政策支持失业保险事业,单位与个人的失业保险费均在税前支付,还包括对职业培训、职业介绍等给予税收优惠。[⑤] 2014年失业保险基金预算情况如下:失业保险基金收入1230亿元,比上年增长2.6%;其中保险费收入1159亿元,财政补贴收入0.6亿元;保险费支出676亿元,比上年增长18.9%;年收支结余554亿元,年末滚存结余4115亿元;虽然财政补贴失业保险偏少才0.6亿,但整个社会保险领域中,2014年财政预算补贴是8212亿元。[⑥]

(二) 存在的问题

首先,政府的补贴范围和标准不确定且统筹层次太低。《失业保

---

① 我国《社会保险法》第72条规定:社会保险经办机构的人员经费和经办社会保险发生的基本运行费用、管理费用,由同级财政按照国家规定予以保障。

② 我国《社会保险费征缴暂行条例》第30条规定:税务机关、社会保险经办机构征收社会保险费,不得从社会保险基金中提取任何费用,所需经费列入预算,由财政拨付。

③ 我国《失业保险条例》第6条规定:城镇企业事业单位招用的农民合同制工人本人不缴纳失业保险费。

④ 我国《社会保险法》第5条规定:县级以上人民政府对社会保险事业给予必要的经费支持。第65条规定:社会保险基金通过预算实现收支平衡,县级以上人民政府在社会保险基金出现支付不足时,给予补贴。

⑤ 参见张荣芳编《社会保险法学》,武汉大学出版社2012年版,第51—52页。

⑥ 《财政部:2014年社保基金预算收入比上年增长9.1%》,2014年4月,中国新闻网,http://www.chinanews.com/gn/2014/04-15/6066433.shtml。

条例》第 8 条、第 11 条、第 27 条①规定省级政府要建立失业保险调剂金、失业保险基金专款专用、经办机构经费由财政负担等，而且规定各级政府都有补贴的责任。但是怎么补贴、补贴多少没有明确，只是一个宣誓性、提倡性规定，更何况从具体实践来看，失业基金出现大量盈余，没有补贴的必要。当然，"失业保险基金专款专用，不得挪作他用，不得用于平衡财政收支"的规定还是很有现实意义。另外《失业保险条例》第 7 条规定了直辖市和社区的市推行基金在全市统筹，其他省、自治区则自主决定。但就我国目前各地政府的实践来看，还没有一个省、自治区实现了省、区级统筹，这不利于保险的"大数法则"，也不利于基金的安全，更不利于基金的保值增值和对经济发展的调控作用。因此，如各地能建立失业保险省级统筹体制，使基金能在全省、自治区范围内筹集，不仅能有效分散州、县、市基金的支付风险，而且能促进基金运行的稳定，有利于就业促进功能的有效发挥。

其次，失业保险基金结余太多且贬值严重。2014 年年末失业保险基金滚存结余达 4115 亿元，而且累计结余逐年增加，这不符合失业保险基金法律明确规定实现"以支定收、收支平衡"的原则。而我国失业保险基金支出却增长缓慢，甚至出现了逆增长的情况，发放的失业保险金给付水平明显偏低。发放保险金占基金支出的比例于 2003 年达到顶峰，从此一路缓慢下降，到 2009 年创历史新低，下降至 40%，这反映出我国在基金的使用上存在结构性问题。② 大多数劳动者所缴纳的保费成本远远大于其在失业期间所获得的保险待遇，不仅对劳动者参保的积极性产生了严重影响，而且整体较低的给付水平，没有考虑失业前的工资状

---

① 我国《失业保险条例》第 8 条规定：省、自治区可以建立失业保险调剂金；失业保险调剂金以统筹地区依法应当征收的失业保险费为基数，按照省、自治区人民政府规定的比例筹集；统筹地区的失业保险基金不敷使用时，由失业保险调剂金调剂、地方财政补贴；失业保险调剂金的筹集、调剂使用以及地方财政补贴的具体办法，由省、自治区人民政府规定。第 11 条规定：失业保险基金专款专用，不得挪作他用，不得用于平衡财政收支。第 27 条规定：社会保险经办机构所需经费列入预算，由财政拨付。

② 参见金荣《中国失业保险基金结余问题研究——基于实证数据的分析》，硕士学位论文，西南交通大学，2011 年。

况及缴费情况，权利与义务显著不对等。虽有大量的保险资金盈余，但投资渠道却很有限。按中央政府颁布的《全国社会保障基金投资管理暂行办法》，社保基金的投资范围仅限于具有良好流动性的金融工具，当然也包括国债、基金、股票、金融债等。但各统筹政府为避免风险，主要投资方式基本限于存银行和买国债，① 运营效率偏低、贬值缩水的风险越来越凸显，除去物价上涨水平，保险基金基本处于日益缩水的境况。这也在实质上构成了失业保险基金的安全隐患。

二 我国政府的出资责任与范围探讨

（一）政府与就业相关的出资责任

1. 经办机构的运行费用

在我国，虽然没有明确规定失业保险经办机构是保险人，但是其履行了大部分保险人的职责。实质上我国的经办机构属于典型的事业单位，其行政运行费、人员工资福利、办公设施等均应由政府财政提供。②《我国社会保险法》第69条③则规定社保基金不得挪作他用，特别强调不能用作经办机构的行政运行经费及工作人员的工资。

2. 就业专项资金支出

就业专项资金是指县级以上政府在预算中安排的用于就业促进的专项资金。中央财政通过专项转移支付的方式，对各地给予适当补助，并对中西部地区和老工业基地给予重点支持。中央财政分配就业专项转移

---

① 日益增长的基金投资渠道极其有限。陈良指出，滞后的投资政策只允许基金存入银行和购买国债，且很多地方80%以上的资金为银行活期存款，基金贬值明显。郑秉文提供的数据显示，十年间 CPI 平均涨幅为2.2%，而五项社会保险基金的收益率仅为2%，加上工资的平均增长率，资金购买力实际下降了1个百分点。参见兰方《失业保险基金高额结余面临贬值》，2010年5月，财新网，http://china.caixin.com/2010-05-20/100145798.html。

② 我国《社会保险法》第72条规定：社会保险经办机构的人员经费和经办社会保险发生的基本运行费用、管理费用，由同级财政按照国家规定予以保障。

③ 我国《社会保险法》第69条规定：社会保险基金不得违规投资运营，不得用于平衡其他政府预算，不得用于兴建、改建办公场所和支付人员经费、运行费用、管理费用，或者违反法律、行政法规规定挪作其他用途。

支付资金与各地就业状况、地方财政投入、就业专项资金绩效、就业工作成效等因素挂钩。就业专项资金的用途主要有：用于职业介绍补贴、职业培训补贴、职业技能鉴定补贴、社会保险补贴、公益性岗位补贴、就业见习补贴、特定就业政策补助、小额贷款担保基金和小额担保贷款贴息，以及扶持公共就业服务等。①

3. 劳动力转移、培训支出

劳动力转移、培训支出主要是指农村劳动力转移培训财政补助资金。培训补助资金是国家设立的对农村劳动力转移就业开展短期非农职业技能培训和引导性培训的专项资金。主要用途有：用于对受培训农民的学费补助，或对培训机构因降低收费标准而给予的补助。中央财政对全国性的引导性培训和宣传给予适当补助。资金来源主要由地方和中央财政共同承担，以地方财政为主。支付方式主要有：培训补助资金以农民直接受益为原则，以培训券或现金等形式直接补贴给受培训农民，也可以通过降低收费标准的方式补贴给培训机构。②

(二) 政府与就业保险相关的出资范围梳理

就业保险制度作为一种以保障就业能力、促进就业、促进就业机会公平为导向的社会保险制度，其保险范围和资助对象只能是投保人和受益人，其作用再积极也不能代替政府的职能，其资金再雄厚也只能是投保人及受益人的共同财产。因此，政府出资的实质是综合就业促进理念和制度下，政府应付的管理与主导责任。政府在就业保险制度以外需要出资的范围主要包括以下几点。

第一，就就业保险经办机构而言，在我国适合作为事业单位性质的机构而设立，其办公场所和运行、管理费用以及工作人员工资等应由财政负担，并不得挪用就业保险基金。第二，进入职场前劳动者的培训与转移，应当由政府资助，因为这时劳动者还没有进入就业保险体制内，

---

① 参见《财政部、人力资源和社会保障部关于进一步加强就业专项资金管理有关问题的通知》。

② 参见《财政部、农业部关于印发〈农村劳动力转移培训财政补助资金管理办法〉的通知》。

就业保险基金没有理由和义务对他们进行资助,但是政府却有义不容辞的责任,让每位有劳动能力和意愿的公民有从事的事业。第三,劳动者失业后,就业保险基金在穷尽了法律法规规定的失业给付、职业培训津贴、创业培训、职业介绍等各种帮扶措施后,失业人员仍然不能实现再就业,失业者就进入政府的救济范围了。政府可以再次通过职业培训、创业培训、创业资助、职业介绍等措施进行帮扶,并保证失业者的基本生活,促进其尽快实现再就业。如果失业者仍然不能实现就业,还可以通过就业援助、公益岗位等提供帮助,再就是最低生活保障了。第四,从整体上讲,政府要为经济社会发展提供良好的环境,为人们创业、就业、生活创造基本条件和服务,为农村劳动力培训和有序转移,为未升学的初中、高中毕业生提供职业培训,为职业技术学院、大学提供经费资助,都属于促进就业的综合措施。可见,就业促进制度与就业保险制度不仅理念一致,而且在出资环节上可相互衔接、配合,以达到充分就业的目标。政府围绕就业保险出资的实质,其实是为了发挥就业保险基金的最大作用。

政府对就业保险制度本身的出资义务包括以下几点。第一,就业保险经办机构的搭建、运营等一切运行经费。第二,失业预防的部分费用。失业预防对劳动者在职充电式培训、职业规划指导等属于就业保险的范围,劳动者作为投保人和受益人,预防其失业的这部分费用由保险基金支付应无问题。失业预防的另一部分费用的补贴对象是用人单位,比如奖励企业遇经济不景气、减少解雇劳动者等支出,以及政府给予的各类税费优惠,应由政府埋单无疑。因用人单位作为投保人虽然也缴纳了失业保险费,但是它不是直接受益人,保险基金用在它身上,不太符合保险的基本原理,保险基金也将不堪重负。第三,关于创业,在就业保险基金的正常支出范围内,转化为一次性创业资助应无障碍,至于贷款贴息、担保、政策优惠等大额支出与优惠的重担必然由政府负责。第四,政府的出资范围其实极为宽广,比如对高校大学生的教育支出,即生均拨款,各主管政府出资不在少数。厘清政府出资与保险基金资助的边界的根本目的是,虽然就业保险制度的目标追求是积极促进就业机会公平、维持劳动者就业能力、稳定就业岗位,但是并不代表完全抹杀其作为保险的特质，完全把保险基金转化为财政资金。过多赋予就业保险的社会政策目标功能部分，必须由政府埋单，而且当前我国处于社会发展转轨期，对社会保险进行重大改革的成本也必须由政府埋单。另外，政府对就业保险的资助还包括税收优惠，如对保险费的缴纳予以税前扣除，以及把就业保险办为以强制保险为主，选择性保险为例外。其用意就是为了扩大保险范围，壮大保险基金的实力，提升就业保险的权威性。

（三）政府对就业保险出资额度的探讨

十多年来，我国失业保险基金连年结余滚存，积累了不少资金，2014年预算滚存结余4115亿元，因此政府认为对失业保险基金资助没有太大必要。从2014年社保基金预算可以看出，财政准备补贴社保基金共8212亿元，其中补贴失业保险基金才0.6亿元，几乎可以忽略不计。① 造成我国失业保险基金大量结余的主要原因是失业给付水平偏低，就业促进支出过于保守，在职人员"稳定就业"和"预防失业"方面的帮扶仍处于"政策空白"②；同时大量真正具有失业风险的劳动者没有被纳入保险范围，而近年来又积极推动至少暂时没有失业风险的失业单位员工参加失业保险。特别值得一提的是，向社保部门申请失业金的手续极为烦琐，造成失业人员没有领到失业金的也不在少数，极大地影响了劳动者参保的积极性。

鉴于上述原因，可将失业保险基金分为三大块：失业津贴、基金积累、就业促进基金。失业津贴作为保险基金的日常开支，应保持稳定，不应盲目扩大；基金积累作为每年滚存的剩余资金，重点应使其保值增值，以备应急之需；就业促进基金日渐成为保险基金出资的重点，一些超越保险范畴的出资，正好是政府应该补贴的范围。具体出资比例可以借鉴我国台湾地区的做法：劳动者30%、用人单位60%、政府10%，

---

① 《财政部：2014年社保基金预算收入比上年增长9.1%》，2014年4月，中国新闻网，http://www.chinanews.com/gn/2014/04-15/6066433.shtml。

② 相关政策有《关于失业保险支持企业稳定岗位有关问题的通知》《国务院关于进一步做好新形势下就业创业工作的意见》以及《关于进一步做好失业保险支持企业稳定岗位工作有关问题的通知》，我国中央政府已经开始支持运用失业保险基金稳定就业岗位的工作。

劳动者和用人单位的费用直接缴纳，政府的10%按照缴费情况划拨配比。鉴于我国目前失业保险的最高统筹级别为省级，而具体承办与管理在市县级，10%的费用应当以市县为主，省级政府进行监督、激励、引导和部分转移支付。需要指出的是，此处政府出资属于纯粹的对保险基金的支持，不包括就业专项资金及其他转移培训等费用。

三　创新就业保险筹资机制

（一）提高基金的统筹层次

提高基金的统筹层次，建立统一的管理体制，有助于集中更多的保险基金，抵御各种风险。多年来，中国的失业保险基金是采取市、县分级统筹的模式，没有一套完整的全国性内部运行机制，不能实现风险共担、全社会互济的社保原则，不利于国家在宏观上全面、准确地把握就业状况，阻碍了失业保险就业促进功能的有效发挥。建立失业保险省级统筹体制，在省级范围内统筹使用基金，能够有效分散市、县基金的支付风险，保持基金运行的稳定，有利于就业促进功能的积极发挥。我国东部地区经济发展快，失业率较低，基金结余较多。中西部地区经济发展相对滞后，失业率较高，特别是老工业基地，大量国企职工失业，缴费人员减少，但领取失业金人员增多，基金的支付压力极大，一些地区甚至通过贷款等方式暂时解决失业金支付的困境。为解决上述失业金的支付风险，国家可在实行省级统筹的基础上，建立国家级风险防范基金，要求各省从当年征缴的保险费中提取一定比例的资金，犹如央行提取的存款准备金，用于保障失业金的支付风险和就业促进功能的发挥。[1]同时，提高基金的统筹层次，可集中加强管理，减少管理环节和成本，不断发挥保险的"大数法则"，充分发挥失业保险的社会稳定器作用。[2]

考虑到与财政管理体制的关系，以及地方的需求和可操作性，此举长远目标是逐步实现失业保险省级统筹，并建立国家级风险防范基金。

---

[1] 参见唐克《中国失业保险就业促进功能研究》，硕士学位论文，吉林大学，2011年。

[2] 参见王静敏《当代中国失业保险问题研究》，博士学位论文，东北师范大学，2008年。

分期目标则是：第一阶段，实行市级统筹和省级调剂；第二阶段，实行市级统筹，部分省级统筹；第三阶段，全面实行省级统筹。考虑到目前市级统筹尚不普遍，初步考虑以市级统筹为主，逐步向省级统筹发展。当前首要任务是健全省级调剂金制度。省、自治区应当建立失业保险调剂金制度。调剂金按照各统筹地区应当征收的失业保险费总额的一定比例征收，最高不超过5%。统筹地区失业保险基金入不敷出时，先由省级调剂金给予调剂，仍不足的，可以提高费率，但最高不超过4%，还不足的，由地方财政给予补贴。① 在市级统筹的前提下，建立省级调剂金制度，有利于增强保障能力。因此有必要将此作为强制性制度予以明确。考虑到目前一些省份征收调剂金的比例偏高，影响统筹地区上缴的积极性，可以规定最高限。在基金不足时，应当先启动调剂手段，仍不足的，由统筹地区按规定程序报批后提高费率。但考虑到不宜过度增加用人单位和劳动者的负担，宜规定费率的高限。在上述手段使用后仍出现不足的，由地方政府给予补贴。②

（二）加强基金的筹集力度

针对我国目前保险费征收难的现状，应细化失业保险法规的罚责。对拖缴欠缴行为进行相应的处罚，加大逃避缴费的机会成本，增强征缴工作的执行强制力。辅之以检促缴，增加基金的积累，增强基金的承压能力。对参保单位进行不定期的督查，对欠费单位实行"定额定期追缴公示制度"，建立企业诚信档案，确保保费的应收尽收，杜绝新的欠费和脱保现象出现。

保证基金来源的稳定是各项工作顺利开展的经济基础，如果面临资金不足的危险，再就业工作将直接受到影响。另外正如前文探讨的，政府在就业保险领域有不可推卸的担保及出资责任，其中还包括中央和省级的风险防范基金，都涉及出资问题。无论是立法还是中央和地方的法

---

① 聂爱霞：《中国失业保险制度与再就业问题研究》，中国社会科学出版社2014年版，第209页。

② 劳科所专题研究小组：《保生活 促就业 防失业：失业保险制度改革方向》，《中国劳动》2008年第4期。

规或是预算要求,均应对这一块予以明确,尽量消除各级政府推脱、抵赖的可能。

(三) 创新费率制度

由于我国筹资机制存在结构性缺陷,削弱了基金就业促进的效果。如果基金征收不足,就会过分依赖财政的支持,从而加重财政负担。一些用人单位以各种理由拖欠、抵制保险费的缴纳,除了认识上有偏差外,也因为统一费率制无法体现企业解雇率与其缴纳保险费的对应关系。效益好、解雇率低的企业常把缴费当作对效益差、解雇率高的企业的无偿资助。①

1. 建立差别费率(Discrimination Rate)制度

差别费率是指对不同的行业征收不同的费率,各行各业的失业率均有所不同,根据每个行业上年度的失业率而确定差别化的筹资费率。在我国建立失业保险的差别费率有巨大的现实意义。

我国就业保险制度必然要扩大覆盖面,包括事业单位工作人员、公务人员、军队工作人员等,这几类工作人员在我国当下就业风险小甚至近乎没有,但是为了体现平等与公平,同时也是与世界发展趋势接轨,随着我国相关公务人员社会保险制度改革的深入推进,这几类人员必然要办理各种社会保险,当然包括就业保险。如果在将这几类人员纳入就业保险制度之初,征收相对低的保险费用,推行阻力应该会降低一些。当然,国外推行差别费率的根本目的,还不是上述原因,主要是因为行业差别,比如第一、二、三产业的差别,第三产业中一般服务业与金融、外贸服务业的差别等,一些行业的失业率差距还比较大。

在国外有一些国家将就业保险费(税)率与各行业(或各企业)失业风险程度挂起钩来。我们可以借鉴其成熟经验,根据企业失业风险大小实行差别费率制,以改变基金征缴中"鞭打快牛"的怪现状。可以根据行业、企业失业风险概率的差异,实行差别费率,使企业负担相对合理。1995年日本开始实行差别费率,不同行业缴纳的保险费不同,普

---

① 劳科所专题研究小组:《保生活 促就业 防失业:失业保险制度改革方向》,《中国劳动》2008年第4期。

通行业的费率为 1.15%，建筑业为 1.45%，农林渔业、制造业为 1.35%。① 我们可以在一个统筹地区确定 1%—3% 的失业保险费费率范围，按照失业风险大小对不同的用人单位和职工实行差别费率。对失业风险小的机关、事业单位等实行较低的费率，以激励其参保缴费；对失业风险较大的用人单位实行较高的费率，以保障失业保险基金收入的稳定来源。这样，既保证了失业保险基金来源的稳定增长，又减小了失业保险面的阻力，有利于失业保险制度的健康发展。② 人社部、财政部于 2017 年 2 月 16 日发布的阶段性降低失业保险费率③，其实不利于降费率与保发放之间的关系，一刀切的方式大大削弱了地方尤其是中西部地区筹集失业保险金的能力。并且我国正在大力推进供给侧结构性改革，这为建立差别费率与浮动费率提供了千载难逢的良好时机。

2. 建立浮动费率（Floating Rate）制度

浮动费率是指用人单位缴纳就业保险费的费率由其解雇劳动者的情况决定的一种缴费机制，用人单位解雇的劳动者越多，其缴纳的保险费率也就越高。解雇人数多、失业风险大的企业，理应承担较高的费率和失业成本；就业稳定的企业则可适用较低的费率。一方面，浮动费率可以提高总体的缴费水平，保证充足的基金财力，给失业者提供必要的保险待遇，在保证基本生活的基础上，尽快实现再就业，反过来还能激励劳动者加保的积极性。另一方面，实行差别的浮动费率，能提高就业稳定的用人单位的加保积极性，约束雇佣关系不稳定的用人单位对解雇的随意性，从整体上稳定就业岗位。合理的保费征缴制度，能提高用人单

---

① 参见李玲《我国失业保险法律制度的完善》，硕士学位论文，河南师范大学，2014 年。

② 吴天相：《编织失业保险稳定就业、调控失业的"安全网"》，《中国就业》2011 年第 10 期。

③ 《人力资源和社会保障部、财政部关于阶段性降低失业保险费率有关问题的通知》规定：从 2017 年 1 月 1 日起，失业保险总费率为 1.5% 的省（自治区、直辖市），可以将总费率降至 1%，降低费率的期限执行至 2018 年 4 月 30 日。在省（自治区、直辖市）行政区域内，单位及个人的费率应当统一，个人费率不得超过单位费率。具体方案由各省（自治区、直辖市）研究确定。

位和劳动者加保的两个积极性,形成一种自下而上的推动力,从而扩大就业保险的覆盖范围,降低劳动者的失业风险。①

第一,根据用人单位稳定就业的状况浮动费率。失业保险经办机构可以根据用人单位的情况,按照一定的标准,依据稳定就业情况对单位实行浮动费率。如果该单位的解雇率很低,则该单位将被评估核定某一非常低的费率;如果该单位过去的解雇率很高,该单位会被评估一个很高的费率,这样来鼓励用人单位稳定职工队伍,减少不必要的裁员,从而促进社会稳定就业。② 第二,根据用人单位经营状况的波动浮动费率。市场经济条件下,企业的经营会受到各种各样因素的影响,时常会发生经济波动,造成暂时性的经营困难,为减轻企业负担,扶持企业渡过难关,稳定就业局势,建立失业保险扶持困难企业的常态化机制,经过相关部门确认,对在发生暂时性困难时仍然保持职工队伍稳定、没有大规模裁员的企业可以降低失业保险费率或缓缴失业保险费,降低费率和缓缴失业保险费期间,职工待遇不受影响。从而切实减轻企业负担,帮助困难企业尽快渡过难关,稳定就业,预防和减少失业的发生,维护社会稳定。③

(四)建立失业保险个人缴费账户

建立个人缴费账户,有利于提高劳动者失业保险缴费的积极性,提高保险意识;有利于保险基金的壮大,特别是会降低保险基金的征缴难度;更加有利于壮大提升劳动者就业能力的财力,降低政府财政支持的压力。目前我国失业保险与养老保险相似,都涵盖了个人缴费和单位缴费,但是失业保险没有建立起个人账户制度,对于那些终身未失业的劳动者而言,他们将没有机会享受到失业保险待遇。另外,从失业保险制度的运行看,大多数失业人员急于连续领取全部的失业保险费而不是延

---

① 参见王静敏《当代中国失业保险问题研究》,博士学位论文,东北师范大学,2008年。

② 聂爱霞:《中国失业保险制度与再就业问题研究》,中国社会科学出版社2014年版,第211页。

③ 吴天相:《编织失业保险稳定就业、调控失业的"安全网"》,《中国就业》2011年第10期。

迟到再次失业时领取。据辽宁省的数据显示，只有6%的失业人员由于实现再就业或待遇满而终止失业保险待遇支付，其余94%的失业人员在条例规定的最长有效期内领取了全部的失业保险待遇。[①] 因此，从不同失业群体不同的失业特点和不同行业的失业风险出发，建立失业保险个人储蓄账户制。

目前，固定就业呈现相对减少的趋势，而灵活就业包括劳务派遣正成为市场化就业的常态。同时，失业呈现出失业群体低龄化、失业人员结构多元化和失业长期化的特点，形成了以大学毕业生为主体的"新失业群体"、以农民工为主体的"流动就业群体"和以下岗职工为主体的"老失业群体"等并存的局面。针对这些经常在就业与失业之间流动的失业群体推行个人参保制，建立失业保险个人账户制度，雇主和雇员所缴费用全部计入参保人员个人账户，既明晰了个人所有权，也更新了一部分参保人员心中"只贡献、不受益"的想法，以及"重养老、轻失业"的做法，从而有效建立失业保险征缴的长效激励机制。[②]

此外，失业保险个人储蓄账户可与养老保险个人账户相衔接。在此模式下，每个参保人员按照工资的一定比例在特定的银行存款账户里存储失业保险金，待参保人员达到法定退休年龄时，失业保险个人账户余额可全部转移到养老金个人账户。失业保险储蓄账户的建立，可以促进劳动者失业后积极地寻找工作，减少失业时间，而不是想方设法地争取领取更多的失业保险金。[③] 也为我国养老保险添加了一个失业保险的生力军，同时提升我国失业保险制度的社会地位。

（五）适时研究开征失业保险税

我们认为，在目前我国失业保险制度环境下，开征失业保险税各种条件还不太具备，还有些理念和体制的障碍，但是随着我国经济社会发

---

① 聂爱霞：《中国失业保险制度与再就业问题研究》，中国社会科学出版社2014年版，第212页。

② 《民建中央：失业保险制度面临重大调整 亟待完善》，2013年3月，中国新闻网，http://www.chinanews.com/cj/cj-gncj/news/2010/03-08/2157255.shtml。

③ 聂爱霞：《中国失业保险制度与再就业问题研究》，中国社会科学出版社2014年版，第212页。

展以及未来就业保险制度的建立，开征就业保险税的可能还是存在。本书在此作一个简单的探讨，以备研究储备之用。

失业保险基金的筹集方式，从国际经验看主要有两种类型：一是征收失业保险税；二是征收失业保险费。目前世界上建立了失业保险制度的国家和地区，大多都开征了失业保险税，最高比例高达68%。就业保险税由于有税收法律的约束，其强制性和稳定性都优于后者，而且便于进行收支两条线的统一预算管理。开征就业保险税，一是有利于对就业保险基金进行法治化管理，明确收、用、管的责权，使就业保险基金能按时征收，依法管理。这是开征就业保险税的主要目的。二是有利于资金的统一调度和调剂，发挥政府宏观调控的作用。三是有利于降低征缴成本，不必重复建立一支收缴队伍。利用现有税务机构的人力、物力进行征管，将大大降低征收管理成本。四是有利于解决我国当前失业保险费征缴率低、收支随意性大等缺陷。

开征就业保险税应该成为未来保证就业保险基金来源的努力方向，考虑到目前我国企业的实际状况，也可以分步实施。如可以在经济状况好的地区对有稳定收入的在职人员征收一定数额的工薪比例税款，逐步向完整的就业保险税过渡。这样既可以保证就业保险基金的筹集，又可以分担风险，向制度规范化迈进。

应形成多元化的筹措渠道。税收是实现就业保险基金征缴制度化、规范化、透明化的一个极为有效的渠道。税制的设计首先体现税收的一般特征，因此，就业保险税的纳税范围应包括所有不同所有制类型的企事业单位及其劳动者，还有个体工商户。如果纳税人是单位，课税对象应为单位的职工工资总额；如果是个人，纳税则应以个人的工资为课税对象。税率可采取比例税率，与目前失业保险收取比例相衔接。从2015年3月1日起，失业保险费率暂由现行条例规定的3%降至2%，单位和个人缴费的具体比例由各省、自治区、直辖市人民政府确定。在省、自治区、直辖市行政区域内，单位及职工的费率应当统一。[①] 从税收的归属来看，就业保险税应为中央、地方共享税，以地方为主。中央财政所

---

① 参见《人力资源和社会保障部、财政部关于调整失业保险费率有关问题的通知》。

掌握的部分，主要用于在全国范围内的调节。但是，就业保险税毕竟不是一般的税种，它要体现就业保险的特色。与一般税收的无偿性不同，就业保险税是需要在一定的条件下返还的，因此，可采用与一般税收不同的征管形式，例如建立个人账户。并且在征税管理中要注意税务、财政、劳动等部门的协调。税务部门负责依法征收，财政部门负责划转和监督，劳动部门负责支付。中共中央办公厅、国务院办公厅近日印发《国税地税征管体制改革方案》，明确从2019年1月1日起，将基本养老保险费、基本医疗保险费、失业保险费、工伤保险费、生育保险费等各项社会保险费交由税务部门统一征收。税务部门统一征管社保费为日后适时开征就业保险税奠定了重要基础。

第三节 我国就业保险制度的支付制度

一 我国失业保险制度的支付制度概况

（一）我国相关法律的规定

根据我国《社会保险法》及《失业保险条例》的相关规定，失业保险基金的支出项目主要包括以下几个方面。[①]

1. 失业保险金

失业保险金是失业保险基金支付的主要项目。《关于促进就业和失业保护的公约》第14条规定，在完全失业的情况下，津贴应以定期支付的形式发放，其计算方法应能向受益人提供部分和过渡性的工资补偿，同时避免对创造工作机会造成阻碍。我国《失业保险条例》规定，符合领取条件的失业者，可按月领取失业金。失业金是失业人员维持基本生活水平的重要保障，根据《社会保险法》第47条规定，失业金的标准由省级政府确定，不得低于最低生活保障标准。通常情况下，其具体数额的多少与失业人员的缴费年限和缴费数据等因素相挂钩。

---

① 本部分内容参见张荣芳编《社会保险法学》，武汉大学出版社2012年版，第163—165页。

2. 领取失业金期间应缴纳的基本医疗保险费

失业者在失业期间依然面临患病的风险，国家有义务为失业人员提供相应的医疗保障。《关于促进就业和失业保护的公约》第23条第1款规定，凡立法对医疗照顾权利有所规定并使这种权利直接或间接地以职业活动为条件的会员国，应按规定的条件尽力向失业津贴的受益人及其供养的家属提供医疗照顾。我国《失业保险条例》规定，在领取失业金期间就医的失业者，可以依规向经办机构申领医疗补助金，其属于失业保险基金的给付范围。医疗补助金的标准由省级政府规定。这就意味着，失业者在失业期间无法享受医疗保险待遇，仅能领取医疗补助金。为了提高失业人员的医疗保障水平，缓解其在失业期间因患病造成的经济压力，防止其陷入生存困境，《社会保险法》修改了失业保险基金的该项支出，其第48条规定，失业者在领取失业金期间，参加基本医疗保险。从基金中支付失业者应缴的基本医疗保险费，基本医疗保险费失业者个人不用缴纳。按照新的规定，失业者的医疗补助金无须失业保险基金直接支付，而转为代缴其应当缴纳的基本医疗保险费，这就保证了失业人员在失业救济期能够享有医疗保险的待遇。

3. 领取失业金期间死亡的丧葬补助金、抚恤金

我国《社会保险法》第49条规定，失业者在领取失业金期间死亡的，向其遗属发放一次性丧葬补助金和抚恤金，所需资金从失业基金中给付。但是，如果同时符合领取工伤、基本养老和失业保险丧葬补助金条件的，其遗属有选择权，但只能选择领取其中的一项。其家属可一并领取失业者当月尚未领取的失业金。需要注意的是，有些地方将因违法行为导致的死亡排除在失业保险的此项待遇之外，南京市的《失业保险办法》[1] 即有相关规定。

4. 领取失业金期间接受职业介绍、培训的补助

职业介绍及培训能促进失业者尽快返回职场，现代失业保险制度均

---

[1] 《南京市失业保险办法》第31条规定：失业人员在领取失业金期间因打架斗殴等违法活动或者违反国家计划生育规定、交通事故、自残、自杀、酗酒等致死的，不享受一次性丧葬补助金和抚恤金。

具有再就业促进功能。我国《实施〈中华人民共和国社会保险法〉若干规定》第 15 条规定，失业者在领取失业金期间，应当接受职业介绍和培训，积极实现再就业。失业者接受职业介绍、培训的补助由失业基金按规定给付。根据《失业保险条例》规定，具体补贴的标准和办法由省级政府规定。

5. 国务院规定或者批准的其他相关费用

除了上述四项支出外，若是中央政府规定或者批准由失业基金支付的其他费用，也应列入失业基金的支付范围。如根据《国务院关于进一步加强就业再就业工作的通知》的要求，人社部（当时名为劳动与社会保障部）和财政部联合发布了《关于适当扩大失业保险基金支出范围试点有关问题的通知》。其中第 3 条规定，试点地区的失业基金可用于《国务院关于进一步加强就业再就业工作的通知》规定的职业介绍、职业培训、社会保险及岗位补贴和小额担保贷款贴息补贴。国务院办公厅于 2009 年又发布了《国务院办公厅关于加强普通高等学校毕业生就业工作的通知》，其中第 3 条规定，各地在支持困难企业稳定用工的过程中，要使企业少裁员或不裁员，尽可能地保留高校毕业的技术骨干，对符合条件的困难企业，可按规定由失业基金支付在 2009 年内给予最多 6 个月的社保或岗位补贴。

6. 支持企业稳定岗位支出

人社部等四部委于 2014 年 11 月 6 日联合印发了《关于失业保险支持企业稳定岗位有关问题的通知》，决定对在产业调整结构过程中不裁员、少裁员的企业，由基金给予稳岗补贴。[1] 2015 年 5 月 1 日，《国务

---

[1] 《人力资源和社会保障部 财政部 国家发展和改革委员会 工业和信息化部关于失业保险支持企业稳定岗位有关问题的通知》规定：对采取有效措施不裁员、少裁员，稳定就业岗位的企业，由失业保险基金给予稳定岗位补贴（以下简称"稳岗补贴"）。补贴政策主要适用于以下企业：（一）实施兼并重组企业。指在日常经营活动之外发生法律结构或经济结构重大改变的交易，并使企业经营管理控制权发生转移，包括实施兼并、收购、合并、分立、债务重组等经济行为的企业。（二）化解产能严重过剩企业。指按《国务院关于化解产能严重过剩矛盾的指导意见》等相关规定，对钢铁、水泥、电解铝、平板玻璃、船舶等产能严重过剩行业淘汰过剩产能的企业。（三）淘汰落后产能企业。指按《国务院关于进一步加强淘汰落后产能工作的通知》等规定，对电力、煤炭、钢铁、水泥、有色金属、焦炭、造纸、制革、印染等行业淘汰落后产能的企业。（四）经国务院批准的其他行业、企业。

院关于进一步做好新形势下就业创业工作的意见》将失业基金支持企业稳岗政策实施范围由兼并重组企业等三类企业扩大到符合条件的所有企业。对符合要求的上述企业，在化解产能过剩、兼并重组以及淘汰落后产能期间，可按不超过该企业及其职工上年度实际缴纳失业保险费总额的50%发放稳岗补贴，从失业基金中列支所需资金。稳岗补贴主要用于职工生活补助、转岗培训、技能提升培训、缴纳社会保险费等相关支出。稳岗补贴的具体比例由省级人社部门和财政部门确定，政策执行至2020年年底。

二 我国支付制度存在的问题

首先，低水平的失业保险金支付标准，不利于调动被保险人的投保积极性。关于失业保险的支付机制，失业金的支付方式对高收入劳动者产生负激励效应，不利于吸引其参加保险。[1]《失业保险条例》第18条规定，失业金的发放标准，按照低于最低工资标准、高于最低生活保障标准的水平执行，具体由省级政府确定。《社会保险法》第47条对该标准进行了修改，取消了低于最低工资标准的上限，仅要求高于最低生活保障标准。我国各省市失业保险金给付的金额，因经济发展水平等因素差异而有所不同，并且计算的方法也存在不同。如2011年修订的《江苏省失业保险规定》第23条，以失业者失业前12个月平均缴费基数作为计算基数，根据缴费年限的长短规定了不同的比例。并且设置了最高限额和最低限额，其中要求最低不得低于居民最低生活保障标准的1.3倍。另外，还规定了相应的调整机制，即统筹地区物价指数持续上升时，应当按有关规定给予失业者动态物价补助，以保障其基本生活。《北京市失业保险规定》则采用最低工资标准为计算基数，根据缴费年限的长短规定了不同的比例。[2] 以2011年为例，失业保险发放标准占城镇就业人员平均工资的比例是17.36%，占城镇居民消费水平的比例是

---

[1] 姚先国、翁杰：《工资结构、雇佣关系稳定性和企业的人力资本投资》，《中国石油大学学报》（社会科学版）2005年第6期。

[2] 张荣芳编：《社会保险法学》，武汉大学出版社2012年版，第168页。

39.78%，失业保险金占城镇居民人均可支配收入的比例是 33.78%。①总体上讲，我国失业保险保障水平偏低，不利于被保险人的缴费积极性。特别是，过低的失业金支付水平，无法帮助劳动者进行以提高自身的劳动技能和素质（就业能力）为目的的再就业培训。不仅难以保障高收入劳动者基本的消费水平，而且对他们找寻新工作的帮助也不大，因他们实现再就业的成本往往较高，因此对高收入劳动者就没有参保的吸引力。②

其次，失业保险金给付期偏长，且没有规定等待期。我国《失业保险条例》第 17 条③对领取保险金的期限进行了规定，依据失业者失业前所在单位和本人按照规定累计缴费期限的长短设置了不同标准，规定失业保险金的给付期限严格与缴费年限挂钩。另外还规定，在职工跨统筹地区就业的，失业保险关系随本人转移，缴费年限累计计算。④ 另外，根据《实施〈中华人民共和国社会保险法〉若干规定》第 14 条的规定，失业者当期不符合失业金给付条件的，保留原有缴费时间，重新就业并加保的，累计计算缴费时间。领取失业保险金的期限从 12 个月到 24 个月的规定明显偏长，应该更加严格限制。大多数国家对失业保险金额领取的最长期限有明文规定，根据 54 个国家和地区的资料显示，享受失业金期限不到 28 周的，有 27 个，占 50%；28—56 周的有 18 个，约占 33%；超过 56 周的只有 9 个，约占 17%。⑤ 各国的失业保险给付期

---

① 聂爱霞：《中国失业保险制度与再就业问题研究》，中国社会科学出版社 2014 年版，第 206 页。

② 参见范旭东《失业理论、失业保险机制设计与中国失业保险制度》，硕士学位论文，武汉大学，2005 年。

③ 我国《失业保险条例》第 17 条规定：失业人员失业前所在单位和本人按照规定累计缴费时间满 1 年不足 5 年的，领取失业保险金的期限最长为 12 个月；累计缴费时间满 5 年不足 10 年的，领取失业保险金的期限最长为 18 个月；累计缴费时间 10 年以上的，领取失业保险金的期限最长为 24 个月。重新就业后，再次失业的，缴费时间重新计算，领取失业保险金的期限可以与前次失业应领取而尚未领取的失业保险金的期限合并计算，但是最长不超过 24 个月。

④ 张荣芳编：《社会保险法学》，武汉大学出版社 2012 年版，第 168—169 页。

⑤ 吕学静：《各国失业保险与再就业》，经济管理出版社 2000 年版，第 294 页。

限的规定,会影响到失业者摆脱失业寻找新工作的努力程度。我国失业保险最长 24 个月的期限规定,比大多数建立了失业保险制度国家的期限都长(一般为 6 个月以内),不利于促进劳动者实现再就业的积极性。这个期限的规定明显具有国有企业改制的历史痕迹,结合我国实际改为最长期限为 6—12 个月比较合适。另外,我国失业保险金的领取没有明文规定等待期,即领取失业金的前置条件。比如到公立就业服务机构办理求职登记、申请职业培训,无法推荐就业或安排职业培训,才得以领取失业金的前置程序。

最后,支出过于僵化呆板,就业促进功能滞后。虽然现在基金中涵盖九个方面的支出,但随着经济社会的快速发展,仅是这些支出显然难以满足多样化的需求。例如,失业保险的相关主体包括政府、企业及劳动者,现在支出的主要方面是针对劳动者的,但失业保险的缴费具有特殊性,作为缴费主体的企业同样承担了较重的付费压力。尤其是对于一些效益较差或者短期陷入困境的企业,法律法规又没有规定针对它们的基金扶持措施。对于吸引它们积极参保并如实缴费无促进作用。[1] 从全国层面看,失业人员提前就业奖励没有启动,不解雇劳动者或解雇劳动者少的企业保险费率亦无优惠,就业促进还仅限于职业培训和职业介绍、资助失业者自谋职业、创业滞后等,既造成了失业保险基金不断结余,又没有发挥保险基金就业促进的应有作用。"支持企业稳定岗位支出"政策只是一个临时性、过渡性的规定,且只执行至 2020 年,不具有法律、法规的稳定效力。特别是此政策具有两个前提:第一是失业基金要有盈余,上年失业基金滚存结余具备一年以上支付能力;第二是申请补贴应同时具备依法缴纳了失业保险费和上年度未裁员或裁员率低于统筹地区城镇登记失业率两个条件。[2] 特别是加上失业保险费率从 3% 降至 2%,失业保险基金多年以来的滚存资金将会逐渐减少,"支持企业稳定岗位支出"的政策将难以为继。

---

[1] 参见金荣《中国失业保险基金结余问题研究——基于实证数据的分析》,硕士学位论文,西南交通大学,2011 年。

[2] 参见《关于进一步做好失业保险支持企业稳定岗位工作有关问题的通知》。

三 构建以就业促进为目标的支付制度

（一）明确并严格就业保险的给付条件

建立就业保险的基本目标是向非自愿失业的劳动者直接提供一段时间的经济帮助，降低他们经济上的无保障程度，包括支付现金、维持生活标准、提供寻找工作时间、帮助失业者寻找工作等。次要目标是在经济衰退时保持经济的稳定、改善失业社会成本的分摊、促进劳动力的有效配置、鼓励雇主稳定就业等。[①] 严格就业保险的给付条件，主要是降低失业保险的支付水平，提高享受条件，缩短待遇期限，从失业津贴过渡到求职津贴或培训津贴，体现促进就业的积极思想，淡化乃至消除失业金的福利倾向，强化失业金的工作导向。这样一方面可缓解支付压力，另一方面也可减轻部分社会成员对失业保险金的依赖。我们在此探讨严格的给付条件，并不是人为刁难，不发给失业金，或者说少发给失业金，无谓地降低保障水平，而是因为我国失业金参照高于最低生活保障、低于最低工资标准，保险金替代水平已属很低；严格程序也不是让程序烦琐，使失业者知难而退，而是为了避免不符合条件者浑水摸鱼。

（二）建立失业及隐性就业鉴别机制

隐性就业是指已在下岗再就业服务中心或失业保险主管部门登记为下岗或失业人员，并按期领取失业保险待遇或最低生活保障金，但在实现再就业后未向行政主管部门及时申报就业状况及劳动收入的情况。隐形就业的大量存在不仅会造成巨额失业保险基金的流失，同时也会造成失业保险制度的低效运行。据劳动保障部门统计，在全部城镇登记失业者中有 50%—90% 的下岗失业者实现了隐性就业。另据中国社会科学院的最新调查显示，至少 80% 的登记失业者在领取失业保险金之外还有其他收入来源。[②]

隐性就业和失业情况在我国始终存在，为更好地保护失业者的利

[①] 参见杨文俊《美德日社会保险制度比较研究》，博士学位论文，吉林大学，2007年。

[②] 聂爱霞：《中国失业保险制度与再就业问题研究》，中国社会科学出版社2014年版，第183页。

益，失业金的受益人群应得到政府的关注，使失业金被给到实际需要者手中。将失业者始终作为失业保险服务的中心，其主要目的在于在保障失业者基本生活的基础上，促进其尽快实现再就业，失业保险理应比其他社会保险有更严格的条件。① 隐性就业危害很大，容易造成"有保无险"的后果，既损失了大量的保险金，又损害了公平。因信息的不对称性，很难准确地识别隐性就业。如何不提高管理成本，又能有效地识别，在实践中劳动部门不断地进行了一些探索。目前一些地方规定，只要满足如下条件之一的，就视作再就业：（1）办理了营业执照自主创业的；（2）签订了新的劳动合同；（3）续办了社保的；（4）去外地就业的。当然上述方法仍在探索中，涉及范围很广，在实践中还需要进一步完善。②

（三）建立劳动者提前就业促进津贴、用人单位稳定就业补贴

我国《就业促进法》《社会保险法》《失业保险条例》都有相关规定，无论是失业者在领取失业金期限到期前实现提前就业，还是用人单位少裁员或不裁员，都没有相应制度规定的促进措施。我国完全可以借鉴日本的做法，③ 为失业或无业人员创业提供无担保、无抵押贷款，对于提前就业并签订无固定期限或1年以上有固定期限劳动合作的失业者，一次性发给一定比例的提前实现再就业津贴，比如发放还未领取的失业金的50%，④ 作为对其提前就业的奖励。对自谋职业的失业者，可

---

① 参见金荣《中国失业保险基金结余问题研究——基于实证数据的分析》，硕士学位论文，西南交通大学，2011年。

② 参见王静敏《当代中国失业保险问题研究》，博士学位论文，东北师范大学，2008年。

③ 日本设立促进就业费，是为了促进失业者再就业而专门设立的，为了促进就业，日本政策性金融机构可以为失业或无业人员创业提供无担保、无抵押贷款以支持创业。对在领取失业津贴期间再就业的工作者给予适当的奖励，如果提前45天以上就业的，可以一次性领取到剩余失业津贴总额的1/3。参见杨文俊《美德日社会保险制度比较研究》，博士学位论文，吉林大学，2007年。

④ 我国台湾地区就业保险相关规定指明，符合失业给付请领条件，于失业给付请领期限届满前受雇工作，并依规定参加本保险为被保险人满3个月以上者，得向保险人申请，按其尚未请领的失业给付金额的50%，一次性发放提早就业奖助津贴。

一次性发放全部可领失业金，作为创业启动基金。

我国还未重视发挥失业保险预防失业的作用，没有正式建立用人单位稳定工作岗位、预防失业的制度措施，不利于我国经济社会的稳定发展。根据我国国情，应抑制企业大量解雇劳动者，尤其是在经济不景气和发生重大突发事件或自然灾害时，更应予以控制。需要指出的是，前文提到的"支持企业稳定岗位支出"政策仅仅是一个临时性、过渡性的政策措施，且只执行至 2020 年，不具有法律、法规的稳定效力。特别是如前文分析，此政策的执行需要两个前提条件，不是一个可持续执行的政策安排。在此，可借鉴英、法、德、日等国做法，一是运用基金鼓励单位内部分流安置富余劳动者，比如开展转业转岗培训、开发新的岗位、推行"工作分享计划"等；二是要求裁员前必须报劳动部门批准，否则不得大批裁员。[①] 如德国，对开工不足的单位，对因季节原因停工的劳动者发放一定的工资补助。[②] 因此预防失业可以使就业促进釜底抽薪，等于将就业促进工作提前完成，对此我国可以适当借鉴。

另外需要指出的是，我国建立劳动合同以有固定期限为原则，以无固定期限为例外，这刚好跟发达国家的规定相反。我国《劳动合同法》出台后，虽然有一定的安排，[③] 但还远远没有达到发达国家的要求。因此，鉴于我国用工制度的这一特殊国情，我们应当考虑鼓励用人单位与劳动者签订无固定期限的或较长期限的劳动合同（比如 3 年以上），用

---

① 马永堂：《让失业保险助力就业　借鉴国外经验　完善我国失业保险制度》，《中国就业》2012 年第 11 期。

② 参见杨文俊《美德日社会保险制度比较研究》，博士学位论文，吉林大学，2007 年。

③ 我国《劳动合同法》第 14 条规定，用人单位与劳动者协商一致，可以订立无固定期限劳动合同。有下列情形之一，劳动者提出或者同意续订、订立劳动合同的，除劳动者提出订立固定期限劳动合同外，应当订立无固定期限劳动合同：（一）劳动者在该用人单位连续工作满十年的；（二）用人单位初次实行劳动合同制度或者国有企业改制重新订立劳动合同时，劳动者在该用人单位连续工作满十年且距法定退休年龄不足十年的；（三）连续订立二次固定期限劳动合同，且劳动者没有本法第 39 条和第 40 条第一项、第二项规定的情形，续订劳动合同的。用人单位自用工之日起满一年不与劳动者订立书面劳动合同的，视为用人单位与劳动者已订立无固定期限劳动合同。

保险基金资助的思想与作为，推动我国劳动合同向长期化发展。比如用人单位与80%以上的劳动者建立了无固定期限或3年以上期限的劳动合同，将用人单位需要缴纳的就业保险费率适当下调，以此鼓励用人单位与劳动者建立较长的劳动关系。对合同到期继续聘用劳动者并与之签订较长期限或无固定期限劳动合同达到一定比例的用人单位，给予一定的资金支持或优惠贷款支持，必将大大推动我国预防失业的步伐。

（四）以投保工资为基础建立有差别的支付制度

我国失业保险金待遇水平实行省级区域固定给付制度，各省级政府自行规定统一的待遇水平，整体规则是高于统筹区居民的最低生活保障标准。我国目前按固定数额支付失业保险金的做法，违背了保险的原则，打击了投保人和被保险人的投保积极性。虽然社会保险要充分体现社会性，但是也应适当体现某种对价原则，让投保工资高的、保险金相对较高的劳动者都能接受。从总体上看，发达国家失业金替代率一般在50%—60%，如美国的替代率为50%，加拿大、澳大利亚的替代率为55%，德国的替代率为60%，芬兰、瑞典的替代率为70%，丹麦的替代率高达90%；[1] 发展中国家的替代率一般在40%—50%的水平，我国仅在18%—25%之间徘徊，难以发挥基金在社会稳定和失业者生存状况改善等方面的功效。[2]

我们可以借鉴发达国家的做法，将失业金数量与失业者的原收入水平挂钩。[3] 因工资水平的差异，失业金的数量不等，使失业者在获取失业金期间收入比失业前有所降低，但失业前后的经济收入反差不宜过大。还可以建立与缴费的数量、时间适当挂钩的多档次给付制度。劳动者缴费的时间越长、基数越大，可享受的待遇就应当越高。为了防止收入差距过分悬殊，发达国家一般还规定了失业金的最高和最低限额，这比较符合我国的国情。

---

[1] 参见杨文俊《美德日社会保险制度比较研究》，博士学位论文，吉林大学，2007年。

[2] 参见金荣《中国失业保险基金结余问题研究——基于实证数据的分析》，硕士学位论文，西南交通大学，2011年。

[3] 杨文俊：《美德日社会保险制度比较研究》，博士学位论文，吉林大学，2007年。

我国失业金的最低限额应当高于最低生活保障标准,[①] 最高限额可以考虑不能高于当地平均工资的 1—2 倍,[②] 并不能高于投保工资的 60%。[③] 但是如果家庭需要抚养或赡养的负担较重,则可以适当提高比例(最高一般不应超过 80%),因为有的失业者可能"一人吃饱全家不饿",而有的失业者之前的劳动收入是其家庭主要经济来源,因此应本着保障失业者基本生活水平原则,结合失业者的扶养人数适用相应等级的失业金待遇。这样不仅可以让失业者家庭基本生活水平在失业期间不降低,还可以提高劳动者参保的积极性。

(五)建立创业尤其是大学应届毕业生创业的支付制度

对已经失去工作并自主创业的参保人,可考虑一次性发放多月的失业保险金作为其创业基金,同时可以通过贴息的方式,鼓励其申请银行政策性创业贷款、扶贫贷款等,这符合"大众创业、万众创新"的国家战略。

针对大学应届毕业生可设立不同类型的促进就业补贴,鼓励大学生自主创业。政府应为大学生创业提供土地、场所和资金支持。如在工业区内建立"大学生创业园区""大学生创业孵化器"等,设立类似风险基金的"大学生创业基金""大学生创业天使基金"等。政府对长期找不到工作的大学毕业生也要给予必要的帮助,比如由政府出钱,重新给予他们就业技能培训的机会,使他们掌握必要的就业技能;或者通过社区提供必要的就业信息和岗位,帮助他们找工作。对一时找不到工作的

---

① 我国《失业保险条例》第 18 条规定:失业保险金的标准,按照低于当地最低工资标准、高于城市居民最低生活保障标准的水平,由省、自治区、直辖市人民政府确定。

② 从 2014 年 7 月 1 日起施行的《广东省失业保险条例》第 19、20 条规定中可以看出,原规定的每缴费满一年领取失业前缴费工资的 20% 提高到在领取期限内按月领取包括月最低工资标准 80% 的失业保险金和失业前缴费工资 15% 的求职补贴,这种改变说明政府政策已有很大改进。

③ 国际劳工组织对失业保险金的给付标准曾有三条建议:失业保险金的制定,或以失业者在业期间的工资为依据,或以失业者的投保费为依据,视各国的具体情况而定;失业保险金应有上下限之分;失业保险金不低于失业者原有工资的 50%。第 75 届国际劳工大会建议各国规定失业保险金应至少不低于失业者原有工资的 60%。参见许琳主编《社会保障学》,清华大学出版社、北京交通大学出版社 2005 年版,第 145 页。

大学生，政府应该提供最低生活保障，如失业金、失业救济金等，以解决他们的基本生活问题。①从就业保险的理念出发，我们主张政府通过财政补贴的方式把资金注入就业保险基金，再由就业保险基金支付上述创业资助行为。因为就业保险具有制度优势，其对就业情况、行业发展趋势等信息的掌握更为全面和更具有操作性，对创业支持就会更加精准，更容易落到实处。

---

① 《国家与人民》编辑部汇编：《人民议事厅》，光明日报出版社2011年版，第307页。

结　　语

　　就业保险制度无论是作为一种制度构建，还是作为一种制度理念，其均发源于发达国家和地区。就业保险制度的实践虽然在发达国家十分丰富，一些国家和地区甚至还制定了专门的就业保险法或规定（如日本、韩国、加拿大等）。特别是欧盟还提出了就业能力及就业能力保险的概念，欧盟大部分成员方还从理论到实践层面就就业能力问题开展了有益探索，这为本书的理论构建提供了重要的支撑。但是就业保险制度的理论研究依然非常薄弱：首先从失业保险到就业保险这一发展背后的原因没有系统的研究与探讨，只是从政策及实证的角度表明就业保险优于传统的失业保险，用就业保险理念改良失业保险制度；其次是各方对建立就业保险制度的理论依据没有达成基本共识，这方面也缺乏系统的理论研究。

　　本书以供给侧结构性改革为背景，提出了"就业能力风险"的核心概念，以替代"失业风险"。失业保险通过"失业给付"，提供"失业保障"化解"失业风险"，追求经济安全；就业保险通过"就业给付"，提供"就业能力保障"化解"就业能力风险"，追求就业机会公平与社会公平。就业保险一改失业保险的"后发""被动"的经济损失"替代"与"补偿"机制，通过"提升"与"再造"就业能力的积极主动措施，为劳动者提供"就业能力保险"。本书在发达国家和地区丰富的实践理论基础上，对几个基本法律问题，如覆盖范围、政府出资义务、支付制度等进行了阐释与探讨。

　　虽然我国的失业保险制度在实践中没有走上西方国家"福利病"的老路，但是为解决就业问题制定了《就业促进法》，这一举措接近于德国的就业保险制度模式。也就是说，我国欲通过体制外的方式化解失业保险制度存在的问题，这在事实上也符合我国依靠政策推动法治建设的国情。近几年来，中央政府对失业保险基金的使用，陆续出台的一些政策性指导意见，进一步印证了上述判断。但是我国的《就业促进法》和失业保险制度并没有很好地衔接，在实践中似乎也没有衔接的必要，因为我国的失业保险基金存在大量的结余，似乎根本无须政府的支持尤其是财政支持。但是这正好说明了我国失业保险制度存在极大的缺陷，其保守的做法和过时的措施，与我国当前的供给侧结构性改革措施格格不入，拖累了对就业制度的全面改革。当然，这也正好使就业保险的理论与实践在我国有了用武之地，可以为我国完善就业促进及失业保险制度提供极好的指导与借鉴。

参考文献

Annette Bergemann, Bernd Fitzenberger, and Stefen Speckesser, "Evaluating the Dynamic Employment Effects of Training Programs in East Germany Using Conditional Difference-in-Differences," *Journal of Applied Econometrics*, Vol. 24, No. 5, August 2009.

Bas van der Klaauw and Jan van Ours, "Carrot and Stick: How Reemployment Bonuses and Benefit Sanctions Affect Job Finding Rates," *IZA Discussion Paper*, No. 5055, July 2010.

Bruce D. Meyer, "Unemployment and Workers' Compensation Programmes: Rationale, Design, Labour Supply and Income Support," *Fiscal Studies*, Vol. 23, No. 1, March 2002.

Bruce. D Meyer, "Unemployment Insurance and Unemployment Spells," *Econometrica*, Vol. 58, No. 4, July 1990.

Conny Wunsch, "Optimal Use of Labor Market Policies: The Role of Job Search Assistance," *IZA Dsicussion Paper*, No. 4773, February 2010.

Daron Acemoglu and Robert Shimer, "Efficient Unemployment Insurance," *Journal of Political Economy*, Vol. 107, No. 5, October 1999.

E.Eichenhofer, *Internationales Sozialrecht*, Munchen: C.H.Beck, 1994.

Etienne Wasmer, "Labor Supply Dynamics, Unemployment and Human Capital Investments," *Discussion Paper of Institute of Labor Economics*, No. 463, March 2002.

Gideon Yaniv, "Unemployment Insurance Benefits and the Supply of Labor of an Employed Worker," *Journal of Public Economics*, Vol. 17,

Iss. 1, February 1982.

Gyu-Jin Hwang, "Pathways to State Welfare in Korea: Interests, Ideas and Institutions," *Social Policy & Administration*, Vol. 41, No. 2, April 2007.

Hans F. Zacher, *Sozialpolitik und Verfassung im ersten Jahrzehnt der Bundesrepublik Deutschland*, Berlin: Schweitzer, 1980.

James W. Albrecht and Susan B. Vroman, "Unemployment Compensation Finance and Efficiency Wages," *Journal of Labor Economics*, Vol. 17, No. 1, January 1999.

Jingyi Chen, "Do Financial Market Variables Predict Unemployment Rate Fluctuations?" Department of Economics, College of Arts & Science, East Carolina University, *M. S. Research Paper*, June 2002.

J. F. Schmieder, T. von Wachter, and S. Bender, "The Long-Term Effects of UI Extensions on Employment," *The American Economic Review*, Vol. 102, No. 3, May 2012.

J. B. Cullen and J. Gruber, "Does Unemployment Insurance Crowd out Spousal Labor Supply?" *Journal of Labor Economics*, Vol. 18, No. 3, July 2000.

Milan Vodopivec, "Introducing Unemployment Insurance to Developing Countries", *IZA Journal of Labor Policy*, December 2013.

M. Browning and T. F. Crossley, "Unemployment Insurance Benefit Levels and Consumption Changes," *Journal of Public Economics*, Vol. 80, Iss. 1, April 2000.

Nuria Rodriguez-Planas, "What Works Best for Getting the Unemployed Back to Work: Employment Services or Small-Business Assistance Programmes? Evidence from Romania," *IZA Discussion Paper*, No. 3051, September 2007.

Patricia M. Anderson and Bruce D. Meyer, "The Effects of Firm Specific Taxes and Government Mandates with an Application to the U. S. Unemployment Insurance Program," *Journal of Public Economics*, Vol. 65, No. 2,

August 1997.

Patricia M. Anderson and Bruce D. Meyer, "The Effects of the Unemployment Insurance Payroll Tax on Wages, Employment, Claims and Denials," *Journal of Public Economics*, Vol. 78, Iss. 1-2, October 2000.

Peter Fredriksson and Bertil Holmlund, "Optimal Unemployment Insurance in Search Equilibrium," *Journal of Labor Economics*, Vol. 19, No. 2, April 2001.

Philip McBride Johnson and Thomas Lee Hazen, *Derivatives Regulation*, Scottsdale: Aspen Publishers, 2004.

Rasmus Lentz, "Optimal Unemployment Insurance in An Estimated Job Search Model with Savings," *Review of Economic Dynamics*, Vol. 12, Iss. 1, January 2009.

Robert Moffitt and Walter Nicholson, "The Effect of Unemployment Insurance on Unemployment: The Case of Federal Supplemental Benefits," *The Review of Economies and Statistics*, Vol. 64, No. 1, February 1982.

Robert S. Pindyck and Daniel L. Rubinfeld, *Econometric Models and Economic Forecasts*, New York: Mc Graw-Hill, 1998.

Roope Uusitalo and Jouko Verho, "The Effect of Unemployment Benefits on Re-employment Rates: Evidence from the Finnish Unemployment Insurance Reform," *Labour Economics*, Vol. 17, Iss. 4, August 2010.

R. H. Coase, "The Problem of Social Cost," *The Journal of Law & Economics*, Vol. 3, October 1960.

Sandra Cavaco, Denis Fougere, and Julien Pouget, "Estimating the Effect of a Retraining Program on the Re-employment Rate of Displaced Workers," *Empirical Economics*, Vol. 44, Iss. 1, February 2013.

Stephen A. Woodbury and Murry Rubin, "The Duration of Benefits", In Christopher J. O'Leary and Stephen A. Wandner (eds.), *Unemployment Insurance in the United States: Analysis of Policy Issues*, Michigan: W. E. Upjohn Institute for Employment Research, 1997.

Vincenzo Spiezia, "The Effects of Benefits on Unemployment and Wages: A comparison of Unemployment Compensation Systems," *International Labour Review*, Vol. 139, No. 1, March 2000.

Yong Kim, "Skill Accumulation in the Search Unemployment Model," *USC Center for Law, Economics & Organization Research Paper*, No. CO2-26, March 2000.

安锦:《高校毕业生就业促进政策与促进机制研究》,博士学位论文,武汉大学,2011年。

别朝霞:《失业保险制度优化设计研究》,博士学位论文,武汉大学,2005年。

[美]伯尔曼:《法律与宗教》,梁治平译,中国政法大学出版社2003年版。

蔡德仿、黄雪英:《关于完善失业保险法律制度的思考》,《前沿》2005年第8期。

蔡维音:《全民健保财政基础之法理研究》,正典出版文化有限公司2008年版。

曹玉乾:《我国失业保险制度的改革与完善———一种就业促进取向角度的分析》,《学术论坛》2006年第6期。

车传波:《综合法治论——兼评形式法治论与实质法治论》,《社会科学战线》2010年第7期。

陈建安主编:《战后日本社会保障制度研究》,复旦大学出版社1996年版。

陈银娥:《美国的失业保险制度及其对我国的启示》,《华中师范大学学报》(人文社会科学版)1999年第3期。

陈正锋:《加拿大就业保险制度之研究》,硕士学位论文,台湾政治大学,2004年。

程延园、芭芭拉·达里蒙特(Barbara DariMont):《德国社会保障争议处理——公民身份理论视野下的社会公平正义之省察》,《中国社会保障》2004年第3期。

[日]大须贺明:《生存权论》,林浩译,法律出版社2001年版。

邓大松、刘昌平等:《改革开放30年:中国社会保障制度改革回顾、评估与展望》，中国社会科学出版社 2009 年版。

邓婷：《韩国就业保障制度》，《重庆工学院学报》（社会科学版）2009 年第 4 期。

杜俭、郑维桢：《社会保障制度改革》，立信会计出版社 1995 年版。

范旭东：《失业理论、失业保险机制设计与中国失业保险制度》，硕士学位论文，武汉大学，2005 年。

高鸿钧：《现代法治的出路》，清华大学出版社 2003 年版。

葛生：《国家将继续采取系列措施稳定就业局势》，《劳动保障世界》2010 年第 2 期。

葛玉霞：《完善我国失业保险制度的就业促进功能研究》，硕士学位论文，河北大学，2008 年。

郭振昌：《台湾"就业保险法制"实施与讨论》，《月旦法学杂志》2008 年第 3 期。

郭正华：《我国就业导向型失业保险制度构建研究》，硕士学位论文，江西财经大学，2012 年。

《国家与人民》编辑部汇编：《人民议事厅》，光明日报出版社 2011 年版。

［德］汉斯·察赫：《福利社会的欧洲设计：察赫社会法文集》，刘冬梅、杨一帆译，北京大学出版社 2014 年版。

何勤华、任超等：《法治的追求——理念、路径和模式的比较》，北京大学出版社 2005 年版。

胡天荣：《失业保险制度的国际比较》，《劳工行政》2000 年第 144 期。

黄基泉：《试论法治之法的实质要件与形式要件》，《四川师范大学学报》（社会科学版）2000 年第 4 期。

黄婉玲：《加拿大失业保障与就业促进制度之探讨》，《政大劳动学报》2009 年第 1 期。

江朝国：《保险法基础理论》，中国政法大学出版社 2002 年版。

蒋选：《我国中长期失业问题研究——以产业结构变动为主线》，中国人民大学出版社 2004 年版。

金荣:《中国失业保险基金结余问题研究——基于实证数据的分析》,硕士学位论文,西南交通大学,2011年。

荆炜:《我国失业保险制度的改革和完善》,《科技资讯》2006年第27期。

柯卉兵:《从失业保险到就业保障——中国失业保险制度改革道路选择》,硕士学位论文,华中科技大学,2004年。

柯木兴:《社会保险》,三民书局1995年版。

劳科所专题研究小组:《保生活 促就业 防失业:失业保险制度改革方向》,《中国劳动》2008年第4期。

黎大有、张荣芳:《从失业保险到就业保险——中国失业保险制度改革的新路径》,《中南民族大学学报》(人文社会科学版)2015年第2期。

黎建飞主编:《中华人民共和国社会保险法释义》,中国法制出版社2010年版。

李昌麒主编:《经济法学》(第二版),法律出版社2008年版。

李德元:《充分发挥失业保险制度促进再就业的功能》,《中国西部科技》2006年第19期。

李建民、王正柱:《日本失业保险制度及启示》,《山东劳动保障》2006年第6期。

李磊:《就业保险制度与其就业促进功能研究》,硕士学位论文,华中科技大学,2011年。

李玲:《我国失业保险法律制度的完善》,硕士学位论文,河南师范大学,2014年。

李元春:《国外失业保险的历史与改革路径:政治经济学视角》,中国财政经济出版社2011年版。

李援主编:《中华人民共和国社会保险法解读》,中国法制出版社2010年版。

李志明:《社会保险权的历史发展:从工业公民资格到社会公民资格》,《社会学研究》2012年第4期。

林嘉:《社会保障法的理念、实践与创新》,中国人民大学出版社

2002年版。

林秋贵：《从〈资本论〉探析马克思的失业学说——兼谈对我国当前失业问题的启示》，《今日南国》（理论创新版）2009年第7期。

林炫秋：《社会保险权利之"宪法"保障——以"司法院"大法官解释为中心》，《中正大学法学集刊》2008年第24期。

林苑婷：《我国就业保险制度之研究》，硕士学位论文，台湾政治大学，2004年。

刘金亮：《浅谈我国失业保险制度存在的问题》，《中国商界》2009年第7期。

刘俊：《中国土地法理论研究》，法律出版社2006年版。

刘社建：《供给侧改革对就业与劳动关系的影响探讨》，《中国劳动关系学院学报》2016年第6期。

刘燕青：《创新性学术观点或理论形成的可能途径和方式》，《长安大学学报》（社会科学版）2009年第2期。

刘燕生：《社会保障的起源、发展和道路选择》，法律出版社2001年版。

吕学静：《各国失业保险与再就业》，经济管理出版社2000年版。

吕学静主编：《社会保障国际比较》，首都经济贸易大学出版社2007年版。

［英］罗伯特·伊斯特：《社会保障法》，周长征等译，中国劳动社会保障出版社2003年版。

马长山：《国家、市民社会与法治》，商务印书馆2002年版。

马永堂：《比较研究：完善失业保险促进就业功能》，《中国劳动》2006年第1期。

马永堂：《从保障生活到促进就业——国外失业保险制度改革综述》，《中国劳动保障》2007年第1期。

［美］曼昆：《经济学原理》（宏观经济学分册），梁小民译，北京大学出版社2006年版。

孟昭喜主编：《社会保险经办管理》，中国劳动社会保障出版社2005年版。

莫荣：《就业：中国的世纪难题》，经济科学出版社1998年版。

莫荣：《完善我国促进就业的法律制度》，《人民日报》2007年4月2日第9版。

［美］尼尔·吉尔伯特等编：《激活失业者——工作导向型政策跨国比较研究》，王金龙等译，中国劳动社会保障出版社2004年版。

聂爱霞：《中国失业保险制度与再就业问题研究》，中国社会科学出版社2014年版。

欧阳景根：《作为一种法律权利的社会福利权及其限度——公民身份理论视野下的社会公平正义之省察》，《浙江学刊》2007年第4期。

［美］帕特丽夏·威奈尔特（Patricia Weinert）等编：《就业能力——从理论到实践》，郭瑞卿译，中国劳动社会保障出版社2004年版。

漆多俊：《经济法基础理论》（第四版），法律出版社2008年版。

曲伟：《社会保障制度改革中的问题与发展前景》，《群言》2002年第4期。

［法］让-雅克·迪贝卢、爱克扎维尔·普列多：《社会保障法》，蒋将元译，法律出版社2002年版。

人民日报社经济社会部：《七问供给侧结构性改革——权威人士谈当前经济怎么看怎么干》，人民出版社2016年版。

尚晓援：《"社会福利"与"社会保障"再认识》，《中国社会科学》2001年第3期。

沈政雄：《社会保障给付之行政法学分析——给付行政法论之再开发》，元照出版公司2011年版。

沈宗灵主编：《法理学》（第二版），北京大学出版社2003年版。

"失业保险制度与就业形势分析"课题组：《失业保险制度对就业的影响》，《经济研究参考》2004年第44期。

孙迺翊：《论社会保险制度之财务运作原则》，《政大法学评论》2008年第101期。

孙萍：《我国失业保险制度的法律问题研究》，硕士学位论文，吉林大学，2010年。

滕泰、范必等：《供给侧改革》，东方出版社 2016 年版。

[德] W. 杜茨：《劳动法》，张国文译，法律出版社 2003 年第 5 版。

王继远：《失业保险制度发展的国际经验及对我国立法的启示》，《温州大学学报》（社会科学版）2014 年第 5 期。

王静敏：《当代中国失业保险问题研究》，博士学位论文，东北师范大学，2008 年。

王玉花：《加拿大的就业保险制度》，《山东经济》2006 年第 2 期。

[英] 威廉·韦德：《行政法》，徐炳等译，中国大百科全书出版社 1997 年版。

我国台湾地区"劳动法"学会：《劳动市场变迁与社会安全制度——两岸"劳动法"与"社会法"的比较》，新学林出版有限公司 2013 年版。

我国台湾地区"社会法"与社会政策学会主编：《"社会法"》，元照出版公司 2015 年版。

谢淑慧、黄美玲编：《社会保险》，华立图书股份有限公司 2014 年版。

信长星：《借鉴国外经验充分发挥失业保险促进就业的作用》，《中国党政干部论坛》2007 年第 8 期。

熊伟：《从财政依附性反思中国社会保险》，《武汉大学学报》（哲学社会科学版）2017 年第 4 期。

熊伟、张荣芳：《财政补助社会保险的法学透析：以二元分立为视角》，《法学研究》2016 年第 1 期。

徐广正：《从工作权观念论劳工之失业保障》，《台湾劳动评论》2011 年第 2 期。

徐显明：《生存权论》，《中国社会科学》1992 年第 5 期。

徐显明主编：《国际人权法》，法律出版社 2004 年版。

徐晓莉、张玲、马晓琴：《我国失业保险支出与城镇失业率关系研究——基于误差修正模型的分析》，《人口与经济》2012 年第 2 期。

徐悦、李志明：《从失业补偿到就业促进：发展型社会政策视角下中国失业保险制度的改革与发展》,《社会保障研究》2011年第3期。

徐悦、李志明:《从失业补偿到就业促进:发展型社会政策视角下中国失业保险制度的改革与发展》,《社会保障研究》2011年第3期。

许琳主编:《社会保障学》,清华大学出版社、北京交通大学出版社2005年版。

许庆雄:《社会权论》,众文图书股份有限公司1991年版。

杨思斌:《我国失业保险制度的重大发展与实施挑战》,《前沿》2011年第11期。

杨通轩:《"就业安全法"理论与实务》,五南图书出版股份有限公司2011年版。

杨文俊:《美德日社会保险制度比较研究》,博士学位论文,吉林大学,2007年。

杨燕绥编:《社会保险法》,中国人民大学出版社2000年版。

姚先国、翁杰:《工资结构、雇佣关系稳定性和企业的人力资本投资》,《中国石油大学学报》(社会科学版)2005年第6期。

殷晓彤等:《谈完善我国的〈失业保险条例〉》,《法学杂志》2001年第3期。

喻少如:《行政给付制度研究》,人民出版社2011年版。

袁志刚:《失业经济学》,上海三联书店、上海人民出版社1997年版。

张军涛:《对我国失业保险基金功能拓展的思考》,《中国劳动》2014年第12期。

张俊:《失业保险法律关系概念探析》,《社会科学家》2007年第3期。

张迺英、杜静:《失业保险制度应强化就业促进功能》,《齐齐哈尔大学学报》(哲学社会科学版)2006年第4期。

张清溪等:《经济学——理论与实务》,双叶书局1991年版。

张荣芳编:《社会保险法学》,武汉大学出版社2012年版。

张世雄:《社会福利的理念与社会安全制度》,唐山出版社1996年版。

张文显主编:《法理学》,高等教育出版社 1999 年版。

张新民:《试论我国社会保险基金监管制度的完善与创新》,《人口与经济》2004 年第 3 期。

张燕等:《失业保险支付序列的变化对促进就业的影响》,《人口与经济》2008 年第 1 期。

章晓懿主编:《社会保障:制度与比较》,上海交通大学出版社 2004 年版。

郑功成:《关于社会保障体系建设及相关政策发展规划》,《社保财务理论与实践》2005 年第 1 期。

郑功成等:《中国社会保障制度变迁与评估》,中国人民大学出版社 2002 年版。

郑功成主编:《社会保障概论》,复旦大学出版社 2005 年版。

郑功成主编:《中国社会保障改革与发展战略》(总论卷),人民出版社 2011 年版。

《中国失业问题与财政政策研究》课题组:《中国失业问题与财政政策研究》,《管理世界》2005 年第 6 期。

中国社会保障论坛组委会:《和谐社会与社会保障》,中国劳动社会保障出版社 2006 年版。

钟秉正:《"社会保险法"论》,三民书局 2005 年版。

种明钊主编:《社会保障法律制度研究》,法律出版社 2000 年版。

周弘:《福利国家向何处去》,《中国社会科学》2001 年第 3 期。

朱克力主编:《供给侧改革引领"十三五"》,中信出版社 2016 年版。

竺效:《"社会法"意义辨析》,《法商研究》2004 年第 2 期。

后　　记

虽然书稿的核心部分主要来自我的博士学位论文,但是对书稿的重新修改和对内容的增加竟然也耗费了数月之久,让我更进一步地体验到了"学海无涯苦作舟"的真谛,让我更深刻地领悟到了"学如逆水行舟,不进则退"的箴言。即将完稿之际,我不仅没有如释重负的感觉,反而更加坚定了本书仅是我研究的一个起点,绝对不是终点。

在读博士和硕士的阶段,我师从武汉大学法学院张荣芳教授。恩师严谨的治学态度,精益求精的工作作风,诲人不倦的师表风范,特别是母爱般的谆谆教诲,对我的学术生涯进行了启蒙和教导,使我受益良多。从博士学位论文的写作到本书的完成,张老师全程进行了悉心的指导,在此表示特别的感谢!

本研究得到了中国法学会2017年度部级法学研究课题(立项号:CLS[2017]D155)以及中南民族大学中央高校基本科研业务费项目(立项号:CSH18006)的资助,在此表示由衷的感谢!

感谢中南民族大学的各位领导和同事,尤其是法学院的各位领导和同事,感谢你们提供的各类指导和大力支持!

感谢我的父母、爱人等家中各位亲人,是他们的关爱、支持、理解与鼓励,才让我有了坚强后盾并倍感幸福!感谢我可爱的女儿,她的茁壮成长使我倍感温馨!

在本书的写作过程中,我参考了大量的文献资料,在此谨向相关作者表示感激之情和崇高的敬意。由于我学识有限和掌握的资料不足,书中尚存一些疏漏和不妥之处,敬请各位专家、学者批评指正。

黎大有

2018年3月22日